国资国企改革经验案例丛书

引领示范
国企改革三年行动

综合典型案例集

国务院国资委改革办 ◎编
国务院国资委新闻中心

机械工业出版社
CHINA MACHINE PRESS

本书分上、下两篇，以案例形式系统地总结并展现了18家中央企业和11家地方国企等综合典型在国企改革三年行动中重点任务完成情况及重要经验成果，力求为更多企业提供有益借鉴。本书值得政府领导、国有企业管理者和相关工作人员，以及国资国企改革研究人员等读者阅读。

图书在版编目（CIP）数据

引领示范：国企改革三年行动综合典型案例集 / 国务院国资委改革办，国务院国资委新闻中心编 . —北京：机械工业出版社，2023.6

（国资国企改革经验案例丛书）

ISBN 978-7-111-73268-6

Ⅰ . ①引… Ⅱ . ①国… ②国… Ⅲ . ①国企改革—案例—中国 Ⅳ . ① F279.21

中国国家版本馆 CIP 数据核字（2023）第 092483 号

机械工业出版社（北京市百万庄大街 22 号　邮政编码 100037）
策划编辑：李　鸿　　　　　责任编辑：李　鸿　陈　倩
责任校对：薄萌钰　王明欣　　封面设计：郝子逸
责任印制：单爱军
北京联兴盛业印刷股份有限公司印刷
2023 年 6 月第 1 版第 1 次印刷
170mm×242mm・24.5 印张・1 插页・335 千字
标准书号：ISBN 978-7-111-73268-6
定价：98.00 元

电话服务　　　　　　　　　　网络服务
客服电话：010-88361066　　　机　工　官　网：www.cmpbook.com
　　　　　010-88379833　　　机　工　官　博：weibo.com/cmp1952
　　　　　010-68326294　　　金　书　网：www.golden-book.com
封底无防伪标均为盗版　　　　机工教育服务网：www.cmpedu.com

编委会

主　任：张玉卓

副主任：翁杰明

成　员：尹义省　　杨景百　　季晓刚　　周巧凌　　闫　永

　　　　李鹏飞　　谢　石　　石本慧　　孙京朝　　龚　政

　　　　杨　曦　　冉雪芹　　李　岗　　赵　瑜　　张宏伟

　　　　叶剑俊　　张　楠　　邹壮壮　　陈　浩　　刘婷婷

　　　　苏　龙　　庄晓丹　　周　易　　柴　哲　　沈　思

　　　　郭大鹏　　刘青山

前言

党的十八大以来，习近平总书记站在党和国家事业发展全局的战略高度，就新时代国有企业改革发展和党的建设发表了一系列重要讲话、作出了一系列重要指示批示，为新时代国有企业改革工作指明了前进方向、提供了根本遵循。

2020年6月，习近平总书记亲自主持中央深改委会议审定《国企改革三年行动方案（2020—2022年）》，正式拉开了国企改革三年行动的大幕。面对世纪疫情肆虐和全球经济下行等多方面不利因素，在以习近平同志为核心的党中央坚强领导下，各地、各有关部门和广大国有企业坚持以习近平新时代中国特色社会主义思想为指导，坚决贯彻党中央、国务院决策部署，扎实推进各项改革任务举措落实落地，在形成更加成熟定型的中国特色现代企业制度和以管资本为主的国资监管体制上取得明显成效，在推动国有经济布局优化和结构调整上取得明显成效，在提高国有企业活力和深化改革上取得明显成效。

三年来，中国特色现代企业制度更加成熟定型。全面落实"两个一以贯之"，推动在完善公司治理中加强党的领导，各治理主体权责边界更加清晰，各层级国有企业董事会应建尽建，董事会运作逐步规范高效，国有企业公司制改制全面完成，中国特色现代企业制度优势逐步转化成治理效能，探索形成了国有企业治理的中国方案。

三年来，国有经济布局结构实现整体性优化。围绕服务构建新发展格局、推动高质量发展，一批重大战略性重组和专业化整合成功实施，国有经济在关系国家安全、国民经济命脉和国计民生的重要行业和领域的主导作用得到巩固，产业链供应链韧性和安全水平得到提升，国有经济竞争力、创新力、控制力、影响力和抗风险能力显著增强。

三年来，国有企业科技创新体制机制不断完善。创新激励政策能给尽给、应给尽给，全面激发企业创新主体活力，国家战略科技力量加快壮大。国有企业在航天、深海、能源、交通、国防军工等领域取得了一批重大科技成果，一系列"上天入地"的国之重器彰显了国有企业科技创新主力军地位，为推动高水平科技自立自强提供了重要支撑。

三年来，市场化经营机制取得大范围深层次突破。全面推行经理层成员任期制和契约化管理，初步形成了中国特色现代企业制度下的新型经营责任制。广泛建立了"管理人员能上能下、员工能进能出、收入能增能减"的机制，推动形成了多劳多得、争先创优、有为才有位的浓厚竞争氛围。许多传统老国企焕发了新气象，一大批活力迸发、动力充足的现代新国企正在加速形成。

三年来，以管资本为主的国资监管体制更加健全。推进授权与监管相结合、放活与管好相统一，加快形成专业化体系化法治化国资监管新模式。国有资本投资公司和运营公司更好发挥功能作用，推动国资国企重大改革落地、促进国有资本布局优化和结构调整。强化各级国资委履行"三位一体"职能配置，持续完善国资监管职能体系。国资监管大格局加快构建，国资监管效能和防风险能力有效提升。

三年来，改革抓落实工作机制扎实有效。按照"可衡量、可考核、可检验、要办事"要求，不断创新方式方法，实施军令状制度，坚持系统化推进，建立清单化举措，实行穿透式操作，开展定量化督办，探索形成了一套具有鲜明国企改革特点的抓落实工作机制。

国企改革三年行动是贯彻落实习近平总书记关于国有企业改革发展和党的建设系列重要论述的生动实践，是近年来党和国家着力推动的标志性重大工作。习近平总书记多次就国企改革三年行动作出重要指示，指出"国企改革三年行动已见成效"。问卷调查表明，广大国有企业员工普遍认同三年行动成效，增强了获得感和满意度，激发了改革意识、创新理念、精神面貌和干事创业热情。

在这场决心和力度空前的国企改革浪潮中，涌现出一批啃硬骨头、勇涉险滩、牵牛鼻子、闯过难关的改革先锋企业，形成了一批举措扎实成效显著、引领示范作用突出的综合性改革经验。

航天科技围绕科研生产管理模式、科技创新管理机制和人才管理机制深化改革，圆满完成一系列航天重大工程，密集突破一大批关键核心技术，走出一条自主培养高端科技人才的特色道路。南方电网围绕公司治理、结构调整、科技创新、活力效率、普惠共享形成"五个深度聚焦"的改革实践，推动彻底理顺公司股权，根本性解决了一系列长期困扰公司的历史遗留问题，实现特高压直流输电关键技术领跑全球，并深化电力体制改革创造多个国内第一，释放改革红利超3000亿元。国投立足国有资本投资公司的使命定位，积极探索以"直投+基金"培育发展战略性新兴产业的有效途径，投资了一批突破产业瓶颈、打破国际技术壁垒、攻克"卡脖子"技术和关键零部件的行业领军企业，并坚持分类管理、活而有序，有效激发企业活力、提升核心竞争力。中国中车围绕体制机制持续深化改革，公司治理水平、管理效能不断提升，走出了一条以高铁自主创新为成功范例的世界一流建设之路。

山东重工聚焦世界一流制造企业目标，用好用活改革"关键一招"，以改革推动产业布局优化提质，以改革促进科技创新提速见效，以改革激发企业内生活力动力，以改革助力"走出去"转型升级，实现了跨越式高质量发展。天津港集团围绕数字化、智能化、绿色化深化改革，推进布局优化和功能调整，构建后疫情时代强韧性、高协同、可持续的港口物流供应链体系，探索打造世界一流智慧绿色港口。广汽集团以创新驱动发展作为核心战略和总抓手，着力构筑权责清晰的治理体系、灵活高效的管控模式、分层分类的管理模式，加快推动企业自主创新能力提升，不断增强关键核心技术控制力，聚焦产业链上下游精耕细作并推动资源集聚，实现公司整体在"A+H"股上市。

本书共汇集综合典型案例29个，其中中央企业18个，地方国有企业11个。这些经验案例是国企改革三年行动的重要成果，是改革先锋攻坚克难、披荆斩棘的前沿成果，是改革典型多点突破、纵深推进的集中体现，是改革浪潮波澜壮阔、翻涌前行的鲜活缩影，是改革时代锐意进取、行稳致远的历史见证。这些经验案例不仅对各地方、各企业结合自身实际深化改革具有重要的借鉴意义，也是总结新时代国有企业改革普遍规律的有益探索。

改革永远在路上。为更好复制推广国企改革三年行动中形成的改革经验成果，以典型示范引路促进改革持续深化，我们将这些经验梳理出版，希望广大国有企业汲取先进经验、学习改革举措，找差距补不足、强弱项补短板，切实巩固提升三年行动改革成效，在新一轮国有企业改革深化提升行动中，提高核心竞争力和增强核心功能，做强做优做大国有资本和国有企业，在全面建设社会主义现代化国家、实现第二个百年奋斗目标的新征程上作出新的更大贡献。

目录

前言

上篇

中央企业百舸争流

❶ 构建顶层架构　聚焦关键环节
推进航天强国建设迈上新征程
中国航天科技集团有限公司……………………………………3

❷ 坚持"六真"　狠抓实效
支撑一流军队建设和打造世界一流企业两"翼"齐飞
中国航空工业集团有限公司……………………………………15

❸ 勇闯深水区　破解大课题
以改革激发高质量发展强大动能
中国石油化工集团有限公司……………………………………35

❹ 塑造四个一流竞争力　打好改革组合拳
建设中国特色国际一流能源公司
中国海洋石油集团有限公司……………………………………49

❺ 五个深度聚焦　深化布局结构调整
将改革"试验田"深耕成"示范田"
中国南方电网有限责任公司……………………………………59

IX

❻ 构建新型电力体系　深化选人用人机制改革
　　形成改革"一子落"发展"满盘活"局面
　　　中国华能集团有限公司……………………………………… 75

❼ 建立穿透式改革推进体系　聚焦绿色低碳转型发展
　　为高质量发展奠定坚实基础
　　　国家电力投资集团有限公司………………………………… 89

❽ 优化治理结构　创新驱动发展
　　探索新时代中国民族汽车品牌跃迁之路
　　　中国第一汽车集团有限公司……………………………… 103

❾ 全面构建集分权体系　完善市场化选人用人机制
　　闯出老国企涅槃奋起之路
　　　中国一重集团有限公司…………………………………… 119

❿ 推进治理体系现代化　建立激励约束机制
　　坚定不移走"改革＋市场"之路
　　　鞍钢集团有限公司………………………………………… 131

⓫ 坚持差异化精准授权　构建数字化供应链生态
　　以改革诠释由大到强成功密码
　　　中国远洋海运集团有限公司……………………………… 141

⓬ 实施"五大行动"　打造"五型五矿"
　　建设世界一流金属矿产企业集团
　　　中国五矿集团有限公司…………………………………… 153

⓭ 提升治理效能　聚焦产业发展
　　实现质的有效提升和量的合理增长
　　　中国建筑集团有限公司…………………………………… 167

⓮ 培育发展战略性新兴产业　构建"三结合"管控模式
　　深化体制机制改革激发活力
　　　国家开发投资集团有限公司……………………………… 185

❶❺ 结合发展所需　推动企业重塑
　　构建华润特色的国有资本投资公司"1246"模式
　　　　华润（集团）有限公司……………………………………… 197

❶❻ 强化战略引领　凝聚改革共识
　　依托"四变"实现"弯道超车"跨越式发展
　　　　中国化学工程集团有限公司………………………………… 219

❶❼ 开展内部专业化整合　实施差异化管控
　　建设世界一流材料产业国有资本投资公司
　　　　中国建材集团有限公司……………………………………… 229

❶❽ 实施三类改革　激发企业活力
　　走出以高铁自主创新为范例的世界一流企业建设之路
　　　　中国中车集团有限公司……………………………………… 239

下篇

地方国企千帆竞发

❶❾ 推动产业布局优化提质　坚持国际化发展战略
　　实现跨越式高质量发展
　　　　山东重工集团有限公司……………………………………… 253

❷⓿ 以改革创新为"首"　以"农"粮安全为本
　　改革助力打造世界一流食品企业
　　　　北京首农食品集团有限公司………………………………… 263

❷❶ 实施"融入式"党建工程　构建港口物流供应链体系
　　实现数字化智能化绿色化变革
　　　　天津港（集团）有限公司…………………………………… 273

㉒ 以"混股权"促"改机制" 坚持"双轮驱动"科技创新
   打造东北地区国企改革典范
   沈阳鼓风机集团有限公司·················· 287

㉓ 聚焦治理强化、机制升级、技术创新
   以深化改革开拓大型国有企业转型升级之路
   上海汽车集团股份有限公司·················· 297

㉔ 破解五大难题 集聚发展动能
   打造新时代交通强国示范区建设主力军
   江苏交通控股有限公司·················· 309

㉕ 以治理变革引领企业发展 以产业变革推动转型升级
   以机制变革激发全新活力
   杭州钢铁集团有限公司·················· 321

㉖ 以改革实现布局之变、创新之变、治理之变、活力之变
   推动企业实现新跨越
   安徽海螺集团有限责任公司·················· 333

㉗ 建立"1+9"现代治理体系 坚持"人才至上"工作导向
   创新驱动打造全球核心竞争力
   江西铜业集团有限公司·················· 343

㉘ 狠抓三个"关键" 纵深推进改革
   打造世界一流汽车企业集团
   广州汽车集团股份有限公司·················· 357

㉙ 提高国有资本运行效率 健全市场化经营机制
   打造服务城市科技创新典范
   深圳市投资控股有限公司·················· 367

鸣谢·················· 379

上篇

中央企业百舸争流

产业特点不一,发展阶段不同,中央企业因时而动因企施策,通过深化国企改革三年行动提升企业核心竞争力,加快创建世界一流企业,充分发挥了在改革全局中的引领示范作用。

1

构建顶层架构　聚焦关键环节
推进航天强国建设迈上新征程

中国航天科技集团有限公司

航天科技坚决贯彻习近平总书记关于航天强国建设的指示批示精神，聚焦新时代强国强军使命，以航天系统工程理念统筹谋划、深入实施国企改革三年行动，在全面高质量完成各领域改革任务的同时，聚力关键领域形成一系列航天特色改革实践。

三年来，航天科技加快推动科研生产管理模式改革，积极适应航天重大工程建设和航天装备现代化的新要求，全寿命周期的型号科研生产能力得到系统加强，为圆满完成一系列航天重大工程和成功研制交付一大批战略战术武器装备提供了坚实保障；持续推进科技创新管理机制改革，在关键核心技术领域取得密集突破，部分技术实现从跟跑、并跑到领跑的跨越，国家战略科技力量作用更为凸显；不断深化人才管理机制改革，持续强化人才正向激励，培育形成了新时代北斗精神和探月精神，走出一条自主培养高端科技人才的特色道路。

改革是中国特色社会主义制度自我完善和发展、实现党和国家发展进步的重要法宝，也是国有企业永葆生机、建成世界一流企业的活力源泉。中国航天科技集团有限公司（以下简称"航天科技"）坚持以习近平新时代中国特色社会主义思想为指导，深刻学习领会习近平总书记关于航天强国建设、全面深化改革的指示批示精神，贯彻落实党中央、国务院关于深入实施国企改革三年行动的重大部署要求，坚持目标导向、问题导向、结果导向，立足自身发展实际，系统构建改革顶层架构，以更大力度、更深层次、更实举措推进改革，实现国企改革三年行动高质量收官。

系统构建改革顶层架构，昂首迈向世界一流航天企业

航天科技作为支撑世界一流军队和强大国家的重要战略力量，作为我国航天科技工业发展和创新的主导力量，始终坚持将党的领导贯穿改革发展的全过程，围绕实现战略目标系统谋划，构建了纵横交织的体系化改革顶层架构。

战略引领，领悟深化改革的深刻意义

航天科技立足新发展阶段、贯彻新发展理念、融入新发展格局，系统谋划航天强国建设与长远发展的重大战略问题，明确提出到2045年"两个阶段、三步走"推动航天强国建设的路线图和"高质量保证成功，高效率完成任务，高效益推动航天强国和国防建设"（以下简称"三高"）发展目标，把深化改革摆在战略全局的重要位置，将深化改革同高质量发展紧密关联，以改革推动、创新驱动，全方位探索新时代航天事业"三高"全面发展的新实践，全力开创航天强国建设的新局面。

目标指引，构建深化改革的"四梁八柱"

航天科技锚定"培育具有全球竞争力的世界一流企业"的目标，按照"增强国有经济竞争力、创新力、控制力、影响力、抗风险能力""做强做优做大国有资本和国有企业"的部署，聚焦使命任务和主责主业，

1 中国航天科技集团有限公司

2020年7月23日12时41分，长征五号遥四运载火箭成功将天问一号火星探测器送入预定轨道。中国迈出行星探测的第一步
王磊／摄

纵向上全面落实国企改革三年行动8个领域改革任务，横向上着力构建"以战略管控为主的差异化管控模式调整，航天科研生产管理模式优化升级，航天技术应用及服务产业市场化转型发展，以及适应中国特色现代企业治理的规章制度体系建设"的"3+1"改革框架，系统、整体、协同地推进改革。

需求牵引，着力深化改革的重点领域

航天科技紧密围绕新时代国防军队现代化建设和经济社会发展的重大战略需求，明确改革主线、把握改革抓手、找准改革切口，将改革同科研生产模式转型升级结合起来、同激发创新创造活力结合起来、同培养高精尖缺人才结合起来，聚力航天科研生产体系、科技自立自强和创新人才培养3个关键领域，发力推动系列改革举措落实落地，促进发展质量变革、效率变革、动力变革，形成高质量发展的良好态势。

聚焦核心领域关键环节，奋力夺取改革的决定性成效

航天科技统筹推进国企改革三年行动安排和核心领域关键环节改革，不断提高改革工作的战略性、前瞻性、针对性，各项改革工作同向共进、同频共振。

深化航天科研生产管理模式改革，全面适应航天重大工程建设和航天装备现代化的新要求

科研生产是航天强国建设的关键环节。习近平总书记强调："太空探索永无止境，航天攻关任重道远。""敢于战胜一切艰难险阻，勇于攀登航天科技高峰，让中国人探索太空的脚步迈得更稳更远。"航天科技瞄准建设航天强国和支撑世界一流军队建设目标，围绕航天科研生产的关键环节，大力推进流程优化和管理模式调整，系统增强全寿命周期的型号科研生产能力，建成功能完善、设施完备的现代航天科技工业体系。

一是强化项目综合统筹管理提升计划完成率。加强市场需求研判分析，提前补充配置资源，强化全要素、全流程、全寿命的综合策划协调，提高任务和资源的匹配性与均衡性。建立月度例会、季度盘点、半年总结的综合协调机制，强化计划执行的实时监督、刚性考核和闭环管理。通过管理要素闭合、资源领域内统筹、管理专业化整合、科研生产能力压力测试等创新实践，识别和解决了影响任务完成的关键短线瓶颈问题，综合计划按时完成率提升至99%以上。

二是优化研制批产管理模式提升交付能力。全面实行宇航型号发射场质量确认制，建立专业化的测试发射队伍，取消近80次50人以上规模的环节质量评审会，有效压缩了发射周期和参试人员数量。大力推进

型号产品的集成化、产品化、通用化，以重点任务为纽带协调各型号主体制造单位"结对子"，实现型号研制模式由型号驱动向型号与产品双驱动转型。有序开展重点产品统型，多类通用产品实现规模化批产，产品型谱化率达80%以上，新立项型号产品化率达85%以上。强化设计与工艺协同，建立产品智能制造体系，多型号并行研制、批产、高密度发射能力大幅提升，具备了年出厂35发长征系列火箭和40颗以上大中型空间飞行器的研制能力。

三是强化精益质量管理控制风险。发布精益质量管理体系建设方案，建立具有战略、组织、项目、产品、数据五层构架和覆盖三级法人的航天精益质量管理体系，实现全员、全过程、全要素、全数据质量管理。建立月度航天质量工作例会制度，推动过程质量控制重心前移，形成常态化抓质量工作的新机制。实施三年质量能力提升工程，开展首飞重大型号的独立评估、关键产品薄弱环节治理、航天器单点复查等专项工作，确保重大任务圆满成功。加强全领域、全级次、全过程、全要素的供应商管理，构建航天型号供应商风险辨识与分析模型，航天核心元器件和原材料国产化率大幅提高，自主可控水平持续提升，产业链供应链更加健壮、安全、高效。

几年来，航天科技承担的一系列航天重大工程取得历史性成就，不断刷新中国航天新高度，一大批战略战术武器装备成功研制交付，国家安全战略基石更加牢固。长征系列火箭每百次发射周期大幅缩短，年发射54次稳居世界前列，连续发射成功次数屡次打破历史纪录，安全性、可靠性、成功率和入轨精度均达到世界先进水平。以长征五号、长征七号为代表的新一代运载火箭应用飞行，使我国具备了发射深空探测器的能力，充分体现了航天产业链在设计、制造、生产、试验、管理全链条上整体能力的跃升。载人航天工程第二步圆满收官，太空交会对接的时间缩短至7小时，航天员驻留时间增加至半年，由天和核心舱、问天实验舱、神舟十四号和天舟四号组成的空间站组合体在轨稳定运行，我国载人空间站建设在世界航天领域树立了崭新标杆。

2020年6月23日9时43分,我国在西昌卫星发射中心用长征三号乙运载火箭成功发射第55颗北斗导航卫星。卫星顺利进入预定轨道,我国提前半年完成北斗三号全球卫星导航系统星座部署目标

胡煦／摄

深化科技创新管理机制改革,加快打造航天领域原创技术策源地

科技创新是航天强国建设的驱动力量。习近平总书记强调,要努力实现关键核心技术重大突破,提升国家创新体系整体效能,不断增强科技实力和创新能力,努力在世界高技术领域占有重要一席之地。航天科技加快实施创新驱动发展战略,增强航天自主创新能力,在关键核心技术领域实现密集突破,航天科技高水平自立自强取得重要成果,国家战略科技力量作用更为凸显。

一是系统谋划构建科技创新组织体系。制定关于加强科技创新工作的指导意见,针对重型运载、深空探测、载人登月等前沿领域,研究部署未来 15～20 年的发展目标和实施路径。组建航天科技创新研究院，从顶层谋划部署战略性、前沿性、基础性技术研究；二、三级单位聚焦主业核心专业，加强独立研发机构和专职研发队伍建设，专职研发人员已超过 1 万人。持续推动各类创新平台建设，已建成 15 个国家级重点实验室、23 个国家级创新中心和 9 个国家级国际合作基地，重点专业覆盖率达到 100%。与国内外重点高校和研究机构联合建立 76 个产学研合作平台和 41 个国际研发中心，着力打造内外协同、优势互补的产学研用联合创新模式。

二是突出重点完善创新管理机制。分类实施差异化的科技创新考核机制，将承担攻关任务、创新投入、创新产出等作为主要考核指标，加大关键核心技术攻关和基础科学研究任务的考核权重，对科技成果奖励进行考核加分，引导所属单位围绕核心关键技术加大投入力度。突出授权改革项目管理机制，对系统级项目以目标为导向实施项目制管理，对基础、前沿领域研发项目以结果为导向实施课题制管理，在量子、人工智能、先进探测等领域进一步试点推行"揭榜挂帅""赛马"等新型管理模式，激发创新团队的动力活力。

三是示范引领加快科技成果转化。航天科技以完善知识产权制度体系为基础，实施专利导航工程和专利质量提升工程，已申请专利超过 7.6 万件，获得中国专利金奖 8 项、银奖 6 项。发起设立和主导管理 11 只产业投资基金，并创新性开展知识产权协议投资，有力支撑了航天科技创新。设立知识产权与科技成果转化中心，2020 年以来共计开展 22 个科技成果转化试点，促成航天科技成果在 10 余个省市落地，累计实现收益超过 5 亿元。作为 2022 年北京冬奥会、冬残奥会开闭幕式技术保障单位，成功实施了包括地面舞台、火炬、冰立方、指挥监控、通信系统等在内的 11 个关键项目，展现了航天力量，呈现了航天精彩。

几年来，航天科技攻克一系列关键核心技术，带动我国空间技术领域实现重大突破。亚轨道重复使用运载器飞行成功，临近空间太阳能无人机完成 2 万米高空飞行，直径 3.5 米/500 吨级整体式固体发动机、500 吨级液氧煤油发动机等新型发动机试车圆满成功，形成一大批具有自主知识产权的创新成果，部分技术实现从跟跑、并跑到领跑，在相关领域位于世界前列。探月工程圆满完成"绕、落、回"的"三步走"战略，嫦娥四号实现人类历史上首次月球背面软着陆和巡视探测，嫦娥五号实现我国首次地外天体采样返回，开创了世界探月史奇迹。天问一号首次火星探测任务圆满完成，拓展了我国星际探测新边疆，使我国成为世界第二个独立掌握火星着陆巡视探测技术的国家。羲和号探测器成功发射，标志着我国正式进入"探日时代"。北斗三号导航系统全面建成并开通，卫星部组件实现100%国产化，做到了自主可控，是我国攀登科技高峰、迈向航天强国的重要里程碑。

深化人才管理机制改革，筑牢航天科技人才高地

人才队伍是航天强国建设的力量源泉。任何时候任何情况下都必须十分注重构建完整的国防科技工业人才自主培养体系，立足于国情自己培养"铸剑"队伍。航天科技坚持"人才高度就是事业高度"理念，超前谋划人才布局，确保国家重大工程任务每推进一个阶段，人才就跟进一批、储备一批，确保支撑到位。此外，着眼推动"卡脖子"关键核心技术攻关，大力深化人才体制机制改革，持续强化人才激励，走出一条自主培养高端科技人才的特色道路。

一是强化重大工程砥砺人才。坚持以工程项目为牵引、以型号研制为平台，有计划地安排科技骨干跨专业、多岗位锻炼，提升科技人才的系统思维和复杂系统掌控能力。选拔专业造诣深厚、善于把握型号规律和技术进步的将才担纲重大工程总指挥、总设计师，让他们经历大工程大项目磨砺，目前有600名科技骨干走上型号"两总"岗位。坚持让青年人才打头阵当先锋，让他们在创新思维最活跃、创造精力最旺盛时期，有更多的机会干大事、攻难关，及时将善打硬仗、战绩突出的青年人才推举为型号"两总"。

二是注重系统施策成就人才。坚持"高精尖缺"导向，定期发布涵盖13个技术领域44个核心专业方向的人才需求指南，设立海外高端人才引进专项基金和重点技术领域高水平博士生引进专项基金，大力实施高层次人才集聚工程，有效提升引进科技人才质量。针对型号设计、预先研究、工艺等队伍特点，分别设计了由主管师、正副主任师、正副总师等多个层次构成的职业发展路径；以13类44个航天主体专业为基础，形成由院士、国家级专家、集团级专家构成的科技专家梯队。

三是优化创新生态激励人才。大力实施高层次人才聚集、创新领军人才培育等6个专项人才计划，每年拿出近6000万元在科研经费配套、创新团队组建、科研助手配备、子女入学与住房保障等方面给予支持。坚持薪酬分配向科技骨干倾斜，大力实施股权、分红激励和科技成果转化奖励，型号"两总"和研发领军人才年收入超过同级行政正职水平。每年投入3000多万元设立航天系列荣誉奖项，对取得突出成绩的科技人才实行政治待遇、荣誉奖励、推举专家、培训深造、休假疗养"五优先"。

几年来，航天科技以杨孟飞、祝学军、朱广生、杨宏、李德天等为代表的一批领军人才脱颖而出，先后当选两院院士，范瑞祥、辛万青、张柏楠、李劲东等一批科技专家荣获全国创新争先奖，嫦娥团队、神舟团队、北斗团队等被授予"最美奋斗者"集体，形成了以36名两院院士、186名国家级专家、600名型号"两总"为代表的科技领军人才队伍，院士总数和近年当选人数均居央企首位。航天人在新时代推进航天强国建设征程中，培育形成了新时代北斗精神和探月精神，与"两弹一星"精神、载人航天精神一并纳入中国共产党人精神谱系，不断砥砺广大科技人才航天报国的初心和航天强国的使命。

深入总结思考改革经验，守正创新实现新征程新发展

航天科技总结国企改革三年行动以来的实践经验和体会认识，立足成效找成因，立足当前看未来，立足使命谋发展，奋力推进新时代改革发展。

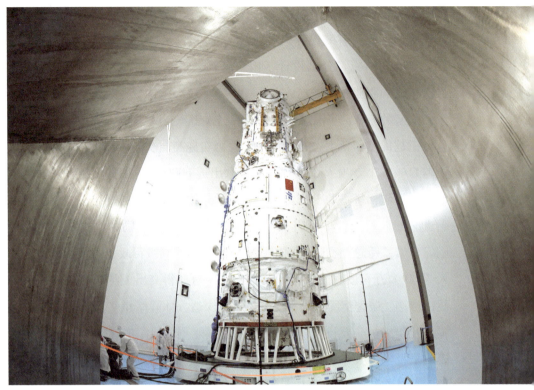

2021年4月29日11时23分,由中国航天科技集团有限公司研制的中国空间站天和核心舱发射升空,准确进入预定轨道,任务取得圆满成功。图为天和核心舱在研制过程中的影像

高剑／摄

巩固深化改革实现的"量质效"变化

航天科技对照"三个明显成效"高质量推进改革,构建了覆盖各领域、各层级的差异化管控模式,实现了从行政化管理向集团管控的加速转变,中国特色现代企业制度更加成熟定型;构建了需求导向、资源统筹、权责清晰、高效协同的航天科研生产管理体系,管理体系和管理能力现代化水平稳步提高;健全了反应灵敏、运行高效、充满活力的市场化经营机制,产业布局向关系国家安全和国民经济命脉的重要行业和领域加速聚集,改革发展活力和动力更加强劲,实现了从注重规模和速度的粗放型增长向更加注重质量和效率的集约型增长的转变,高质量发展的模式和路径

更加清晰优化。在国务院国资委对中央企业的经营业绩考核中,航天科技连续18年、连续6个任期获得A级,2020年、2021年连续两年排名央企第一。

注重总结改革成效的重要成因

航天科技深刻领悟到,党对国有企业的领导是国有企业改革发展的坚强政治保障,是确保改革不偏离本质属性的根本保证;习近平总书记重要指示批示精神是新时代航天科技加快发展的根本遵循,是航天科技改革发展的"根"和"魂"。要把牢完善中国特色社会主义现代企业制度的改革方向,实现创建世界一流企业的改革目标,必须坚持航天系统工程理念,注重改革的系统性、协同性,实现改革整体推进;必须加强改革的穿透传导,切实让基层单位和业务一线感受到改革实效,形成上下同欲的改革态势;必须保持压茬推进、久久为功的改革韧劲,由点及面、持续发力、循序渐进、形成整体突破;必须坚持实事求是、与时俱进,杜绝"纸面"改革、"数字"改革,确保取得经得起实践和历史检验的改革成效。只有保持不畏艰险、始终如一的精神品质,涵养坚韧不拔、勇于开拓的改革意志,才能创造出更多的航天纪录、航天奇迹。

切实提出新时代改革发展的有力举措

航天科技锚定建设世界一流航天企业集团、支撑世界一流军队建设目标,研究制定了《新时代改革发展指导意见》及实施方案,继续巩固深化国企改革三年行动成果,推动全面建成以战略管控为主的差异化精准管控模式,着力构建更好适应装备现代化要求的航天科研生产管理体系,加快完善能够充分激发市场主体积极性的市场化经营机制,全面打造航天领域国家战略科技力量和原创技术策源地。通过持续深化改革,推动适应世界一流航天企业集团的体制机制更加健全完备、资源配置方式更加优化集聚、高质量发展的基础更加雄厚、高效率发展的手段更加科学、高效益发展的能力水平持续提升,最终形成航天科技"三高"发展模式。

奋进新征程,航天科技将以习近平新时代中国特色社会主义思想为

月球着陆起飞试验场是我国探月工程重大研制保障条件建设项目之一,主要用于满足探月着陆器在最终着陆段的悬停、避障、缓速下降段地面试验,以及着陆缓冲、着陆稳定性、上升器起飞试验等需求。图为我国建造的月球着陆试验架分系统,俗称"蓝塔"
董济泽/摄

指导,深入贯彻党的二十大精神,深刻领悟"两个确立"的决定性意义,增强"四个意识"、坚定"四个自信"、做到"两个维护",深刻把握党的二十大对未来五年党和国家事业的战略安排,以及对航天事业、对国防装备现代化建设、对国有企业提出的明确要求,始终胸怀"国之大者",始终牢记在加快推动航天强国建设、履行新时代强军使命、实现高水平科技自立自强、推进世界一流企业建设中的使命责任,守正创新、踔厉奋发、勇毅前行,推动新时代改革取得更大成效、展现更大作为,奋力谱写中国航天事业发展的新篇章,为以中国式现代化全面推进中华民族伟大复兴作出新的更大贡献。

2

坚持"六真" 狠抓实效
支撑一流军队建设和打造世界一流企业两"翼"齐飞

中国航空工业集团有限公司

航空工业集团坚守"航空报国"初心,笃行"航空强国"使命,贯彻落实国企改革三年行动部署要求,党的领导与公司治理深度融合,中国特色现代企业制度体系基本成型;优化航空产业结构呈现新格局,全面构建"主制造商-系统集成商-专业化供应商"的新型航空产业组织体系,培育出一批航空产业链"链长"企业;科技创新焕发活力成果丰硕,航空武器装备战斗力不断增强,主战装备跨入"20时代";三项制度改革效能持续提升,全员劳动生产率年均增长10%以上;3家"双百企业"加速转型升级,4家"科改企业"创新突破,发挥示范引领作用;探索国有资本投资公司新体制,26家出资控股上市公司全面深化改革,通过资本运作累计融资超过200亿元,着力优化国有资本布局,当好军工央企改革样本,为加快建设世界一流企业奠定坚实基础。

中国航空工业集团有限公司（以下简称"航空工业集团"）是由中央管理的国有特大型企业，是国家授权投资机构；以发展航空及防务装备为主攻方向，以军民用航空装备的科技创新、产品研发、生产与集成交付、维修与服务保障为核心主业，协同发展与航空产业相关的先进制造业和支撑航空产业的生产性服务业，构建"军民融合、产业融合"的发展模式。2022年，航空工业集团实现营业收入5419亿元，利润总额236.4亿元。在《财富》世界500强排行榜中，航空工业集团连续14年入榜，2022年排名第144位。

航空工业集团坚持以习近平新时代中国特色社会主义思想为指导，始终牢记习近平总书记对航空事业发展的殷殷嘱托，全面贯彻落实习近平总书记指示批示精神，坚守"航空报国"初心，笃行"航空强国"使命，全力承接党和国家重大战略部署，顶层谋划、高位推动国企改革三年行动工作，坚持高目标引领、高效率推进、高标准落实，对正《国企改革三年行动方案（2020—2022年）》，充分发挥好国有资本投资公司改革试点的功能作用，坚持"六真"（市场化经营机制要真改、真市场化；科技创新要真自主、真创新；经营指标要真提高、企业活力要真提升），狠抓实效，全面完成7个方面111项改革任务，推动各二级单位高效率、高质量完成2230项改革工作任务，在国企改革重要领域和关键环节取得重大进展和重要成果：中国特色现代企业制度建设取得决定性进展，优化航空产业结构呈现新格局，科技创新焕发活力成果丰硕，三项制度改革效能持续提升，混改、双百、科改等专项工程成效明显，党的领导党的建设显著加强。

强根铸魂、立柱架梁，中国特色现代企业制度体系基本成型

完善中国特色现代企业制度是做强做优做大国有企业的重要根基，是国企改革三年行动的重要任务，是建设具有中国特色世界一流企业的重要环节。作为军工央企，航空工业集团始终与党和国家同呼吸共命运，始终

2 中国航空工业集团有限公司

歼 20 隐身战斗机
航空工业集团／供图

把坚持和加强党的领导作为保证企业发展的"根"和"魂"，自觉在思想上政治上行动上同党中央保持高度一致，坚定不移全面贯彻落实习近平总书记"两个一以贯之"的重要要求，一方面始终将坚持党的领导、加强党的建设要求贯穿改革全过程，另一方面不遗余力地探索完善公司治理体系和治理能力，实现中国特色现代企业制度建设和实践探索"双丰收"。

党的领导与公司治理深度融合

一是全面落实党建入章程，将党委（党组）"把方向、管大局、保落实"的功能定位写入公司"根本法"，持续巩固党组织在公司治理体系中的法定地位。

二是 100% 制定《前置研究讨论重大经营管理事项清单》，航空工业集团党组和180家建立党委的子企业全部梳理制定前置清单，同时修订完善《党委议事规则》《党委工作规则》等制度，切实把加强党的领导贯穿到公司治理全过程、各环节，有效发挥中国特色现代企业制度的优势。

三是梳理制定权责清单并动态调整，完善《"三重一大"决策制度实施办法》，从梳理"三重一大"事项入手推动党委前置清单、董事会决策事项清单、经理层权责清单同步制定，有效落实党组织的研究讨论是董事会、经理层决策重大问题的前置程序，分类明确党组织在重大决策中的决定权、把关权和监督权，实现党组织意图在重大决策中的充分体现，使党组织发挥作用制度化，并通过相应的履职途径，以显性流程的方式，实现党的领导和公司治理深度融合并动态调整。

现代治理制度体系不断丰富

一是迭代推出三版国企改革三年行动《重点改革任务完成标准要求》，为高质量完成改革任务提供了遵循。构建起航空工业集团"1+N"公司治理制度体系（"1"为公司章程，"N"包括党组会、董事会、总经理办公会等议事规则和规范集团公司治理运转的系列制度规范）。

二是出台《公司章程指引》《所属企业董事会工作规则指引》《所属企业董事会授权管理办法指引》等10项指引性文件，指导子企业构筑"一个实施办法、三个方案、六个权责清单、五个规则、十二项基本制度"的公司治理制度框架体系，推动公司治理制度体系在集团和子企业两个层面全覆盖，中国特色现代企业制度体系更加系统完备、务实管用。

现代企业治理结构持续完善

一是落实董事会职权迈出实质性步伐，所属420家应建董事会子企业已全部建立董事会并实现外部董事占多数，全部建立了董事会向经理层授权管理制度，推动90家公司制重要子企业制定《落实董事会职权实施方案》并落实董事会6项重点职权。全级次592家所属单位的经理层（经营层）全部实现任期制和契约化管理，经理层依法行权履职机制不断完善。推动董事会累计向经理层授权放权37项，总经理办公会决策的事项由

2019 年的 30 项增加至 2022 年的 79 项。

二是授权放权力度加大，对 19 家二级重要子企业开展 7 方面 24 项授权放权，并对"双百企业"等试点单位加大授权力度，授权事项达 27 项。

治理效能和治理水平稳步提升

一是董事会规范运作进一步深入，完善构建形成包括 6 方面 30 项完成标准 150 个评价要点的董事会规范运作和高质量运行的检查评估体系，为完善公司治理机制、提升运转质量效能提供体系保障。修订"三重一大"决策结构清单及决策流程，搭建"多单一表"，理顺决策程序。

二是动态调整各治理主体权责清单，并按照规范要求结合单位实际不断调整、细化、量化，将党的领导通过细化的具体权责事项内嵌到公司的日常运行之中，明确各治理主体的决策事项，将权责可视化，使边界更加清晰、决策程序更加规范、运行更加稳定高效，治理效能极大提升，董事会规范运转，高水平发挥"定战略、作决策、防风险"作用。

布局优化、结构调整，现代航空产业更专更强

中央全面深化改革委员会第十六次会议指出，推进国有经济布局优化和结构调整，对更好服务国家战略目标、更好适应高质量发展、构建新发展格局具有重要意义。国企改革三年行动将推进国有资本布局优化和结构调整作为重要任务，强调聚焦主责主业，发展实体经济，推动高质量发展，提升国有资本配置效率。航空工业集团对标世界一流高科技企业，深入贯彻落实《关于新时代推进国有经济布局优化和结构调整的意见》，持续深化供给侧结构性改革，加快存量清退、优化增量投向，推动国有资本向重要行业和关键领域集中，布局更加优化、结构更加清晰，主业核心竞争力得到有效提升。

优化航空产业布局强"链长"

一是战略引领，聚焦主责主业。航空工业集团根据国家发展战略、科

2022年11月11日中国航展，直20通用直升机和直8L宽体型直升机进行飞行表演
航空工业集团／供图

技进步和产业变革需要，制定了"一心、两融、三力、五化"新时代航空强国发展战略，充分发挥国有资本投资公司作为投资布局主体、整合运作主体和进退流转专业化平台作用，推动优质资源向重要行业和关键领域集中，全面构建"主制造商—系统集成商—专业化供应商"的新型航空产业组织体系，推动航空科研生产体系由传统内部配套型向基于专业化的有效竞争型转变。

二是布局优化，打造产业龙头。培育一批航空产业链"链长"企业。大中型飞机领域，构建设计研发、生产制造、维修服务一体化的西飞产业集团。战斗机领域，统筹推进成飞和贵飞产业布局深化改革，构建成飞产业集团，拓展国防战略纵深。民机领域，强化天津直升机、西安支线飞机、珠海通用飞机三大民机产业平台建设。无人机领域，组建专业化的中航无人机公司，拓展军用、民用两个市场，进一步强化领先地位。机载系统领域，组建七大机载系统事业部，培育和建设具有国际竞争力的系统集成商。通航运营领域，优化了通航运营业务，发挥应急救援、飞行培训、短途运输、科研试飞、飞机托管等专业化优势，构建通用航空产业联盟。

前瞻布局新兴产业造巨人

一是明确目标，巩固优势企业。航空工业集团在加快发展自主可控的现代化产业体系的同时，以"产业同根、技术同源、价值同向"为原则，推动先进制造业转型升级，巩固优势地位。在电子信息、汽车零部件细分行业培育出深南电路、天马微电子、中航光电、耐世特等一批全球行业排名前列的头部企业；在供应链集成服务、贸易、工程、非银行金融等专业服务领域形成行业骨干企业，有效支撑先进制造业发展。

二是提前布局，打造专精特新。瞄准"高端装备、高新技术、高附加值"领域，加大力度培育战略性新兴产业。先后完成制造业单项冠军、专精特新"小巨人"企业储备，20多家企业列为备选；特种连接器、5G通信基站用多收多发印制电路板被认定为单项冠军产品。新型材料、光电产品等5类共86项产品进入国家发展改革委备选项目库。

动真碰硬提质增效去存量

一是不遗留问题，办社会职能收官。航空工业集团抢抓政策窗口，全力以赴剥离企业办社会职能和解决历史遗留问题，所属148家单位464个"三供一业"项目圆满实现分离移交；88家医疗机构、53家教育机构全面完成分类改革；268家大集体企业全部完成分类处置，万余名职工全部得到妥善安置，2.9万余人全部实现社保接续；23.3万名退休人员移交社会化管理，全面实现随退随交。剥离企业办社会职能和解决历史遗留问题全面扫尾，每年减轻企业负担近6亿元，为确立企业独立市场主体地位奠定了基础。

二是动真碰硬，持续瘦身健体。截至2022年底，累计压减1231家法人户数，压减比例高达50%以上，清理360余项参股股权，管理层级从

11级控制在4级以内。主动深入开展"压减二期",确定退出产业协同效应低、竞争力弱、对战略目标贡献低等5类业务200余家企业清单。完成74家重点亏损子企业专项治理任务,三年整体减亏75%以上。剥离161家"两非"企业,累计回收资金46亿元,全部用于支持主业发展。通过"压减""处僵治困""重点亏损子企业治理""两非"剥离等重点专项治理,实现撤销关闭一批、兼并重组一批、管理提升一批、破产处置一批,清理退出了地产、物业、资源、船舶、医疗养老、风电、林业、粮贸、玻璃等行业业务,产业结构进一步优化,行业门类精减比例超过56%,2022年核心主业收入占比同比提高2.67个百分点,主业集中度持续提升。

自立自强、目标高远,争当科技创新排头兵

科技是第一生产力,人才是第一资源,创新是第一动力。航空工业集团坚持面向世界航空科技前沿、面向航空武器主战场、面向国家重大装备需求和战略需求,加快实现高水平科技自立自强,集聚力量进行原创性引领性科技攻关,坚决打赢关键核心技术攻坚战。强化知识、技术、人才积

大飞机创新原
航空工业集团／供图

累,不断突破难题、攀登高峰,勇做贯彻新发展理念的排头兵、勇做创新驱动发展的先锋队、勇做实施国家重大战略的主力军。

体系部署激活航空科技"创新力"

一是全方位,系统部署"领先创新力"。航空工业集团深入贯彻习近平总书记关于科技创新的重要论述和对航空工业改革创新发展的重要指示批示精神,明确集团党组承接"第一棒"责任,研究制定并发布《践行集团战略加快构建新时代航空强国"领先创新力"的决定》,从指导思想、发展目标、科技创新文化、科技创新体系、科技创新机制、科技创新力评价、努力掌握自主可控技术等14个方面制定"行动纲领",对航空工业"十四五"及2035年前科技创新工作进行"整体部署",把提高自主创新能力、实现航空科技自立自强作为使命担当,坚持技术创新和管理创新"双轮驱动",通过体系推进、重点突出、示范引领、制度保障,加快打造航空工业领先创新力,实现高水平自立自强。

二是高标准,开启航空科技发展新征程。面向预先研究、武器装备和民机产业的"大科技",以"跨代·超越"为主题,组织开展科技创新大会等系列活动,系统总结新时代十年航空科技创新实践,分析研判航空科技创新面临的形势和挑战,全面部署未来科技创新重点任务和创新行动,聚焦新装备,以航空科技与装备支撑建军百年奋斗目标;聚焦新跨代,发展先进工业产业能力,以数智融合、多链主导的世界一流企业支撑建国百年奋斗目标;聚焦新超越,打造航空科技国家战略力量,以科技优势掌握大国竞争战略主动权。

变革机制打造技术创新"新高地"

一是严考核,自主研发投入机制促创新。"宝剑锋从磨砺出",航空工业集团深知核心技术买不来、要不来,只有持续加大原创性引领性研究投入才能催生核心技术。通过目标导向、规划牵引和考核激励,形成研发投入的"科技+财务"联合管控机制,结合所属单位的主业定位,制定差异化的考核目标;将研发投入纳入集团公司全面预算管理,树立创新活动和研发投入的靶向目标,促进研发投入去向与国家重大需求、集团公司发展规划、科技创新重点任务的结合,提高产出质量,更好地服务于集团公司高水平科技自立自强和高质量发展。集团公司自"十三五"以来整体研发投入年增长率始终保持不低于10%的水平,2022年研发经费、研发投入强度均再创历史新高。

二是强引导,打通科技成果转化"最后一公里"。航空工业集团构建"科技+资本+市场"的生态环境,持续完善科技成果转化制度体系,在央企中率先探索贷款融资支持科技创新,系统梳理以财政科技投入、股权融资、债权融资、知识产权质押融资、科技保险、税收优惠等为代表的多层次、多元化科技成果转化资金筹措方式,组织"科技+金融"推进大会系统宣贯,推动落实公司制、项目制等新的科技成果转化模式。2020年以来实施转化项目44个,转化收入超10亿元。积极落实即期激励政策,奖励自行投资实施转化奖励人员724人次,奖励总金额超1468万元。

2022年9月2日航空工业集团科技创新大会
航空工业集团／供图

搭建平台点燃创新发展"新引擎"

一是多渠道，构筑平台汇聚创新资源。创新之路没有坦途，"惟其艰难，才更显勇毅；惟其笃行，才弥足珍贵。"航空工业集团充分发挥领军企业强化国家战略科技力量作用，加速构建新时代航空科技创新体系和创新平台。组建智航院，加速智能技术与航空技术融合；成立鲲鹏软件创新中心，打造创新国家队；积极融入国家创新体系，策划并加入智能制造、高端分析测试仪器等系列创新联合体；与国内优势大学联合，成立气动声学、飞机精细化强度设计与制造等联合技术中心；组建新材料和结构快速试制与应用转化技术创新中心，支撑航空装备快速研制、快速迭代、快速验证；挂牌成立航空5G毫米波协同实验室，加速新兴技术布局和创新应用。

二是稳投入，航空科技创新活动结硕果。持续稳定投入支持构建跨域跨界跨专业的创新微团队、创新联盟、创新共同体，加大对核心技术攻关团队在选人用人、经费分配等方面授权放权力度，提高课题组的自主权，不断激发创新团队活力，一批"卡脖子"问题得以解决，一批新产品形成战斗力。沈阳所按照"一新、两地、三出、四创"思路打造策源地，抢占前沿重大技术领域发展先机，助力国家重大科技专项论证；成飞实施科技创新"百团大战"，激活了科技创新的"源头活水"；洪都公司聚焦关键瓶颈问题，成立技术攻关团队，完成某项目分系统国产化样机配套。2021年，航空工业集团共获15项国家科技奖励，获得国家科技进步特等奖1项、一等奖3项，国防科技奖178项；编制修订国际标准13项；专利质量评价最新排名位列央企前五。航空工业集团成为国务院国资委首批原创技术策源地，成飞、兰飞入选国家技术创新示范企业名单。

"三能"显效、活力提升，广聚英才植根航空报国

习近平总书记指出："要坚定不移深化国有企业改革，着力创新体制机

制,加快建立现代企业制度,发挥国有企业各类人才积极性、主动性、创造性,激发各类要素活力。"《国企改革三年行动方案》明确提出加快建立健全市场化经营机制。航空工业集团系统构建实施新时代航空工业干部工作、人才发展和薪酬激励三大体系,研究出台《关于立足新时代、聚焦高质量,进一步提升三项制度改革效能的意见》《深化劳动、人事、分配三项制度改革评估办法(试行)》,下大力气实施了一系列改革举措,为调动人才积极性、激发企业活力发挥了重要作用。

健全完善制度体系,让干部能上能下

对标对表习近平总书记提出的建立"素质培养、知事识人、选拔任用、从严管理、正向激励"五大体系要求,系统推进新时代航空工业干部工作体系,作为干部工作的"导航仪"和"指挥棒",固化于制、内化于心、外化于行,重实干重实绩的选人用人导向鲜明。坚持党管干部原则和发挥市场机制作用相结合,集团党组直接把关、多轮反复迭代,扎实推进全级次 592 家所属单位 100% 实施经理层成员任期制和契约化管理,健全"四个机制"(一个把关主体、一套制度体系、一份评价标准、一支专家队伍),突出"三个刚性"(刚性目标确定、刚性考核管理、刚性结果应用),持续推动所属单位经理层成员任期制和契约化管理工作走深走实。常态化开展综合考核评价、担当作为分析和专项测评,落实末等调整和不胜任退出。近年来,二级单位连续排名靠后的主要领导、排名末位的班子副职均已调整,干部队伍结构和素质显著优化,一批经过改革攻坚洗礼、科研生产重点任务考验的优秀年轻干部走上重要领导岗位,领导班子作用显著提高。2022 年,管理人员末等调整和不胜任退出比例为 4.73%。

厚植人才资源优势,让员工能进能出

遵循人才成长规律,通过"育鹰、雏鹰、飞鹰、雄鹰、金鹰"专项计划,聚焦强军保军,打造航空重要人才中心和创新高地,着力培养一流科技领军人才和创新团队、青年科技人才、卓越工程师、大国工匠、高技能人才,不拘一格,把各方面的优秀人才集聚到党和人民的航空伟业中来。严把员工入口关，出台引进高层次人才和优秀毕业生奖励支持政策，实施"千名博士引进工程"，人员引进质量明显提高。国企改革三年行动以来，公开招聘比例为100%，硕士研究生及以上学历人员占比每年提升约1个百分点。大力推进劳动用工管理及员工绩效管理等制度落地，按照高质量发展要求从严控制用工总量，强化劳动生产率考核，以上率下、分层分类持续开展"三定"。2022年，劳动生产率增幅达20.8%，为近三年增幅最好水平。

激发个体活力效率，让薪酬能升能降

系统构建具有航空特色、重点突出的薪酬激励体系，持续完善差异化、结构化的工资总额管理模式，对关键核心技术攻关团队、基础研究与预先研究突出贡献团队等给予工资总额单列支持，实现分配资源向主业、科技创新倾斜。构建军品单位核心骨干激励机制，首席技术专家、重大工程（型号、项目）负责人津贴额度最高可达18万元/年。航空工业集团"基于航空工业特点的薪酬管理体系"被国务院国资委评为国有重点企业管理标杆创建行动标杆项目。中长期激励工具有效运用，重点单位全覆盖。在中央企业层面率先建立中长期激励制度，综合运用上市公司股权激励、员工持股、岗位分红、项目分红等各类激励工具，因企施策、分类实施、应做尽做。现在，航空工业集团共有84家单位101项中长期激励计划获批，已开展中长期激励的子企业数量占具备条件的比例超过90%，基本实现主业领域重点单位全覆盖。

示范引领、创优争先，专项改革迸发蓬勃动力

《国企改革三年行动方案》提出，通过实施国企改革专项工程，推动国企改革各项政策措施综合运用和系统集成，有效解决政策落实"最后一公里"问题，激发基层改革创新动力。航空工业集团以"建设航空强国、创建世界一流"为主题，勇于改革创新，勇当改革先行者、示范者，积极趟路子、想点子，在各个专项试点领域积极发挥示范引领和突破带动作用。

国有资本投资公司改革试点功能有效发挥

航空工业集团聚焦构建新发展格局、聚焦打造一流总部、聚焦发挥产业引领作用,聚焦市场化改革、聚焦提升管理效能,加快推动从管企业向管资本为主转变职能,建立国有资本投资公司新体制,形成具有商业二类企业特点的国有资本投资公司发展模式。

一是转变管控模式。构建"集团总部—新型产业集团—新专业公司"三级新管控架构,确立对航空及防务业务以战略管控为主,对先进制造业和生产性服务业以财务管控为主。开展分类授权,建立动态调整机制,有效落实各级董事会职权,持续完善授权放权、分类管控与评价考核相衔接机制,实现动态化授权、差异化管控、精准化考核。

二是提升投融资能力。构建新型航空产业结构,打造千亿级、百亿级领军龙头企业,培育具有国际竞争力的系统供应商;设立资产处置平台、产业链基金和产融平台,全面提升自主创新能力,培育新兴航空及防务产业。

航空工业集团改革三年行动推进会暨考核评估方案培训会
航空工业集团／供图

三是加强资本运作。借力市场化手段，近三年开展资本运作13项，总计融资200余亿元；发挥上市公司平台作用，加快结构调整聚焦主责主业，推动优质资源向上市公司集中，优化国有资本布局，实现资产证券化率超过71%。

坚持"三因三宜三不"稳妥推进混合所有制改革

航空工业集团通过增资扩股、改制上市、并购投资、合资新设等多种方式，积极稳妥、分层分类推进混合所有制改革。

一是深入做好研究评估。从推进情况、主要思路、必要性与可行性、推动范围、工作安排与措施五方面深入开展混合所有制改革研究评估工作，形成了《深化混合所有制改革研究分析报告》。

二是迭代完善制度规范。印发《开展和深化混合所有制改革工作指导意见》《中长期激励管理办法》《加强新形势下混合所有制企业党建工作的若干意见》《在发展混合所有制经济过程中严格规范工作程序的通知》等系列制度文件，形成了"1-4-4-5-5-8"混改思路和工作体系。印发《关于国有相对控股的混合所有制企业实施差异化经营业绩考核工作的指导意见》《混改企业考核指标库》《混改企业考核负面清单》，从差异化考核入手，指导推动开展混合所有制企业差异化管控。

三是稳慎规范有序推进。混改年度计划名单需经集团深化改革领导小组审定后启动实施，五年来共分层分类推动近30家企业实施了混改，累计融资73.2亿元（含混改上市）；在"混资本"的基础上，着力完善公司治理、转换经营机制、提高效率效益。

四是机制转换逐步深入。合理设计并优化股权结构，混合所有制企业外部股东积极派出董事参与公司治理。中直股份、天马微电子两家国有持股超过50%的控股上市公司引入持股比例5%以上战略投资者，随着股权结构调整同步释放董事会席位，探索通过股权治理结构优化强化公司治理。

五是经验成效初步显现。江航装备、中航无人机在科创板成功上市，国有资产大幅增值；安吉精铸、巴山滤材、陕硬工具等一批"三线"军工

| 航空强国志　翼起向未来
| 航空工业集团／供图

企业和困难企业通过混改实现历史性扭亏脱困，逐步走上高质量发展道路。混改企业在完善公司治理、市场化选人用人，中长期激励、全员绩效考核等方面进展明显，治理机制逐步深入，活力效率和竞争力不断提升。

"双百行动""科改行动"示范引领

航空工业集团深入实施"双百行动""科改行动"专项工程，强化各项政策措施综合运用和系统集成，鼓励基层大胆探索创新，为深化改革树立新样板。

一是市场化改革率先取得实质性突破。"双百企业""科改企业"率先完成董事会应建尽建、配齐建强、落实董事会职权、健全市场化经营机制等重点改革任务，3家"双百企业"所属单位积极开展上市公司股权激励、员工持股、岗位分红等多种形式中长期激励，4家"科改企业"100%开展中长期激励。

二是"双百企业"加速转型升级。机载实现由零部件供应商向系统集成商的转变；通飞着力产业结构调整，聚焦通航主业和优势产业，统筹资源配置，加快AG600等重大装备研制；中航国际紧抓深圳"双区"建设机遇，探索优化董事会配置，推进"二次腾飞"举措不断落地见效。

三是"科改企业"改革成果不断涌现。洪都公司大力推进"先进航空机载机电与飞控联合实验室""精确制导技术工程研究中心"等科技创新平台建设，组建了14个工作室，近三年共获得国家科技奖1项、国防科技奖4项、江西省科技奖2项、航空工业科技奖24项。凯天积极探索"1+3+3"融通创新机制，加快科研成果转化，突破30余项传感器领域关键核心技术，跑出创新"加速度"。成飞与四川省政府联合组建的国家高端航空装备技术创新中心获批，全力打造以歼20隐身战斗机为代表的航空创新名片，成为国产大飞机C919机头唯一供应商。中航光电构建数字化设计与验证和现有研发流程有机融合的正向研发流程体系，先后突破高端连接器关键技术50余项，多项技术达到国际领先或国际先进水平，国际影响力显著提升。

改革创新、效能卓著，勇当壮军威强国力主力军

国企改革三年行动的深入实施，为航空工业集团高质量发展提供了强劲动力，为建设世界一流航空企业奠定了坚实基础。航空工业集团始终紧盯新时代强国强军目标，坚决扛起中央赋予的重任，勇当军工央企改革先行者、争做军工央企改革示范者、当好壮军威强国力主力军，在发展方式、发展动力、发展结构等方面深入改革、深化试点，彰显出中央企业国民经济"顶梁柱""压舱石""定盘星"作用，走出了具有中国特色的军工央企高质量发展的创新之路，走出了建设世界一流企业的自信自强之路。

2021年9月2日,运20大型运输机接第八批109名志愿军烈士遗骸及遗物回归祖国
航空工业集团／供图

在航空系列装备研制方面,筑起捍卫国家主权的钢铁长城

一是航空武器装备形成体系化、网络化、数字化发展格局。主战装备跨入"20时代",以歼20隐身战斗机、运20大型运输机、直20通用直升机、运油20为代表的"20系列"装备,成为新时代大国强军的新名片,守护主力战机奔赴远海大洋,支撑空军不断拓展新航迹,支撑海军实现空海协同,支撑陆军空中力量快速建设。多款新型战机投入新时代练兵备战,加快推进空天战略打击能力、战略预警能力、空天防御能力和战略投送能力建设。舰载战斗机随航母编队,前出第一岛链赴西太平洋远海训练。新"飞豹"多批次挂载实弹,飞赴演习海域实施打击行动。民机型号研制取得重要进展,AG600大型水陆两栖飞机成功实现陆上、水上和海上首飞,不

断衍生救援、灭火等系列产品。AC352直升机取得民航局颁发型号合格证，MA700成功实现工程首飞，AG系列飞机完成适航取证机首飞。航空武器装备逐步实现从四代向五代、从机械化向信息化、从陆基向海基、从有人向无人、从中小型向大型、从单项突破向体系化发展，以及从空中向空天的重大跨越，以大国重器筑起捍卫国家主权和国防安全的钢铁长城。

二是航空武器装备形成战斗力增强了中国人的志气、骨气、底气。在国际形势动荡不安、东南海域波谲云诡的情况下，航空工业集团多款新型战机不断入列，投入新时代练兵备战，助力人民空军警巡东海、战巡南海、前出西太、绕岛巡航，飞出新航线、覆盖新区域，军威飞扬，纵横四海，为壮大我国军威贡献了航空力量。在庆祝中华人民共和国成立70周年大会上，航空工业集团12个梯队、34个型号共168架新型战机接受了党和人民的庄严检阅。在庆祝中国共产党成立100周年大会上，航空工业集团自主研制的6型71架军机组成4个空中梯队飞越天安门广场上空，向党的百年华诞献礼。在抗疫、2022年北京冬奥会、应急救灾等国家重大任务中，航空工业集团均出色地完成了任务，有力保障了人民的生命财产安全，彰显了我国国力和大国形象。

在主要财务绩效指标方面，实现经济运行稳中提质

航空工业集团积极发挥央企稳增长"顶梁柱"作用，聚焦提质增效，连续多年实现经济运行稳中有进、稳中向好、稳中提质。2022年实现净利润189.3亿元，同比增长23%；经济增加值130.5亿元，同比增长40.8%；研发经费投入强度8.7%，同比提升0.3%；全员劳动生产率40.1万元/人，年均增长10%以上。近十年航空工业人均营业收入、人均利润、全员劳动生产率实现翻倍，为我国国民经济的高速发展贡献了航空力量。

在经营业绩考核评价方面，有效发挥"定战略、作决策、防风险"功能作用

自国务院国资委考核以来，航空工业集团已经累计获得17次年度考核A级、连续获得6个任期考核A级，被评为2019—2021年任期"业绩优秀企业""科技创新突出贡献企业"。2021年度经营业绩考核综合得分再创新高，排名第14位，近4年连续排在前20名，稳定在第一梯队，科技创新排名央企第2位，实现新突破。航空工业集团董事会获得2021年度国务院国资委评价优秀，测评总体得分93.84分，创历史新高，有效发挥"定战略、作决策、防风险"功能作用，推动企业改革发展取得良好成效。

党的二十大报告提出："打造强大战略威慑力量体系，增加新域新质作战力量比重，加快无人智能作战力量发展，统筹网络信息体系建设运用。"这对中国式航空装备现代化提出了更高的要求。党的二十大报告指出："深化国资国企改革，加快国有经济布局优化和结构调整，推动国有资本和国有企业做强做优做大，提升企业核心竞争力。""完善中国特色现代企业制度，弘扬企业家精神，加快建设世界一流企业。"这明确了航空工业集团未来改革发展目标，激励着航空人加快建设一流航空企业的决心和信心。

时间砥砺信仰，岁月见证初心。无数航空人心怀祖国、执着拼搏，谱写出新时代航空工业发展壮大的雄浑乐章，航空工业集团将牢记"什么也不说，祖国知道我"的嘱托，将心中的理想挥洒成事业的辉煌，遵循植根内心的崇高信仰。航空工业集团始终坚持党的全面领导，以高质量党建引领企业高质量发展，为研制更强更好更专航空装备前赴后继，为做强做优做大国有企业强根固魂。

改革创未来，创新争一流。新的时代、新的征程、新的任务，航空工业集团心怀国之大者、矢志国之重器，投身如期实现建军百年奋斗目标和中国式现代化建设伟大事业，持续深化改革不断创新，坚持支撑一流军队建设和打造世界一流企业两"翼"齐飞，当好军工改革样本，输出更多经验、更好模式，击桨奋楫，激流勇进，行稳致远，更快、更好、更多地为国铸护疆重器、冶倚天长剑。

3

勇闯深水区　破解大课题
以改革激发高质量发展强大动能

中国石油化工集团有限公司

中国石化牢记习近平总书记"端牢能源饭碗""再立新功、再创佳绩"殷切嘱托，高质量实施国企改革三年行动，在危机中育新机、于变局中开新局，敢于突进深水区，破解在完善公司治理中加强党的领导大课题，分层制定清单及示范文本，清晰界定"定"和"议"的事项，并嵌入内控权限指引和"三重一大"决策清单；破解深化科技体制机制改革大课题，创新成果转化组织模式，集中力量攻克重大关键成套技术，18项技术达到世界领先水平，200余项技术实现工业转化；破解深化"三能"机制落地大课题，敢于摘掉"帽子"、挪动"位子"、分好"票子"，干部员工从"要我干"变"我要干"，全员劳动生产率大幅提升；破解深化供给侧结构性改革大课题，积极打造"一基两翼三新"产业格局和"国内第一氢能公司"，不断激发高质量发展强大动能。2020—2022年，中国石化经营业绩屡创新高，彰显了大国重器"顶梁柱"作用，开启了由大到强到优深刻转变新征程。

国企改革三年行动启动以来,中国石油化工集团有限公司(以下简称"中国石化")深入学习贯彻习近平总书记关于国有企业改革发展和党的建设的重要论述精神,全面落实习近平总书记视察胜利油田重要指示精神,牢记习近平总书记"端牢能源饭碗""再立新功、再创佳绩"殷切嘱托,敢于突进深水区,奋力破解在完善公司治理中加强党的领导、深化科技体制机制改革、深化"三能"机制落地、深化供给侧结构性改革四大课题,公司竞争力、创新力、控制力、影响力、抗风险能力持续增强,所属易捷公司、镇海炼化、石化机械获评国务院国资委优秀"双百企业",催化剂公司连续两年获评国务院国资委"科改行动"标杆企业,多项改革亮点被树为典型。2020年中国石化经营业绩处于全球同行前列,2021年经营业绩创近十年新高,2022年全年实现营业收入3.37万亿元、利润总额1203亿元、净利润950亿元,均创历史最好水平,彰显了大国重器"顶梁柱"作用,开启了由大到强到优的高质量发展新征程。

聚焦全面强根固魂,破解在完善公司治理中加强党的领导大课题

在国有企业公司治理中加强党的领导,是关系国有企业举什么旗、走什么路、朝什么方向前进的重大政治命题和实践课题。答好这道题,对于国有企业发挥独特优势、增强竞争实力具有重要意义。

中国石化成立课题研究组和工作专班,聚焦共性问题、实操难题开展系统研究、提出对策建议,有关调研报告获评中央组织部"2021年度组织工作调研成果二等奖",成为唯一获此殊荣的中央企业。2021年5月,中国石化党组对照《关于中央企业在完善公司治理中加强党的领导的意见》,研究制定28项任务清单,其中重点完善集团层面制度机制18项,指导直属企业落实制度机制4项,落实工作措施6项。截至2021年底,28项任务全部落实到位,党委(党组)领导作用更加有效发挥,公司治理机制更

3 中国石油化工集团有限公司

2021年9月10日，全国首座集油气氢电服及光伏、工业文化馆等多功能于一体的广西石油南宁新阳综合服务站正式投入运营。该站每天可为1500辆车提供加油加气服务，日加氢能力达到500千克，每天可提供充换电服务超500次
中国石化／供图

加系统规范，中国特色现代企业制度落地生根。

集团层面定规则

中国石化适应现代企业法人治理结构，进一步厘清各治理主体权责边界，明确党组在决策、执行、监督各环节的权责和工作方式，着力构建加强党的领导制度体系。

中国石化聚焦"把方向、管大局、保落实"职责定位，《中国石化党组讨论和决定重大事项清单》（以下简称"清单"）首次明确10类需要党组决定的重大事项、17类需要党组前置研究讨论的重大事项，并分别细化为39项、69项具体内容，进一步明晰党组在重大事项决策中决定或者把关定向职责，切实厘清党组与董事会、经理层等其他治理主体的权责边界。

以清单为依据，中国石化《党组工作规则》首次写明党组"定"和

"议"的职责范围、首次写入前置程序,明确党组前置研究包括提出启动意见、拟订建议方案、酝酿建议方案、党组研究讨论、董事会会前沟通、落实党组意图6个基本步骤,提升了党组议事决策科学化、规范化水平。

直属单位抓贯通

从中国石化集团公司层面到直属单位层面,在公司治理中如何将加强党的领导贯通到底、落实到位,是必须攻克的难关。中国石化为此进行了一系列实践探索,为中央企业推进党的领导向基层延伸贡献了石化方案。

中国石化结合自身产业链条长、直属企业多、管控模式复杂等特点,从治理结构和领导体制方面区分4种类型企业,分类指导、分类实施,首次从顶层设计上作出系统性规范和制度性安排,研究制定《关于直属企业在完善公司治理中加强党的领导的实施意见(试行)》,系统明确"党建入章、职责定位、决策前置、把关到位、监督考核、自身建设"等实施路径,成为推进直属企业落实"两个一以贯之"的重要标志性成果。比照集团层面,中国石化首次制定直属企业党委讨论和决定重大事项清单示范文本,清晰界定党委10类39项"定"的事项、17类45项"议"的事项,指导146家直属企业"一企一策"制定党委决定党的建设等方面重大事项清单、党委前置研究讨论重大经营管理事项清单。为确保制度行之有效,将党的建设和经营管理重大事项同步嵌入内控管理,推进党组"定"和"议"的事项嵌入内控权限指引和"三重一大"决策事项清单,进一步厘清各治理主体职责权限,并开发建设总部决策信息系统,将决策制度、权限、程序嵌入系统流程,利用信息化手段实现各类治理主体决策过程在"一张网"上运行,有效防止"应上会未上会、不该上会的上会"等现象。直属单位也比照集团公司,实现了相应内控权限指引和"三重一大"决策事项清单的有效衔接。

中国石化在国务院国资委2020年度、2021年度党建工作责任制考核中连续位列A类等级;2022年2月被评为"国有企业公司治理示范企业"。

聚焦高水平自立自强，破解深化科技体制机制改革大课题

进入新时代，党中央将科技创新摆到了前所未有的高度，把科技自立自强作为国家发展的战略支撑。中国石化认真贯彻习近平总书记关于科技创新的重要指示批示精神，在新型举国体制中找准定位，扛起"担当国家战略科技力量"核心职责，深化科技体制机制改革，不断激发创新活力，推动科技创新驶入快车道、实现大跃升，公司专利质量综合评价连年排名央企第一，被国务院国资委评为"科技创新突出贡献企业"。

理顺体制，在直属研究院推行"科改行动"

2020年4月，催化剂公司和德州大陆架公司入选国务院国资委"科改企业"。同年底，中国石化主动作为，在全部8家直属研究院启动"科改行动"。目前，各研究院全部完成"分公司转子公司"，成为具备独立法人资格的市场主体，在科研创新决策运行中拥有更多自主权。考核机制方面，各研究院全面推行全员绩效管理，开展差异化契约化考核，量化细化各项考核指标，设置待上岗"人才池"，真正做到"能否坐得住、协议说了算""干得好不好、指标说了算""收入多与少、业绩说了算"。以催化剂公司为例，2022年当期管理人员退出比例超12%，进入"人才池"的考核不合格员工120人次；2名科研人员获60万元创新创效突出贡献奖励。放权赋能方面，各研究院全面推进以项目为主体的授权放权，实施项目长负责制，项目长在路线选择、团队组建、经费使用上拥有更多决策权。以青岛安工院为例，团队成为自我管理主体，负责人可自行设定三年工作目标、年度计划和措施。仅试点科改一年，该院HSE新工艺、新材料等5支创新团队就成功申报或主持参与国家级科技项目近10项，摘取中国石化科技进步特等奖、中国化工学会基础研究成果一等奖等奖项。

创新形式，锻造科研成果快速转化竞争优势

中国石化充分发挥上中下游一体化优势，不断创新科技攻关组织模

与自然环境融为一体的涪陵页岩气田施工现场
中国石化／供图

式，努力把科技成果快速转化锻造成最鲜明的竞争优势。"大兵团"作战、"揭榜挂帅"机制运行良好。以担当氢能应用产业链"链长"为契机，启动"氢能技术"大兵团项目，推进绿氢制备、氢气储运、加氢站等技术攻关，取得重要进展。在战略新兴领域，烟气二氧化碳捕集等6项重点技术面向全社会"张榜招贤"，吸引系统内外39个研究团队揭榜应征，来自浙江大学、大连化学物理研究所等6家单位的团队负责人挂帅出征。"十条龙"攻关机制展示更大威力。"十条龙"是中国石化的独特创造，通过把科研、设计、装备制造、工程建设、生产和销售力量组织起来，无缝链接，合力攻坚，打通创新链产业链上的卡点瓶颈，以"破竹之势"推进成套技术工业应用。近三年，中国石化以改革为抓手，在项目选育上建立"入龙"项目培育机制，探索高价值成果快速"入龙"机制，强化正向激励和人财物支撑保障，取得显著成效，成为国务院国资委首批原创技术策源地企业、氢能应用产业链"链长",担当国家战略科技力量的底气和实力持续增强。科技孵化器建设稳步推进。为进一步做好技术转化支持,中国石化制定出台《科技孵化器管理办法》《关于鼓励科技人员创新创业、加快建设科技孵化器的指导意见(试行)》等一系列制度文件,探索建立市场化整合科技资源和科技成果转化的体制机制,将 8 家直属研究院、胜利油田及科技开发公司共计 10 家单位纳入科技孵化器试点,营造了良好的创新创业氛围。

打造高地,提升开放式创新水平

坚持开放创新,中国石化牵头与 7 家央企组建碳纤维及其复合材料创新联合体,20 多家高校、科研院所和民营企业参与攻关,基本掌握了碳纤维生产、复合材料应用等方面的一批关键核心技术。2022 年 10 月,国内首套 48K 大丝束碳纤维全国产化生产线在上海石化投产,一举打破西方垄断。着力完善科研布局,在广东、浙江等创新资源聚集地设立研发机构,集智汇力突破高端材料关键核心技术。支撑国家战略、服务国家需求,成立医用卫生材料研究所,打造"科研特区",某项医用关键材料研发制备技术成功实现工业化生产。中国石化以国际视野高标准布局海外研发机构,加强美国休斯敦研发中心、中东研发中心运营管理,与英国帝国理工学院合作成立资源地球物理研究院,朝着形成具有全球竞争力的开放创新生态不断迈进。

集聚人才,加强科技创新力量建设

中国石化牢固树立"人才是第一资源"理念,既"筑巢引凤",也"为凤筑巢"。拓宽科技人才成长空间,首次聘任首席科学家、成立首席科学家工作室,形成以 24 名两院院士、3 名首席科学家、55 名后备院士为主体的战略科技人才队伍;构建 2 层 6 级专家职位体系,选聘 255 名集团公司首席专家和高级专家、3688 名直属单位首席专家、高级专家和专家;建立 31 个博士后科研流动站、工作站,累计引进 1322 名博士后,出站后留用 719 人。宁波新材料研究院发出"我有研究院,谁来当院长"的"英雄帖",面向海内外公开招聘人才,引发热烈反响。北京化工研究院对标市场价位连续两年调整新员工薪酬标准，新引进硕士和博士年收入涨幅接近50%，2022年引进毕业生中博士占比60%。扬子石化坚持"用感情留人、用事业留人、用待遇留人"，为引进的高层次科技人才及进入博士后工作站的青年博士提供不少于100万元的科研启动经费，同时给予住房优待政策和一次性安家费，有效促进紧缺人才留得住、干得好。

强化激励，激发广大科研人员创新活力

制定《关于加强科技创新激励机制建设的意见》，针对科技攻关、原始创新、成果应用等关键环节，从业绩考核、工资支持等5个方面制定22项政策措施，系统构建科技创新激励保障机制。以强化正向激励为方向，分类施策、重点保障，建立重点科研任务支持清单，将国家级科技项目、"十条龙"、重大科技项目等纳入清单，实施创新成果里程碑节点考核加分和工资总额奖励。2021年，对完成里程碑节点的64个重点项目给予工资总额特殊奖励4100余万元。对在科技创新中取得杰出成就和作出重大贡献的个人，设置"中国石化科技创新功勋奖"，奖励力度由税前50万元提升到税后100万元。鼓励和支持基础研究，在科研经费预算中安排不低于30%的经费用于开展新能源、新材料、新工艺等基础研究和应用基础研究，设立"前瞻性基础性研究科学奖"，对取得突破的单位和个人给予奖励，保障基础前瞻研究人员的薪酬保持在科研人员平均水平以上，激发"打地基""探路子"人员的科研热情。针对科研人员特点，实施差异化薪酬分配方式与福利制度，加大工资分配倾斜力度。2019—2022年，科研人员整体平均收入年均增长13.2%，8家直属研究院员工平均收入年均增长15.5%，上海石油化工研究院的一名科研人员年收入达到255万元。

聚焦健全市场化机制，破解深化"三能"机制落地大课题

提高生产效率，必须从人事、劳动、分配三项制度入手，彻底解决"干部能上能下、员工能进能出、收入能增能减"的问题。中国石化建立

起以用工总量为牵引,以"社会化招聘、契约化管理、精细化考核、市场化薪酬、制度化退出"为要素,人岗匹配、优胜劣汰、进出通畅、灵活高效的市场化用工机制,引导广大员工从"要我干"变成"我要干",价值创造能力明显提升。2021年公司全员劳动生产率首次突破100万元/人;2022年达119万元/人,比2020年增长40.07%。自此,"坐上位子就下不去""进了国企就端上铁饭碗""干多干少都一样"等陈旧观念没了市场。

敢于摘掉"帽子"

中国石化在催化剂公司等单位开展任期制和契约化管理试点的基础上,由点及面、全面推开。目前,公司纳入国务院国资委考核的392家各级子企业、1172名各级经理层成员,全部签订岗位聘任协议、任期和年度经营业绩考核责任书,应签尽签率较国务院国资委要求提前达到100%,实现人人身上有契约、心中有责任、肩上有担子。

2021年,中国石化制定印发《关于进一步落实中基层领导人员末等调整不胜任退出制度的通知》,明确各单位末等调整、不胜任退出比例,以硬指标倒逼企业建立末等调整机制。2021年全系统对1280余名考核排名靠后、不适宜在原岗位履职的管理人员进行了组织调整,2022年管理人员退出比例从2020年的0.6%提高至7.15%,创历年之最。胜利油田、齐鲁石化等单位严格考核定档,强化结果运用,80余名中基层领导人员因考核排名末位受到组织调整。天津石化、出版公司等单位针对部分管理岗位开展全体起立、公开竞聘上岗,495名中基层领导人员重新上岗,退出52人,推动形成了能者上、优者奖、庸者下、劣者汰的正确导向。与此同时,中国石化制定《职业经理人选聘管理办法(试行)》,积极推动易捷公司、资本公司等新兴业务领导人员市场化选聘,先后有30家企业244人实行职业经理人制度。其中,易捷公司面向全球发布"招贤令",仅其本部5个高管职位就吸引近7000人报名应聘。

敢于挪动"位子"

制/修订《用工总量管理办法》《关于加快市场化用工机制建设的意

元坝气田是国内目前埋藏最深的海相碳酸盐岩酸性气藏。截至2023年3月，元坝气田累计产气超280亿立方米，已连续稳产七年

中国石化／供图

见》等相关制度，完善22项劳动定员标准，构建"五量""五化"管理高效联动的用工市场化改革制度体系。通过加强用工模式调整优化、推进"劳动合同＋上岗协议"双契约管理，探索"人力资源池"建设，规范人员分流安置、加大员工优化盘活等，促进富余人员"显出来、动起来、走出去"，树立鲜明市场导向，激发队伍效能。

近三年来，中国石化用工总量减幅13%，每年系统内外优化配置用工超2万人，进一步打破了员工流动壁垒。因考核不合格协商解除劳动合同4700余人，员工平均市场化退出率达2.8%。胜利油田通过引导离岗员工向新增业务、缺员岗位和外部市场流动，盘活内部用工0.53万人，外闯市场 2.37 万人。润滑油公司践行扁平化、大班组、大岗位、自动化管理理念，将生产操作岗位多岗并一，实现一岗多能，2022 年末全口径用工总量较改革前精减 27%，通过市场化机制压减合同制员工 4.8%，压减主体业务外包人员 42%。

敢于分好"票子"

深化薪酬分配制度改革，通过健全"效益联动、效率调节"的工资决定机制，激励企业提质增效，在做大"蛋糕"的同时分好"蛋糕"，在实现"收入能增能减"的同时实现员工人均收入与经济效益协同增长。

强化考核分配联动，修订完善党组管理的领导班子经营业绩考核管理办法，建立健全经理层成员任期制和契约化考核分配管理体系，严考核、硬兑现，拉大直属单位领导人员之间薪酬分配差距，2021 年度直属单位之间同职级领导人员的年度薪酬差距最高超过 3 倍。完善中长期激励制度体系，制定印发《中长期激励的指导意见》及配套实施细则，推进镇海炼化试点实施超额利润分享机制，2021 年度首次实施激励兑现，激励核心骨干 1800 余人。浙江石油严格按照契约目标落实对经理层成员考核，地市级公司班子绩效薪酬占比提升至 94%，奖金兑现差距进一步拉大，充分调动了经理层成员探寻合作契机、寻找业务商机的主动性和积极性。石化机械开展"业绩赛马"，经营管理人员基薪、绩效奖金标准与平均水平联动，实际分配与岗位、经营难度、利润及个人绩效"四挂钩"，中层正职间最高与最低薪酬相差超过 20 万元。石油工程建设公司、经纬公司持续加大考核分配力度，将工资总额半数以上用于考核激励，拉开内部收入分配差距，2021 年石油工程建设公司外部项目一线员工平均收入差距最高达到 7.7 倍，经纬公司项目经理等关键岗位收入差距最高达到 8 倍。

聚焦优化布局和结构调整，破解深化供给侧结构性改革大课题

中国石化聚焦主责主业，把做强做优实体经济作为主攻方向，改造提

2022—2023年供暖季，中国石化天津LNG接收站动态优化保供措施，合理组织资源投放，日气化外输天然气量保持在3000万立方米左右，累计接卸液化天然气234万吨，气化外输天然气32亿立方米
中国石化／供图

升传统产业，培育战略性新兴产业，积极打造以能源资源为基础，以清洁油品和现代化工为两翼，以新能源、新材料、新经济为重要增长极的"一基两翼三新"产业格局，努力锻造培育与现代产业体系相适应、与国家创新体系相衔接、与构建新发展格局相协同的竞争力。

加大油气勘探开发力度，坚决端牢能源饭碗

大力推进七年行动计划，2022年新增石油探明储量2.02亿吨、天然气探明储量2786亿立方米，分别增长21%、3.9%；境内原油产量3532.3万吨，天然气产量352.7亿立方米。特别是页岩油勘探取得重大突破，胜利济阳页岩油国家级示范区正式揭牌,成为我国首个陆相断陷盆地页岩油国家级示范区,初步落实页岩油有利区资源量32亿吨,培育了石油战略接替新领域;顺北油气田基地累计15口探井获千吨级高产油气流,中国石化将其命名为"深地工程",进一步吹响了向超深层油气勘探开发进军的号角。加快产供储销体系建设,高质量完成东营原油库迁建工程,一批LNG项目和储气库建设有序推进。

做强做优炼油化工业务,引领我国石化工业高质量发展

加快世界级炼化基地建设,积极引领"油转化""油转特"进程,镇海扩建一期全面投产并启动二期建设,天津南港乙烯、海南乙烯全力推进,公司乙烯权益产能升至全球第3位;第三代芳烃技术首套工业装置开车成功,显著提升了我国芳烃生产技术水平和国际竞争能力。坚决跳出"依靠大宗产品挣效益"舒适区,练好"差异化产品挣大钱"真功夫,合成树脂、合成橡胶、合成纤维高附加值产品比例不断提升,进口替代成效显著。充分发挥煤化工成本竞争优势,煤炭清洁高效利用取得新进展。加快向"油气氢电服"综合能源服务商转型,销售网络有序拓展,易捷公司服务运营能力快速提升。

积极发展新能源,培育绿色低碳竞争力

锚定打造"国内第一氢能公司"目标,抓住氢能产业快速发展的历史机遇,大力推进氢能产业布局,十大绿电绿氢基地规划初具雏形,全球在建最大绿氢项目——新疆库车绿氢示范项目有序推进;2022年北京冬奥会期间,中国石化的氢气点燃了奥运主火炬,并为赛区氢燃料电池车提供清洁动力。地热产业发展方兴未艾,已建成地热供暖能力超过8000万平方米,每年减排二氧化碳352万吨,当前正全力服务筹办2023年世界地热大会,为地热行业发展贡献中国智慧。光伏发电站和充换电站建设因地制宜、稳步推进,光伏发电站和充电站双双突破1500座,换电站达100座。制定实施2030年前碳达峰行动方案,国内首个百万吨级CCUS示范项目投产运行,国内首个碳全产业链科技公司成功组建,低碳发展水平不断提升。

中国石化在坚持聚焦主责主业、优化产业布局的同时，统筹把握"破""立""进""退"关系，坚持"加减乘除"一起做，去枝强干、瘦身健体，不断拓展公司高质量发展的空间。剥离企业办社会职能和解决历史遗留问题基本完成。2020年底，全面完成74家企业"四供一业"分离移交任务，3.7万名从业人员得到妥善安置，实现年降本70.2亿元，减负率96.6%。提前完成142家直属企业退休人员社会化管理移交工作，共涉及各类退休人员81.4万人，移交资产原值3.2亿元。中国石化通过关停、改制等形式，534家厂办大集体改革全部完成，分流安置员工近5万人。"两资"处置、"两非"剥离和参股企业清理稳步推进。截至2021年底，46家企业"两非"剥离任务全部完成，涉及资产88亿元；通过采取内部调剂、报废报损、转让租赁等措施，2021年实现"两资"处置107.2亿元，累计201.2亿元，提前超额完成三年工作任务；持续开展低效无效参股股权清理工作，防范化解风险，累计完成参股清理43项，回收资金9.21亿元。亏损企业治理成效显著。坚持"因企施策、一企一策"，紧盯大额亏损企业、长期亏损企业、小额亏损企业、预亏企业，探索标本兼治之策。截至2022年底，公司亏损面降至4.9%，比开展专项治理前下降37.3%，创历史新低；纳入国务院国资委治理范围的20家重点亏损子企业治理任务全部完成，实现盈利59.41亿元，优于治理目标153亿元。坚持"企业不消灭亏损、亏损就消灭企业"，西安石化、东方石化、杭州石化等8家企业顺利关停。

改革永无止境。中国石化将全面学习贯彻党的二十大精神，认真落实国务院国资委各项部署，坚持深化改革开放，不断破解深层次体制机制障碍，将改革进行到底，加快打造具有强大战略支撑力、强大民生保障力、强大精神感召力的中国石化，以质量变革、效率变革、动力变革推动企业高质量发展，为以中国式现代化全面推进中华民族伟大复兴作出更大贡献。

4

塑造四个一流竞争力 打好改革组合拳
建设中国特色国际一流能源公司

中国海洋石油集团有限公司

中国海油凭着"敢为天下先"的精神和"革新求变"的基因，以保障国家能源安全为主线、以塑造企业核心竞争力为目标、以促进高质量发展为落脚点，高标准实施国企改革三年行动。建实立企之梁，塑造一流治理竞争力，中国特色现代企业制度更加成熟定型；夯实固企之本，塑造一流产业竞争力，近三年国内原油增产量占全国原油总增量的60%左右；铸实强企之器，塑造一流科技竞争力，"深海一号"超深水大气田成功实现3项世界级创新、攻克13项"卡脖子"装备国产化难题；筑实兴企之基，塑造一流人才竞争力，管理人员"下"的比例超过16%，总部部门、处室、人员压减比例均超过20%，全员劳动生产率达到580万元／人。通过打好改革组合拳，公司能源安全保障能力大幅提升，经营发展业绩创历史新高，各项主要经营指标位列央企前列，国内增储上产主力军、"卡脖子"技术攻关先锋队、国民经济稳增长"压舱石"三个作用发挥更加明显，中国特色国际一流能源公司建设取得更大进展。

中国海洋石油集团有限公司（以下简称"中国海油"）的成立与改革开放同步，是推进改革开放"海上特区"与"工业特行"的践行者，肩负着"为改革开放闯路"的独特使命。实施国企改革三年行动以来，作为改革"弄潮儿"的中国海油，再次迎来了新的发展机遇期和改革关键期。中国海油深入学习贯彻习近平总书记关于国有企业改革发展和党的建设的重要论述精神，主动担当起时代责任、破解好时代课题，高标准实施国企改革三年行动，走出了一条以改革为主轴的始终追求世界一流的国有企业高质量发展之路，努力在新时期的国资国企改革中踔厉奋发、勇争一流。

全面落实"两个一以贯之"，建实立企之梁，在塑造一流治理竞争力上实现新提升

中国海油成立之初，率先打破计划经济体制下国有企业的管理体制机制，建立与国际石油公司接轨、符合市场经济规律、具有中国特色的现代企业管理模式。进入新时期，中国海油全面落实"两个一以贯之"，着力打造一流治理竞争力。

坚持"中国特色"，建立现代企业治理体系

在完善公司治理中加强党的领导，修订完善"一章、两制、八规则、四清单"，厘清各治理主体权责边界，明晰决策程序和运行规则。严格落实党组织前置研究讨论重大经营管理事项的要求，推进战略型、规范型、监督型"三型"董事会建设，推动重要子企业落实董事会6项主要职权，实现子企业董事会应建尽建和外部董事占多数。

突出"海油特点"，构建现代企业管控模式

推动集团管控模式向"战略＋核心运营"转变，深化"放管服"改革，总部授放权事项精简25%以上，做到该放的放到位、该管的管理好。推动成立物装采购中心、财务共享服务中心，优化法律支持中心、审计中心等职能，为公司业务发展保驾护航。同时，牢牢把握"集团总部改革是

2021年6月25日，我国自营勘探开发的首个1500米级超深水大气田"深海一号"，在海南岛东南陵水海域正式投产，标志着我国海洋石油勘探开发进入"超深水时代"
韩庆／摄

打好国企改革三年行动收官的关键之战"的目标，于2022年初成立总部改革专班，探索总部改革实施最优路径。第一时间组织召开改革启动大会，统一思想、明确目标、压实责任，仅用2个月时间就高效、平稳、有序地完成了总部所有部门的机构调整和人员竞聘上岗工作，切实做到了思想不乱、工作不断、队伍不散、干劲不减。一系列举措，使此次总部机构改革成为继2003年以来中国海油规模最大、层级最高、岗位最全、报名人数最多的一次竞聘，吸引报名人数多达935人，共竞聘1231岗次。改革后的部门设置、处室个数、人员编制压减比例均超过20%。

把握"行业特性"，打造现代企业风控能力

紧贴海洋石油工业高风险、高投入行业特性，着力构建"1+3+N"风控体系，即建立落实董事会风控职责的一套体系，筑牢业务部门专业把关、风控部门体系审查、监督部门职能监督三道防线，强化投资、资金、安全、采办、海外等重点领域全面风险管理。近年来，中国海油没有出现重大投资失误和重大经营性亏损，保持了稳健发展的良好态势。

同心同向、同轨同轴，"两个一以贯之"大幅提升了公司治理效能，促进了公司治理体系和治理能力的现代化，成为中国海油"深改""快改"奔向世界一流的双重驱动。

坚持国有资本有进有退，夯实固企之本，在塑造一流产业竞争力上展现新作为

中国海油始终牢记习近平总书记"能源的饭碗必须端在自己手里"的重要指示，利用改革"关键一招"，推进能源消费方式变革、建设多元清洁的能源供应体系、全面深化能源体制改革释放市场活力、全方位加强能源国际合作，着力打造一流产业竞争力。

应势而"进"，争做国内油气增储上产主力军

始终坚守主责主业不动摇，99%以上资金投向主营业务。中国海油坚决贯彻落实习近平总书记关于加大国内油气勘探开发力度、保障国家能源安全的重要批示精神，大力实施增储上产"七年行动计划"，能源供应保障能力显著增强，实现了国内国外"双丰收"。2022年，中国海油全年油气发现储量创10年来新高；油气总产量近1.2亿吨油当量，创历史新高。其中，国内原油增产近340万吨，占全国原油总增量比例超过60%；天然气增速位居三大石油公司之首，原油、天然气均较"七年行动计划"前大幅超产。海外油气产量大幅增产18%。中国海油桶油完全成本在国内外同行业中保持领先地位，成本费用利润率创七年来最好水平，国有经济"压舱石""稳定器"作用进一步发挥，国内油气增储上产主力军进一步突显。

蓄势而"转",争做能源绿色低碳转型探路者

坚决落实国家"双碳"战略部署,编制绿色发展跨越工程行动方案和"双碳"实施方案,成立新能源部及碳中和研究所。中国海油首个30万千瓦海上风电项目实现全容量并网发电,我国首个深远海浮式风电国产化研制及示范项目正式开工建设,渤海油田群首个岸电示范项目如期投产。南海恩平油田百万吨级海底碳封存项目取得积极进展。与国际石油公司联合开展大亚湾CCS/CCUS集群研究项目,积极探索海上"零碳""负碳"产业新模式,坚定推进能源绿色低碳转型。

顺势而"退",争做供给侧结构性改革排头兵

以"两非""两资"清理为抓手,抓住时机退出盐化工、煤化工等非主业非优势业务,持续瘦身健体,压减存量企业200多家。公司总资产超1.5万亿元,实际运行的各级实体企业只有300余家,实现生产要素向油气主业和战略性新兴产业的全面集中。与中石油、地方国企合力推动所属天野化工和大峪口化工企业改革,稳妥化解问题,实现国有资产保值增值。

承担"在经济领域为党工作"的使命,以争当建设海洋强国排头兵为奋斗目标,坚决当好保障国家能源安全的"主力军"、海洋技术攻关的"先锋队"、国产化海洋高端装备制造的"领军者"、海洋石油开发人本化管理的"示范区"——中国海油深化改革的题中之意就在于此。

聚焦实现科技自立自强,铸实强企之器,在塑造一流科技竞争力上取得新突破

习近平总书记强调:"关键核心技术是要不来、买不来、讨不来的"。只有真正实现科技自立自强,加快从"跟跑、并跑"向"领跑、主导"转变,才能从根本上改变关键核心技术受制于人的被动局面,把发展的主动权牢牢掌握在自己手中。

40年来,中国海油聚焦海洋油气开发重大瓶颈加强攻关,逐步探索出

2022年4月11日，我国自主设计建造的亚洲第一深水导管架"海基一号"在南海东部珠江口盆地海域成功滑移下水并精准就位，创造了亚洲深水导管架海上安装新纪录
中国海油／供图

一条从引进、消化、吸收、集成创新到自主创新的科技发展道路。站在新的历史起点，中国海油贯彻落实习近平总书记关于"推动海洋科技实现高水平自立自强""把装备制造牢牢抓在自己手里"的指示批示精神，以国家赋予的重大使命和战略任务为引领，大力实施科技创新强基工程，以实际行动坚决扛起海洋油气领域科技攻关"国家队"的大旗。

勇担"国之责"，全力加强"卡脖子"技术攻关

聚焦保障国家能源安全，大力实施科技创新强基工程，推动关键核心技术领域的跨越式发展。"深海一号"超深水大气田成功实现3项世界级创新、攻克13项"卡脖子"装备国产化难题，获评"2021年度国内十大科技新闻"和"2021年度央企十大国之重器"；自主设计建造的亚洲第一深水导管架平台"海基一号"成功安装。

打通"中梗阻",全力推进科研成果转化运用

坚持科研与产业紧密结合,打通从研发到应用的全产业链条。自主研发形成的"璇玑"旋转导向钻井与随钻测井技术装备,作业性能达到国际先进水平,成功打破国外技术垄断,累计为公司节约作业服务费超50亿元。自主攻克掌握LNG储罐技术体系,已在国内17个项目应用,累计创收超15亿元,江苏盐城绿能港全球单体最大的27万立方米全容式LNG储罐建成投产。

激活"一池水",全力深化科研体制机制改革

中国海油出台《科技创新激励保障机制实施方案》和《科技体制机制改革三年攻坚方案》,设立1亿元科技创新专项奖励金,对旋转导向与随钻测井研发团队奖励总金额超1000万元。全面推进以项目长负责制为核心的"揭榜挂帅"机制改革,在团队组建、资金使用等方面赋予项目长更大自主权。健全完善科研平台体系,成功获批首批央企原创技术策源地,组建渤海、南海院士工作站,成立化工与新材料科学研究院,为主业发展提供有力支撑保障。

从"揭榜挂帅"到"赛马制",中国海油不断深入实施创新驱动战略,深化科技体制机制改革,向科技创新要发展、要效益、要潜力、要动力,为公司高质量发展培育新动能。

持续深化三项制度改革,筑实兴企之基,在塑造一流人才竞争力上呈现新气象

穿新鞋走新路、因开放合作而生的中国海油,在国际化的合作中探索出中国国有企业的改革方向,率先打破铁饭碗,率先停止内部招工,实行经济有效的用人政策,普遍推行"聘用合同制"。2020年底,中国海油成立改革专项组,再次对三项制度进行一场大刀阔斧的改革,用8个月时间调研13家央企、访谈140余人、召开6场座谈会,广泛征集意见建议304条,最终出台《深化三项制度改革实施方案》,决心和力度空前。

以"两制一契"实现干部能上能下

全面推行"两制一契",全体中层干部岗位人员重新匹配竞聘上岗。推行中层干部"非优必转"措施,改革以来,共有 396 名干部退出,"下"的比例超过 16%。明确技术技能专家聘期考核退出率 10% 以上,打破专家"一评定终身"。加快优秀年轻干部培养及使用,45 岁以下的中层干部占比从 32% 增长到 52%。

以"两个调控"实现员工能进能出

强化"用工总量调控",建立健全以劳动效率效益为核心的用工总量管理模式,促进用工与人均效益正向联动。强化"劳动合同调控",充分发挥绩效考核"指挥棒"作用,对考核"不胜任"的员工转岗培训,重新上岗后仍不胜任的依法解除劳动合同,公司现有用工总量相比"十三五"初期减幅达 31%。2022 年 1—9 月,公司年化全员劳动生产率升至 580 万元 / 人,是"十三五"初期的 5 倍,位居中管央企第一。

以"两个挂钩"实现收入能增能减

坚持薪酬与业绩、岗位双挂钩,建立健全差异化薪酬体系,推动薪酬分配向全员劳动生产率高的单位倾斜、向基层一线和科研人员倾斜、向关键岗位骨干员工倾斜;同时,加大管理人员薪酬浮动比例。2021 年,公司各层级管理人员整体浮动薪酬占比达到 2/3,关键科研岗位、绩优营销人员和"出海"员工的薪酬水平有了明显增长,极大地鼓舞和激发了科研人员与一线员工立足岗位、扎根奉献的斗志和热情。

大刀阔斧与精雕细琢并施,快马加鞭兼顾蹄疾步稳,全面深化改革改出了新活力,改出了高效率,改出了好机制,改出了干部员工的幸福感、获得感。

始于改革、成于改革、兴于改革,在国企改革三年行动这个以改革为底色的国企发展时间单元,中国海油以实际行动践行"理直气壮做强做优做大国有企业"。

一是增储上产取得新成效。油气资源基础稳步扩大,先后发现渤中 19-6、垦利 6-1、渤中 26-6 等 5 个海上亿吨级油气田和临兴千亿立方米陆上非常规大气田,海外获得圭亚那超百亿桶世界级石油大发现等,储量替代率连续5年保持在130%以上,储采比稳定在10以上,为产量快速增长奠定资源基础。油气产量供应不断攀升,自2019年以来,公司国内原油增产量占全国总增量的60%以上。渤海油田成功建成我国第一大原油生产基地,南海东部油田油气当量提前三年上产至2000万吨,为我国原油产量重上2亿吨作出重要贡献。

二是战略发展明确新方向。围绕建设中国特色国际一流能源公司发展目标,中国海油提出"1534"总体发展思路,制定实施"五个战略"的行动方案,提出"两步走"的实施策略。紧紧围绕贯彻落实习近平总书记"6·25"贺信和"4·10"重要讲话精神,第一时间启动实施"三大工程、一个行动"(增储上产攻坚工程、科技创新强基工程、绿色发展跨越工程、提质增效升级行动);提出聚焦构建"四个中心",争当建设海洋强国排头兵新目标(油气资源供给保障中心、海洋工程技术研发中心、海洋装备设计建造中心、人本理念践行示范中心),不断开创海洋石油事业高质量发展新局面。

三是经营业绩再上新台阶。2021年,中国海油实现营业收入8178亿元、利润总额1196亿元、净利润875亿元,各项关键经营指标位居央企前列。2022年,中国海油生产经营延续良好发展势头,经营业绩创历史最好水平:全年实现营业收入1.1万亿元,首次突破万亿元大关;利润总额2312亿元,首次突破2000亿元;净利润1703亿元,同比增长94.5%,归母净利润历史性升至央企第二位;营业收入利润率20.9%,高出年度目标6个百分点;资产负债率32%,较年初下降3.77个百分点;全员劳动生产率由2021年的355万元/人进一步升至584万元/人。中国海油获评2021年度和2019—2021年任期中央企业经营业绩考核双A级,并荣获中央企业"业绩优秀企业""科技创新突出贡献企业"。

四是科技创新实现新突破。攻克了旋转导向与随钻测井、优快钻井、海上浮托安装、超大型LNG储罐等关键核心技术,在局部领域实现了从跟跑、并跑到领跑的历史转变。打造了以"海洋石油981"等深水舰队为代表的一系列大国重器,具备了全水域、全水深自主勘探开发海洋石油的

2022年5月11日，我国首套国产化深水水下采油树在海南莺歌海海域完成海底安装。该设备是中国海油牵头实施的水下油气生产系统工程化示范项目的重要部分

梁宇鹏／摄

作业能力，特别是"深海一号"超深水大气田成功投产，打破了深海勘探开发技术只掌握在少数几个西方国家手中的垄断格局，标志着我国海洋石油勘探开发能力实现了向1500米超深水的重大历史性跨越。

五是员工队伍释放新活力。队伍结构实现整体优化，队伍活力得到有效释放。2021年，中国海油中层干部队伍平均年龄由48.5岁降至44.3岁，提前实现中组部明确的"2023年底45岁左右二级正职达到10%"的要求。先后涌现出攻克旋转导向钻井与随钻测井技术的全国劳模尚捷、攻克LNG储罐核心技术的张超、参与设计"深海一号"的"全国三八红旗手"侯静、央视"大国工匠"韩超等一大批科技英才。在2021年中组部组织的测评中，中国海油选人用人工作"好"评率达到96.9%，位居央企前列。

站在百年未有之大变局的新的历史起点上，中国海油将全面深入贯彻落实党的二十大精神，始终牢记习近平总书记的殷切嘱托和重要指示，以更加坚定的历史自信增强发展自信，以更加强烈的历史主动增强改革主动，加快推进世界一流企业建设，为把能源的饭碗端得更稳更牢奋力拼搏，努力在能源报国的新征程上创造新的更大业绩。

5

五个深度聚焦 深化布局结构调整
将改革"试验田"深耕成"示范田"

中国南方电网有限责任公司

南方电网因改革而生，因改革而兴，紧紧围绕"总书记和党中央希望我们做什么，我们怎么样才能做得更好"，纵深推进国企改革三年行动，在公司治理、结构调整、科技创新、活力效率、普惠共享五个方面形成"五个深度聚焦"的改革实践，推动公司股权彻底理顺，首创不同治理结构公司治理范本，中国特色现代企业制度更加成熟定型；围绕主责主业深化布局和结构调整，一系列长期困扰公司的历史遗留问题得到根本性解决，资本市场布局初具雏形；"三能机制"破冰破局、拓面拓深，"能下""能出"比率达8.1%、3.1%，相比国企改革三年行动开展前分别提升5倍、4.5倍，均创历史新高；科技创新能力不断增强，特高压直流输电关键技术领跑全球，首款全国产化电力专用主控芯片"伏羲"实现量产；电力体制改革敢为人先，创造多个国内第一，释放改革红利超3000亿元，正奋力将南方电网改革"试验田"深耕成"示范田"。

中国南方电网有限责任公司（以下简称"南方电网"）于2002年根据国务院发布的《电力体制改革方案》设立，负责投资、建设和经营管理南方区域电网，服务广东、广西、云南、贵州、海南五省区和港澳地区。

南方电网因改革而生、因改革而兴，改革是其与生俱来的基因。南方电网服务的区域，东部经济发展与西部电力资源的互补优势明显，毗邻港澳、直面南海、与周边国家电网多点联通的区位特征显著，粤港澳大湾区、深圳先行示范区、海南自贸港建设、新时代西部大开发、新时代革命老区振兴发展、西部陆海新通道建设、"一带一路"建设、"一国两制"实践等一系列国家重大战略在此部署实施。经过二十年改革发展，南方电网资产总额年均增长8.9%，年度售电量年均增长9.1%，西电东送已形成"8条交流、11条直流"的19条大通道，送电量从267亿千瓦时增长到2206亿千瓦时，年均增长12.4%。南方电网连续16年在国务院国资委经营业绩考核中位列A级，连续18年入围《财富》世界500强，2022年列第89位。

国企改革三年行动以来，南方电网坚持以习近平新时代中国特色社会主义思想为指导，紧紧围绕"总书记和党中央希望我们做什么，我们怎么样才能做得更好"，在国务院国资委悉心指导下，按照"伤其十指不如断其一指"的改革思路，在公司治理、结构调整、科技创新、活力效率、普惠共享五个方面形成了"五个深度聚焦"的改革实践，推动国企改革取得一系列实质性突破和成就。南方电网股权彻底理顺，首创不同治理结构公司治理范本，中国特色现代企业制度更加成熟定型。围绕主责主业深化布局和结构调整，一系列长期困扰南方电网的历史遗留问题得到根本性解决，连续打造南网能源、南网科技、南网储能三家上市企业，资本市场布局初具雏形。"三能机制"破冰破局、拓面拓深，"能下""能出"比率分别达8.1%、3.1%，相比国企改革三年行动开展前分别提升5倍、4.5倍，均创历史新高，同层级收入差距最高达3.3倍。科技创新能力不断增强，特高压直流输电关键技术领跑全球，依托昆柳龙直流工程创出19项世界第一，首款全国产化电力专用主控芯片"伏羲"实现量产并入选"2021年度央企

国家首个特高压多端直流示范工程：昆柳龙直流工程
南方电网／供图

十大国之重器"，新增中国工程院院士1人。数字电网建设走在央企前列。电力体制改革敢为人先，创造多个国内第一，释放改革红利超3000亿元。

南方电网改革成效获得上级部委和社会各界的肯定和认可。2021年度改革考核排名央企第二，所属6家单位被评为"双百行动""科改行动"标杆企业，标杆数量央企最多。人民日报、新华社、中央广电总台、中国电力报等主流媒体和行业媒体刊发刊播公司改革相关报道166篇，转载1500余篇次，充分彰显公司改革"示范田"形象。

深度聚焦"两个一以贯之"，推进中国特色现代企业制度更加成熟定型，打造公司治理"南网样板"

习近平总书记深刻指出，要把加强党的领导和完善公司治理统一起来，加快形成权责法定、权责透明、协调运转、有效制衡的公司治理机制。南方电网坚持加强党的领导和完善公司治理相统一，正确处理党委（党组）和董事会、经理层等治理主体的关系，精准把握母公司与子公司的关联关系，有效统筹治理基本规则与治理结构差异性，创造性地探索出在公司治理中加强党的领导的可行路径。

加强党的领导与完善公司治理相统一，建立法人内部治理新机制

以"一张清单"准确界定权责，构建《治理主体权责清单》，纵向覆盖25个业务领域、35个一级业务、131个具体权责事项，横向集成"三重一大"事项分类、行权主体、行权方式、行权路径等核心要素。以"两个原则"优化决策流程，坚持"法定事项不授权"，董事会授权董事长、总经理非法定事项53项。坚持"授权的一般不前置"，党组不再前置研究讨论政策要求明确、具体标准清晰的36项授权事项。以"三种方式"创新前置程序，党组通过"制度审议"实现对同一类型事项的统一把关，通过"综合审议"实现对同一批次事项的总体把关，通过"一事一议"确保前置研究讨论"不留死角"，把关议题大幅减少50%。

精准授权与优化集团管控相衔接，形成法人层级治理新路径

用"模型+清单"因企施策精准授权，基于战略地位、产权关系、行权能力等六个维度建立模型，评估确定"一般""适度""高度""充分"四种类型，一企一策解决权责配置"一刀切"问题。修订完善《法人层级权责清单》，总部下放53%权责事项，为子企业权责配置留足空间。用"管理型+治理型"推进分类行权，对于落实党中央、国务院重大决策部署和国家重大战略的事项，坚持"管理型"行权。对于经营决策事项，打破以往经营型管控惯性思维，大力推行"治理型"行权，依托外部董事和股东代表把股东意志转化为内部管理要求。用"方案+标准"有效落实子企业董事会职权，系统制定工作方案，细化127条到位标准，明确76项佐证材料，指导子企业配套制定差异化实施方案，结合实际分三批有序推进。

尊重治理基本规则与体现治理结构差异相结合,开创治理全覆盖新局面

聚焦"子公司和分公司、董事会和执行董事、党委和党支部"三种区别,细分六种不同治理结构,形成涵盖公司章程、重大事项决策权责清单和治理主体议事规则的公司治理范本。对于分公司,以"两个适度"确保党委总揽不包揽、到位不越位。探索党委班子和经理层成员适度分离,避免高度重叠;注重党委发挥领导作用与支持经理层依法行权履职适度平衡,重大经营管理事项经党委前置研究讨论后由经理层决定。对于设执行董事的企业,以"两个统筹"防止"个人说了算"的问题。统筹"党委书记和执行董事",明确一般由一人担任。统筹"法律地位和政策要求",将经理层选聘权、业绩考核权、薪酬管理权等不适合经理层自身决策的事项提级至出资人决策。对于设党支部的企业,以"两个推动"打通贯彻落实党中央决策部署的"最后一公里"。推动具有人财物重大事项决策权的企业党支部发挥"把关定向"作用,推动内设机构党支部发挥"战斗堡垒"作用。

深度聚焦资源优化配置,服务和融入新发展格局,为国有经济业务布局优化和结构调整贡献"南网力量"

习近平总书记深刻指出,要用改革的办法推进结构调整,加快国有经济布局优化、结构调整、战略性重组,促进国有资产保值增值。南方电网始终坚持以落实国家重大战略、保障国家安全和国民经济运行为首要目标,紧扣战略定位调整存量结构,优化增量投向,实现主责主业更加突出、业务布局更加科学、转型发展更加有力。

心怀"国之大者",将落实国家战略作为最大战略

学以致用落实"第一议题"制度,做到总书记和党中央指向哪里,南方电网就冲向哪里。坚决落实区域协调发展战略,全面推进融入和服务粤

昆柳龙直流工程穿墙套管安装
南方电网／供图

港澳大湾区、深圳先行示范区、海南自贸港建设、新时代西部大开发、新时代革命老区振兴发展等116条重点举措落地,积极服务横琴粤澳合作区、前海深港合作区建设,粤港澳大湾区供电可靠性达到世界先进水平,深圳、广州"获得电力"指标全国领先。全力巩固脱贫攻坚成果与乡村振兴有效衔接,认真落实2019年习近平总书记给独龙江乡群众"脱贫只是第一步,更好的日子还在后头"的回信嘱托,克服万难建成独龙江35千伏联网工程,彻底结束了独龙江乡"电力孤岛"的历史。累计投资近1900亿元改造升级农村电网,农村及偏远地区频繁停电、长时间故障停电用户数分别下降75%、67%,让老乡们用上了放心电、省心电、暖心电。积极融入"一带一路"建设,习近平总书记见证签署的中老铁路供电项目如期建成,老挝国家输电网项目完成特许权协议签署,做实澜湄国家电力企业交流合作机制，成功中标智利首个直流投资项目。

聚焦主责主业，坚定不移做强做优做大核心业务

持续加大电网和相关新型基础设施建设投入，投资规模连续六年稳定在千亿元以上，建成投产昆柳龙直流、海南联网二回、梅州抽蓄电站、阳江抽蓄电站等一批重点工程，西电东送电量连续五年创新高。海南电网基本建成智能电网综合示范省。科学有序推进新型电力系统建设，分层分类规划建设一批示范区，发布行业首个新型电力系统技术标准体系，主网实现零弃水，可再生能源发电利用率达 99.8%，风电、光伏发电基本全额消纳，非化石能源电量占比 48.9%。加快建设数字电网，成立全球首家数字电网研究院，发布全球首份数字电网白皮书，以"瓦特＋比特"持续打造能源优化配置平台，打造数字电网技术装备产业链"链长"企业。务实推进央地电网融合发展，重组原广西水利电业集团 40 家县级供电企业，所辖县域售电量、供电可靠性等指标大幅提升，推动广西"一张网"建设迈出关键一步。贵州电网与兴义地方电网实现 220 千伏联网。云南农垦电力公司资产重组取得实质性突破。纵深开展专业化整合，在盘活存量、做优增量上两手发力，先后整合打造了南网综合能源、南网科技、南网储能三家龙头上市公司，鼎和保险引战成为探索央企存量金融资本优化整合的重要示范性实践，入选"2021 年度上海联交所十大交易案例"。供应链资源整合有序实施，南方电网入选第一批全国供应链创新与应用示范企业。

强力瘦身健体，打好打赢提质增效攻坚战

南方电网坚决把"臃肿"减下来，集团总部带头"拆庙压编"，非党群部门减至 15 个，部门内设机构削减 70%，人员编制缩减 189 人，压减比例达 33%。分／子公司压减存量法人 43 户，在近两年净利润正增长的情况下，实现法人数目降低 4.2%，管理层级及法人层级均控制在 4 级以内。坚决把"出血点"堵起来，高质量完成处僵治困专项工作，全面完成"两资""两非"剥离，清理完毕 42 项低效无效投资，剥离全部 17 家"两非"企业。其中，汕特万丰热电厂属于"厂网分离"历史遗留问题，时间久远、情况复杂。分管企业主要负责人立下"军令状",带队驻点,攻坚克难,成功啃下了困扰南方电网将近二十年的改革"硬骨头"。坚决把"包袱"卸下来,有序推进装备制造、设计、施工等竞争性业务改革,5家涉改企业完成装备制造业务剥离,设计、施工企业业务范围和规模全部符合改革要求。慎终如始剥离企业办社会职能,圆满完成"三供一业"分离移交、供电设施接收、教育及医疗机构改革、退休人员社会化管理等任务。

深度聚焦科研体制与人才变革,加快打造原创技术策源地,形成关键核心技术攻关"南网特色"

习近平总书记深刻指出,要坚持科技创新和制度创新双轮驱动,推动国有企业完善创新体系、增强创新能力。南方电网坚持把科技创新作为"头号任务",集中优势资源和力量,持续深化创新体制机制改革,不断激发各类人才创新活力,一批关键核心技术攻关取得重要突破,企业自主创新能力显著增强。

变机制,构建"机制创新+资源统筹"新型科研管理机制

科技体制改革三年攻坚深入实施,积极推行重大科研项目"揭榜制、挂帅制、赛马制",打破科研任务承接资格门槛,不问出身出处,只论能力实力。探索建立首席研究员负责制,赋予团队负责人更大自主权,实行自主组建、独立管理、自负盈亏、容错容败、科学监管的工作机制。"政产学研用"联合攻关的新型举国体制加快构建,先后建成联合实验室16个,其中国家级创新平台2个,凝聚30家上下游企业和高校协同创新,集中优势力量联合开展行业重大核心技术攻关,不断实现"从0到1"的原创性突破。重大创新成果持续涌现,特高压柔直穿墙套管、微型电流传感器等"卡脖子"核心技术成功攻克。220千伏及以下主设备全面实现国产化替代,投运全国首条自主研制的新型超导电缆。首款全国产化电力专用主控芯片"伏羲"实现量产并入选"2021年度央企十大国之重器",

"5G+ 数字电网"荣获通信领域世界级大奖。

强阵队，完善"多重支持 + 精准激励"的引才育才机制

聚天下英才而用之，实施更加积极、更加开放、更加有效的人才引进措施。出台 20 项引才奖励性、保障性、发展性政策。对引进的高层次人才实行编制和薪酬单列，"一人一策""一人一薪"提供精准支持。"奖千里马、亦奖伯乐"，完善引才工作激励体系，设立引才荐才奖，广泛发动广大干部员工引才荐才，面向全球成功引进 43 名战略级、领军级海外高层次人才，引才工作取得积极成效。完善人才选拔培养机制，健全"三类三级"人才发展体系。印发实施"南网人才 30 条"，落实 143 项人才支持措施，建立科研序列、技术序列、专业序列三类专家通道并举，申报制、提名制、直聘制三种聘任方式并行的人才管理方式。新增中国工程院院士 1 人、国家级高层次人才 4 人，目前享受国务院特殊津贴专家 95 人，获得省部级以上高层次人才支持项目 88 人次、省部级以上人才荣誉及奖励 169 人次。

促转化，实施"前期布局 + 过程管理"的科研成果转化机制

前端加强知识产权成果的谋篇布局，围绕直流输电、数字电网等关键核心技术领域绘制高价值专利培育图谱，形成布局合理、保护范围适当、质量稳定的专利集群。南方电网有效专利拥有数突破 3 万件，获得中国专利金奖。过程中加强创新链产业链双链融合，联合业界主流厂家参与成果转化全过程，有效打通设备制造、工艺控制、检验检测等转化堵点，并设立"创孵天使"基金，为技术攻关成果产业孵化提供资金支持。2022 年完成 490 项科技成果转化，收入超过 14 亿元。

深度聚焦内生活力动力，"三能机制"落实落地拓面拓深，迸发出积极进取、昂扬向上的"南网活力"

习近平总书记深刻指出，国有企业要在破解"能上不能下"上积极探

南网能源成功上市
南方电网／供图

索,推动形成能者上、优者奖、庸者下、劣者汰的正确导向。南方电网坚持从总部改起、从领导干部改起,带动中层管理人员及全体职工推行市场化用工机制,企业的活力更足、动力更强、效率更高,传统电网企业焕发出新的生机。

敢于动真碰硬,三项制度改革在更深层次取得突破

让上的有底气,下的真服气。南方电网总部带头拿出12个党组管理干部岗位、124个三级正及以下管理岗位进行公开选聘,带动全系统新聘管理人员竞争上岗常态化,竞争上岗比例保持在70%左右。"赛场选马、有为有位"的鲜明导向加速形成,岗位选拔比例不低于3∶1,部分岗位达188∶1。将49种"不胜任"情形"摆到桌面上来",让不胜任不称职的干部"该下就下",全系统管理人员末等调整和不胜任退出率保持在6%以上。让进入有导向,退出有通道。坚持"稳岗扩就业"鲜明导向,坚持"公开招聘、择优录取",首次开展夏招,集中资源扩招近1000个名额保障就业,新录取员工"双一流"高校比例显著提升。明确员工轮岗、降岗、待岗、退出条件,大力规范长期不在岗、长期借用、病退等员工劳动关系,同时以内部人才市场促进员工自由流动、优化配置,实现员工市场化退出 8560 人、降岗降级 9536 人。让绩优者厚得,绩差者不得。年度考核为优秀的,绩效年薪不低于平均水平的 1.2 倍;年度考核为不合格的,直接扣除全部绩效年薪。合理拉开收入差距,同一层级管理人员最大薪酬差距达 3.8 倍。让执行有尺度,沟通有温度。建立健全干部队伍合规容错机制,旗帜鲜明为敢于担当、勇于创新的干部撑腰鼓劲。构建员工市场化退出"红黄牌"机制,对于降岗降级但未达到解除劳动合同条件的员工,后续表现优秀可重新晋岗。以人为本、用心共情做好干部员工思想工作,有效疏导负面情绪,维护队伍稳定。

狠抓建章立制,探索建立全员新型责任制

夯基础、明责任,形成"1 个办法 +2 份协议 +N 项配套"的经理层成员任期制和契约化管理制度体系,夯实制度基础。以"党建 + 经营"明确基本责任,既看改革发展的实绩实效,也看管党治党的担当作为。按照决策、管理、技术和技能四种类型明晰责任定位,"一岗一策"细化岗位责任。统筹平衡组织责任与个人责任,鼓励各级干部员工在实现组织目标的同时实现个人价值。定指标、传压力,"一人一岗"制定岗位说明书,"一人一表"设置经营业绩指标,精准传导压力和责任。业绩目标坚持不低于历史值、对标值、规划值,并要求管制类单位对标世界一流,非管制类单位对标行业一流,确保契约挑战性。真兑现、强动力,在契约中明确业绩贡献与薪酬兑现的关联规则,把"话说在前头",凡是超额完成考核目标任务或作出突出贡献的,该奖就奖,确保激励到位。对于触发"双70""双末位"(年度经营业绩考核得分低于百分制 70 分、指标完成率低于 70%,单位绩效、个人绩效双末位)等情形的,刚性退出岗位,不设豁免、不打折扣、不搞变通。

做好结构调整,全面提升人力资源配置效率

优化干部队伍结构,大力提拔使用各方面条件比较成熟的年轻干部、统筹用好各年龄段干部，总部部门负责人和二级单位班子成员中 45 岁左右的干部占比动态实现中组部要求的配备目标。2021 年度选人用人"好"率达到 100%，创历史最好水平。优化区域结构，落实"五个一线、五个交流"干部培养与实践锻炼机制，持续实施"百千人才去基层到西部计划"，通过内部人才市场择优选聘 2 万余人，推动高素质人才向急需紧缺、核心业务、重要岗位及价值创造能力强的方向流动。优化分配结构，将薪酬分配持续向生产一线岗位、苦脏险累岗位倾斜，近五年一线生产人员调薪幅度为其他人员的 1.5 倍。强化对关键核心人才的正向激励力度，对特殊贡献团队最高重奖 100 万元，累计激励科研骨干 903 人次、激励总额 5063 万元。中长期激励深化拓面，全面推广超额利润分享等机制，对符合条件的科技型企业 100% 实施分红激励，股权激励、项目跟投实现突破。

深度聚焦"人民电业为人民"，纵深推进电力体制改革，塑造敢为人先、开放包容、普惠共享的"南网形象"

习近平总书记深刻指出，要坚持把实现好、维护好、发展好最广大人民根本利益作为推进改革的出发点和落脚点，让发展成果更多更公平惠及全体人民，唯有如此改革才能大有作为。南方电网坚决落实以人民为中心的发展思想，综合考虑不同地区、不同行业、不同群体的利益诉求，准确把握各方利益的交汇点和结合点，纵深推进电力体制改革，持续释放改革红利，通过改革给人民群众带来了更多获得感、更强幸福感。

敢为人先，勇做电力体制改革排头兵

全国统一电力市场体系率先在南方区域落地。2022 年 7 月，南方区域电力市场作为全国首个区域电力市场率先启动试运行，建立"1+N"规则体系，形成区域统一交易品种库，为构建多层次统一电力市场体系做出积极探索。电价改革和电力现货市场结算率先在南方电网破冰，深圳率先

开展输配电价改革试点,为深化电价改革探索出新路径。南方(以广东起步)电力现货市场建成我国首个电力现货试点,形成"批发+零售""中长期+现货+辅助服务"的完整电力市场体系,改革步伐走在全国前列。率先成立全国第一家混合所有制增量配电企业,深圳前海公司率先开展电网混合所有制改革试点,建立了涵盖临电共享、用能顾问、能源托管、售电服务等内容的一站式综合能源服务,打造了增量配电改革试点"前海模式"。率先探索形成需求响应成本补偿机制,广东在国内首创需求响应补偿资金向市场化用户疏导机制,在2021年实际响应超过150万千瓦的基础上,2022年形成500万千瓦的稳定响应能力,有力促进发电企业敢发愿发多发,有效保障电力稳定足额供应。

开放包容,主动构建公开公平公正的市场环境

电力交易机构独立规范运行水平显著提升,南方区域内电网企业持有的各交易机构股权均不超过45%,全面实现"单一股东持股比例不得超过50%"的目标值,凸显"多元制衡"原则,新增股东单位多数为第三方机构,改革进度、深度实现"双突破"。发用电计划有序放开,稳步有序推动各类电源和工商业用户进入市场,不断缩减优先发电、优先用电计划,扩大市场交易规模,实现电力电量平衡从计划向市场的平稳过渡。五省区工商业用户已全部进入市场。配售电市场主体活跃、竞争充分、规范有序,坚持"积极参与、合作共赢、主动服务、规范运作"原则,全力支持增量配电业务改革试点,公平无歧视开放电网,支持社会资本参与增量配电网建设,南方区域参与的社会资本达105家,注册售电公司920家,市场主体注册数突破12万家,售电市场活跃度全国领先。

普惠共享,推动改革发展成果惠及全体人民

用户普遍感受到南方电网主动释放改革红利。近年来通过降电价等方式累计降低用电成本超3000亿元,有力支持实体经济发展。投资界面进一步延伸,为客户节约投资267亿元,让人民群众得到了实实在在的实惠。用户普遍感受到从"用上电"到"用好电"的转变,供电可靠性保持

深圳万家灯火
南方电网/供图

全国领先，平均停电时间（低压）9.23小时/户，同比下降24%。业扩报装速率明显提升，低压非居民、高压单电源业扩报装用时分别同比下降16.7%、13.5%。用户普遍感受到南方电网服务更优、形象更佳。"解放用户"理念深入践行，推出"高端客户经理"、客户办电"一次都不跑"等多项创新举措，用户体验持续提升，用户办电更省心、更放心、更舒心。公司连续多年在地方公共服务评价中名列第一，"万家灯火、南网情深"的品牌形象更加深入人心。

南方电网深入实施国企改革三年行动，有力破除了一批影响企业发展的体制机制障碍，有效解决了一批长期想解决而没有解决的难题，许多领域实现历史性变革、系统性重塑、整体性重构，有力提升了公司的竞争力、创新力、控制力、影响力和抗风险能力。一是综合实力显著增强。同国企改革三年行动开展前相比，2022年末，南方电网营业收入7642亿元，增长13.8%；全员劳动生产率72.5万元/人，增长10%；期末资产总额11424亿元，增长5.3%；《财富》世界500强企业排名上升了2位。二是国有企业战略支撑作用有效发挥。南方五省区2015—2020年均未发生错峰限电，2022年未发生拉闸限电，本年度未发生有序用电，并克服自身困难，全力以赴支援川渝、华东地区电力供应，切实做到保经济增长、保社会稳定、保民生用电、保电网安全。全力服务宏观经济大盘，扩大有效投资至1250亿元，实施"欠费不停供"等阶段性用电优惠政策，带动产业链供应链恢复发展。三是管理体系和管理能力现代化水平明显提升。南方电网建立完善涵盖大企业科学治理全过程的闭环运行机制，以机制的有序有效运转推动企业规范化、标准化、科学化运作，战略管理体系（POCA）、现代供电服务体系（VOSA）等协调运转，三家企业和两个项目获得国务院国资委对标世界一流管理提升"标杆"称号，以往单纯依靠行政权力推动工作的局面得到根本转变，自发向前、自我完善、持续改进、追求卓越的工作习惯加快形成。四是干部员工思想观念和精神面貌发生深刻转变。南方电网干部员工不断以改革创新思维认识新问题、把握新规律、建立新机制，队伍的改革意识、市场意识、竞争意识明显增强，敢改真改快改的氛围日益浓厚。

通过国企改革三年行动的砥砺征程，南方电网深化了推动改革的规律性认识，收获了许多深刻启示：必须学思践悟习近平新时代中国特色社会主义思想，自觉做习近平新时代中国特色社会主义思想的坚定信仰者和忠实实践者，把握好蕴含其中的世界观和方法论，坚持好、运用好贯穿其中的立场观点方法，把忠诚拥护"两个确立"、坚决做到"两个维护"体现到推进改革的具体实践上；必须发扬求真务实、真抓实干的工作作风，敢于动真格、啃"硬骨头"，做到敢改、真改、实改，坚决杜绝"纸面"改革、"数字"改革，确保各项改革经得起实践和历史检验；必须熟练掌握和运用科学的思想方法和工作方法，统筹处理好整体与局部、胆子大和步

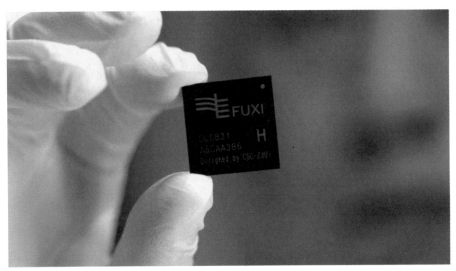

"伏羲"芯片及场景应用
南方电网／供图

子稳、持久战与歼灭战的关系,在多重目标下稳中求进;必须久久为功将改革进行到底,一锤接着一锤敲、一茬接着一茬干,推动各项改革由"形似"向"神似"、由"暂态"向"常态"、由"行动"向"制度"转变,把一张好的蓝图绘到底,努力走出一条具有中国特色的世界一流企业创建之路。

下一步,南方电网将坚持以习近平新时代中国特色社会主义思想为指导,深入学习贯彻党的二十大精神,认真贯彻落实党中央、国务院重大决策部署,持续深化国企改革,坚定不移做强做优做大国有企业,加快建设世界一流企业,为全面建设社会主义现代化国家、全面推进中华民族伟大复兴贡献力量。

6

构建新型电力体系　深化选人用人机制改革
形成改革"一子落"发展"满盘活"局面

中国华能集团有限公司

中国华能坚持向改革要动力、要活力、要效率，以"三突出"有效发挥外部董事作用，董事会连续两年获评"优秀"等次；以"三支撑一优化"构建新型电力体系，聚力打造"科改"尖兵，新能源装机容量三年翻一番，全球首座第四代核电机组华能石岛湾高温气冷堆成功发电，所属西安热工院在发电行业唯一连续两年获评"科改行动"标杆企业；以"三聚焦"推动"三能"机制深层次大范围落地见效，优秀年轻干部选拔培养工作经验作为中央组织部典型案例予以推广，员工市场化退出 8300 余人，二级子企业负责人绩效年薪占比最高达 85%，主要负责人薪酬差距最高达 2 倍，员工平均工资最高相差超 5 倍，形成改革"一子落"发展"满盘活"的生动局面，综合实力始终保持发电行业领先地位。2022 年，面对疫情冲击、煤价高企等多重挑战，中国华能实现利润总额、净利润增幅均达 70% 以上，营业收入、发电量、供热量再创历史新高，为加快建设世界一流企业增添了澎湃动能。

国企改革三年行动实施以来，中国华能集团有限公司（以下简称"中国华能"）深入学习贯彻习近平总书记关于国有企业改革发展和党的建设的重要论述，坚决贯彻落实习近平总书记对中国华能工作的重要指示批示精神，坚持向改革要动力、要活力、要效率，提升治理效能，加快绿色转型，深化自主创新，综合实力、核心竞争力和抗风险能力始终保持发电行业领先地位，为实现新时代高质量发展、大步迈向世界一流企业打下了坚实基础。

坚持"三突出"让外部董事在"一线"摸实情

习近平总书记强调，坚持党对国有企业的领导是重大政治原则，必须一以贯之；建立现代企业制度是国有企业改革的方向，也必须一以贯之。中国华能深入落实"两个一以贯之"要求，把发挥董事会"定战略、作决策、防风险"作用作为提升公司治理效能的关键，把做好外部董事调研工作作为推动董事会科学决策的重要抓手，在突出联动性、针对性、指导性上狠下功夫，让外部董事深入基层一线摸实情、察实况、出实招，为董事会科学决策夯实基础，董事会建设水平持续提升，2020年、2021年董事会被国务院国资委评为"优秀"等次。

调研计划突出联动性

中国华能每年年初在充分听取外部董事个人意见的基础上，统筹考虑集团战略实施、改革发展等重点任务，科学确定调研主题，认真制订调研计划，做到外部董事调研与推进公司改革发展保持联动。聚焦公司发展战略落地安排，就建设世界一流现代化清洁能源企业战略目标和"两步走"战略安排等重大战略性、方向性问题组织集体调研；聚焦重点领域工作推进安排，围绕电力市场化改革、科技创新、风险防范等领域，组织专题调研，帮助外部董事深入了解行业发展、监管政策要求和企业发展现状，有效解决信息不对称问题；聚焦企业难点问题解决安排调研，特别是2021年9月，组织外部董事到云南滇东地区电厂及煤矿现场进行深入调研，针

6 中国华能集团有限公司

国内首个千万千瓦级多能互补绿色综合能源基地——陇东能源基地建设正稳步推进
中国华能／供图

对"滇东项目"亏损问题提出"一揽子"建议,为该项目扭亏控亏发挥了重要作用。

调研安排突出针对性

中国华能坚持问题导向,结合调研主题针对性地选择调研企业,精心编制方案,以求真正发现问题、更好解决问题。针对金融类项目等董事会决策中关注的焦点问题,专门组织外部董事赴所属资本公司调研,详细了解金融风险防控、金融产业对标管理、市场化体制机制建设、金融服务主业等方面的情况。针对集团战略和董事会决议等落实执行情况,重点选取处于长江生态保护重点地区的华能岳阳电厂、华能阳逻电厂等单位进行调研,通过现场踏勘、听取汇报、座谈交流等形式,及时了解工作落实情况和存在问题。针对企业改革发展面临的新形势新问题，组织外部董事到集团科技创新阵地西安热工院和清洁能源研究院、地处电力市场化改革前沿的南方分公司、电源结构单一的四川公司等典型企业进行调研，外部董事结合各自专业特长为企业问诊把脉。2020年以来，外部董事共调研基层企业30多家，针对企业改革发展提出建议90余条。

调研成果突出指导性

外部董事在调研中积极为企业改革发展建言献策，提出的意见建议涵盖绿色转型、金融产业防控风险、煤电高质量发展、氢能产业布局、科技产业发展、国企改革三年行动方案落实等方面，具有很强的前瞻性和指导性，展现了专业知识和管理经验，有效发挥了"决策专家、经营顾问"的重要作用，调研成果有效转化为决策依据，有力增强了董事会的权威性和实效性。2020年11月，外部董事在调研中提出了优化集团层面氢能产业发展布局的相关建议。公司经过多次专题研究，成立了氢能科技公司，加快推进相关科技创新示范项目。2021年11月底，由中国华能主导研制的世界单槽产能最大碱性制氢水电解槽在苏州下线，标志着我国已成功掌握高性能大型电解制氢设备的关键技术。

锚定"三支撑一优化"着力构建新型能源体系

习近平总书记强调，实现"双碳"目标，是贯彻新发展理念、构建新发展格局、推动高质量发展的内在要求，不是别人让我们做，而是我们自己必须要做。中国华能全面落实"四个革命、一个合作"能源安全新战略和碳达峰碳中和重要要求，着力破解煤电"一股独大"困局，举全公司之力推进结构调整和绿色转型，加快构建以新能源、核电、水电为转型"三大支撑"、持续优化煤电发展的"三支撑一优化"高质量发展新格局。2022年，低碳清洁能源装机占比提升至41%，能源供给结构显著优化，为我国构建新型能源体系贡献了华能力量。

新能源产业实现跨越式发展，新能源装机容量实现三年翻一番

以"两线（北线、东线）""两化（集约化、规模化）"战略为重点，以"三型三化（基地型、清洁型、互补型，集约化、数字化、标准化）"大型能源基地开发为主要路径，制定《新能源基本建设项目全过程管理办法》，深化机制改革，大力授权放权，为新能源发展增添蓬勃动力。在"三北"地区（北线）以特高压送出通道起点为依托，大力布局风光储输一体化大型清洁能源基地；在东部沿海省份（东线）着力打造有质量有效益、基地型规模化、投资建设运维一体化海上风电带。开工国内首个千万千瓦级多能互补绿色综合能源基地——陇东能源基地，配套调峰电源和先期 320 万千瓦风电；建成国内规模最大、国产化程度最高的如东 70 万千瓦海上风电基地，19 个清洁基地项目进入国家大型风电光伏基地首批开工清单，成为国内投产海上风电装机最多的发电集团。入围全国整县屋顶分布式光伏开发试点项目占比近 10%，截至 2022 年底，公司累计核准（备案）新能源超过 7000 万千瓦，装机突破 5000 万千瓦，实现新能源装机容量翻番。2021 年，在煤价电价严重倒挂情况下，新能源以 18.6% 的装机占比贡献了电力产业的全部利润，成为中国华能重要的产业支撑。

核电发展取得历史性重大突破，成为国内第 4 家具备控股建设大型压水堆资质的发电集团

2021 年 12 月 20 日，我国具有完全自主知识产权的国家科技重大专项、全球首座第四代核电机组——华能石岛湾核电站示范工程 1 号反应堆成功发电，这是我国在世界第四代核电技术领域实现领先的标志，也是中国华能核电发展战略的重大成果。以全面具备自主建造运营核电机组能力为重点，以加快推动先进压水堆规模化发展和高温堆技术示范推广为主要路径，中国华能山东石岛湾、海南昌江、福建霞浦"三大沿海核电基地"发展格局逐渐成形。制定实施《核电产业链"链长"方案》，全面取得核电建造许可、核燃料许可、核电操纵员执照、核运行许可 4 项核电运营关键资质。制定《核应急能力建设规划（2021—2025 年)》，深入开展核安全

水电成为中国华能新品牌，图为小湾水电站
中国华能／供图

保障百项行动，配套完善高温堆和压水堆相关技术、管理标准126项；联合国家有关部委和地方政府，圆满完成核应急演练等综合演习任务，中国华能核安全保障体系持续健全。

水电开发多点开花，不断擦亮华能水电"品牌"

以构建全流域一体化开发格局为重点，以加快形成"风光水储氢"一体化可再生能源基地为主要路径，中国华能在国内率先实施流域、梯级、滚动、综合开发，全流域开发保护、境外大型水电BOT、"一厂两网""两国调度""境外大用户直供"、跨境电费人民币结算等管理模式成为国内外水电领域发展样板。推进西南战略性水电基地、规划西藏首个千万千瓦级"水光储蓄"一体化可再生能源基地，中国华能水电版图不断拓展。三年来，300

米级高拱坝、超高土石坝、高碾压混凝土坝等产业瓶颈相继突破。在澜沧江流域，中国华能建成世界领先的全流域梯级电站远程调度系统，超过 2000 万千瓦的水电装机实现远程集控，全年可减少弃水电量损失 200 亿千瓦时，实现了水电生态、防洪、发电、航运等综合效益最大化，水电技术水平不断提升。推动澜沧江清洁能源基地规划成果整体纳入国家"十四五"可再生能源发展规划，建成国内首个全流域环境监测数据库，形成了"生态共建、措施互补、企地共治"的全流域环保协同体系，中国华能水电"朋友圈"越来越大。2022 年 10 月 25 日，澜沧江"风光水储"多能互补基地累计发电量突破 1 万亿千瓦时，成为中国华能水电发展的里程碑。

优化煤电发展，煤电清洁高效利用水平行业领先

坚持"控规模、去产能、调节奏、保资源"，节能降碳改造、灵活性改造、供热改造"三管齐下"，中国华能火电机组清洁化发展程度日益提高，成为基础保障性和系统调节性电源中的重要力量。2021 年，中国华能超低排放机组占比达到 99% 以上，超全国平均水平 12 个百分点，污染物排放绩效保持行业领先，等效可用系数行业对标第一。长江、黄河流域电厂废水治理实现全覆盖，重点区域 95% 的电厂完成煤场封闭改造；在京津冀、在粤港澳大湾区、在长江经济带，依托多年积累的燃烧控制技术，大规模推进煤电机组燃料从以煤炭为主向污泥、油泥、垃圾、工业可燃废物等多元燃料转型，一台台华能火电机组正成为环境污染的终结者、生态治理的新平台。2021 年，中国华能供热面积突破 9 亿平方米，成为国内最大的民生供热企业。

伴随着布局优化、结构调整的大力推进，中国华能精益化运营水平不断提高。中国华能 2022 年利润总额、净利润增幅均达 70% 以上，营业收入再创历史新高，获得国务院国资委年度经营业绩考核和任期考核"双 A 级"，在经营效益、科技创新、奖励加分、年度排名、任期排名方面实现行业"五个第一"，获评"业绩优秀企业"。三年来，中国华能累计消化处置 450 亿元历史遗留问题，提前一年完成"两非"企业剥离，厂办大集体全面"清零"。"轻装"后的中国华能主业更加聚焦，高质量发展驶入快车道。

打造"科改"标杆,勇当国家战略科技力量

习近平总书记强调,构建新发展格局最本质的特征是实现高水平的自立自强,中央企业等国有企业要勇挑重担、敢打头阵,勇当原创技术策源地、现代产业链"链长"。中国华能聚焦"双碳"目标,以打造"科改行动"标杆企业为契机,转机制、强协作、聚人才,科技创新实力大幅跃升,创新体系全面形成,国家级创新平台建设行业领先,突破了一批关键核心技术,在推进国家科技重大专项、攻克"卡脖子"难题、引领绿色低碳电力前沿技术创新等方面展现了新担当新作为,所属"科改企业"西安热工院在全国发电行业中唯一两次获评"科改行动"标杆企业,且在央企名列前茅,成为一张亮丽的改革名片。

体制机制改革深入推进

制定《科技创新体制机制改革实施方案》,明确8个方面26项改革举措,整合总部科技管理部门和创新中心职能,调整所属西安热工院和清洁能源研究院定位,搭建主业全覆盖的科技创新体系,先后建成5个国家重点实验室、5个省部级重点实验室、2个创新创业和科研试验基地。健全重大科技项目立项和组织管理模式,在碳中和碳达峰、电力网络安全、新能源、核电、水电、煤炭、环保等领域建立集团级专业研发机构,科技项目推广"军令状""揭榜挂帅""赛马"等组织模式,帮助高水平人才和团队脱颖而出。改革科研经费管控模式,统筹科研经费使用,"靶向"投入重点项目,健全技术创新体系,构建面向近中远期、层次合理、衔接有序的科技项目布局,鼓励所属企业以承办项目形式开展重大科技战略研究和技术攻关,三年研发投入年均增长42%,投入强度居发电集团首位。创新研发合作模式,开展社会资本、央企合作、企地合作、多种所有制合作,多措并举拓展科技资源获得渠道;设立首只10亿元规模科创基金,组建650℃高温材料、超临界二氧化碳循环发电等4个创新联合体,多项自主创新成果引入市场化机制,

平台创新与资本运营管理相互协调,科技产业蓬勃发展。

承担国家攻关任务行业最多

"1025"专项等国家科技攻关年度任务全面完成。中标5项国家"揭榜挂帅"重大能源科技示范项目和多项国家重点研发计划项目,牵头6项、参与1项国家能源领域补短板项目,数量行业最多。全力打造海上风电、CCUS（二氧化碳捕集利用与封存）原创技术策源地。清洁低碳热力发电系统集成及运维国家工程研究中心成功入选国家新序列首批名单,是发电行业唯一入选单位。高效灵活煤电及CCUS全国重点实验室从500余家全国重点实验室重组中脱颖而出,成为首批20家"全国标杆重点实验室"之一。

率先攻克一批"卡脖子"关键核心技术

率先研制出具有完整自主知识产权的国内首套全国产化煤电DCS系统（安全智能型分散控制系统,形成的工业产品名称为华能睿渥）,通过阿基里斯国际权威认证,安全可靠性达国际先进水平。成功研发并投运国内首套70万千瓦水电机组全国产化监控系统和自主可控PLC（自主可控可编程逻辑控制器）系统；牵头研制出国内首台5兆瓦和7兆瓦（直驱型）国产化海上风机；重型燃机项目获工信部"两机专项"支持,自主研制出F级燃机第一级动叶片,进入国内第一梯队。实施"源头零碳替碳、过程减污降碳、终端捕碳固碳"技术路径,原创COAP技术（低温法污染物一体化脱除技术）完成中试验证,相变型二氧化碳捕集技术实现工业规模化验证。建成世界容量最大参数最高的超临界二氧化碳循环发电试验机组、世界首个非补燃压缩空气储能电站,研制出单槽产能世界最大的水电解制氢装置,钙钛矿电池大面积组件转换效率突破15.5%。

科技人才队伍活力空前迸发

大力培养战略科学家、科技领军人才、拔尖人才和高水平创新团队,所属科技型企业累计选拔引进高层次急需紧缺科技骨干人才146名。建立"总部—二级单位—基层企业"三级技术技能专家体系,74名集团级首席专家和首席技师脱颖而出。连续两年设立科技创新专项奖励合计6800万

中国华能在如东建成国内规模最大、国产化程度最高的海上风电项目
中国华能／供图

元,市场化引进的高端人才工资总额单列、市场化对标确定薪酬,承担关键核心技术攻关的负责人和专家实行"竞争力薪酬+科技奖项重奖+中长期分红"等多重正向激励。"科改企业"西安热工院给予个人最高奖励35万元,在5个优质科技项目实施分红激励,并积极探索无形资产评估奖励模式,48名科研人员薪酬超过班子正职,科研人员创新热情竞相激发。

科技成果转化能力显著增强

专利"质""量"双优,三年来累计申请专利18605件、授权专利8869件、新增国际专利53件,成为国务院国资委2021年度考核中唯一进入专利质量评价A档的发电集团,两年内实现从C档到A档的成功跨越。自主可控工控产品加速应用,18套华能睿渥DCS推广使用,86台风机完成国产化 PLC 改造。打造"城市污染物终结者"生态环保品牌，成立长江环保科技公司，开发两条具有自主知识产权的污泥垃圾耦合发电技术路线，在太仓、珞璜、岳阳、天津等电厂实现规模化应用，日处理污泥能力达 6000 吨。汽轮机低压缸零出力技术在全国 130 余台机组应用，引领煤电行业深度调峰和供热技术进步。获得省部级及以上荣誉奖励的科技创新成果达 120 项，其中省部级一等奖 15 项、电力科学技术进步一等奖 4 项、中国大坝工程学会科技进步一等奖 2 项。推动中国技术、产品和标准"走出去"，成立国际标准技术研究院，在能源行业率先制定实施《国际标准化战略纲要》，主导和参与国际标准立项 13 项，成功发布国际标准 6 项，国际标准数量、质量行业对标第一，与 16 个国家和地区签订超过 5000 万元的技术合作项目。数字化转型迈出坚实步伐，坚持应用牵引，推动各产业与数字技术深度融合，打通数据壁垒，盘活数据资产，挖掘数据价值，制定实施数字化"十四五"规划和转型总体方案，统一安全生产管理平台在 93 家火电企业推广应用，国内首家千万点秒级实时新能源数据平台华能新能源智慧运维系统投入运行，接入风电光伏场站超 4200 万千瓦，接入规模和数据量全国最大，在砚北、核桃峪、伊敏建成国家首批智能化煤矿。

坚持"三聚焦""三能"机制深层次大范围落实落地

习近平总书记多次强调，要坚持市场化改革方向，不断增强国有企业活力。中国华能把三项制度改革作为落实国企改革三年行动的重要突破口，重点聚焦管理人员"能下"、员工"能出"、收入"能减"问题，制定《关于进一步加快推进三项制度改革的若干措施》，明确五大类 15 项重点改革措施，突出抓统筹、建机制、树典型、解难题，形成了改革"一子落"发展"满盘活"的良好局面。

聚焦任期制契约化，以管理人员能上能下实现活力提升

打好任期制和契约化管理攻坚战，所属 378 家子企业 1701 名经理层成员实现契约签订全覆盖，约定三年任期，实现从"身份管理"向"岗位管理"转变。考核目标突出一流标准，与公司战略、产业规划及高质量发展目标相衔接，按照对标领先原则设定目标值。根据子企业功能定位，以关键岗位职责和分工为基础"一企一策""一人一岗"实施差异化考核。强化绩效考核结果在岗位聘任、解聘环节的应用，设置"双70"的退出底线条件，明确14种具体退出情形，对企业年度绩效考核结果或主要指标未达到完成底线、个人任期综合考核评价不称职等人员，按规定予以解聘。以竞争择优为优秀年轻干部搭建平台，制定印发《关于进一步推动管理人员竞争性选拔工作的指导意见》，明确竞争上岗、委托推荐、公开竞聘、公开招聘等选拔方式的适用情形和实施流程，指导各单位大力开展管理人员竞争性选拔工作，不断健全竞争择优、充满活力的选人用人机制。

2022年，中国华能新聘人员竞争上岗率达75.8%，集团总部竞争上岗率为100%，均高于央企平均水平。打破论资排辈，近两年公司党组选任干部中"70后"干部占一半，在超过30%的二级子企业中配备"70后"正职，在一定规模以上基层企业领导班子中平均配备1名"80后"优秀年轻干部，基层企业"85"后中层干部达1740余人，优秀年轻干部选拔培养工作得到了中组部的充分肯定，工作经验在《央企情况》刊发。扎实推进管理人员末等调整和不胜任退出，近三年管理人员退出比例分别为0.69%、1.19%、5.46%，其中2022年管理人员考核调整和不胜任退出397人。在金融、电商、物流等市场化程度较高的10家基层企业建立职业经理人制度，除董事长、党委书记、纪委书记等由组织任免外，其他95名经营班子成员全部实施市场化选聘和市场化退出，因业绩不达标等原因累计退出26人。

聚焦集约化标准化，以员工能进能出实现效率提升

大力推进集约高效用工，总部通过机构职能改革，部门、内设机构、定员分别精减32%、45%、43%，配套设立共享服务中心，把财务、人资、审计等领域的事务性工作通过资源共享方式实现集约统筹管理，总部战略决策、资源配置、绩效管控、风险防控"四个中心"功能持续加强。在电力主业，瞄准行业最优，制定燃煤、燃机、新能源、水电定员标准，逐户核定基层企业编制定员。依托火电企业在北线、东线联动开发大型新能源项目基地，用"火电的人"干"新能源的事"，不断增强电力产业人员集约管理效应。全面推行公开招聘，修订《市场化用工管理指导意见》《劳动用工及劳动合同管理指导意见》等制度，新进员工公开招聘率达到100%。深入实施"新动力""英才"等管培生计划，为总部和二级子企业招录顶尖高校优秀毕业生，并量身定制培训培养计划。2021年抢招国内优质高校优秀毕业生533人，较上年增幅62%，当年共录用毕业生2663人，其中本科及以上学历占比94%。科技产业积极推进用工市场化，2021年市场化引进75名核电、海上风电、IT等领域科技骨干人才，电力产业在氢能、新能源领域的市场化用工取得探索突破，新聘人员鼓励以市场化身份签约，按市场化方式取酬、退出，从机制上打破"铁饭碗"。完善员工流动机制。推行全员绩效考核，三年累计员工市场化退出8300余人。对减人成效显著企业给予"减人少减资"的激励政策，近三年内部累计调剂超过1万人，有效缓解了总量超员与结构性缺员并存的突出矛盾。

聚焦强激励硬约束，以收入能增能减实现动力提升

突出效益效率，用好工资总额。坚持"业绩升、薪酬升，业绩降、薪酬降"，中国华能整体绩效挂钩工资占比最高达42%，其中电力企业占比最高达54%，金融企业占比最高达86%。科技企业平均工资达到系统单位平均工资的2.5倍，二级子企业平均工资最高与最低相差超过5倍。精准实施特别贡献激励，设置1.5亿元新能源发展奖励、1.3亿元提质增效奖励。坚持激励与约束对等，对能源保供贡献突出和不力的电力、热力、燃料和煤炭企业实施奖惩，对30家完成资不抵债处置的子企业及6家未完成处置的子企业分别实施工资总额5%、企业负责人薪酬15%的奖罚。突出经营责任，改革高管薪酬。二级子企业负责人绩效年薪占比最高达85%，主要负责人薪酬差距最高达2倍。实行经理层成员任期激励，根据任期经营业绩考核结果刚性兑现。经理层成员经营业绩考核结果与本单位整体考核

中国华能新能源实现跨越式发展，图为德州丁庄 320 兆瓦水上光伏发电项目
中国华能／供图

结果和个人考核结果双挂钩。所属企业负责人薪酬按年度业绩责任书和考核结果严格兑现，年度薪酬水平最高值为最低值的 1.9 倍。所属金融企业职业经理人薪酬按照薪酬分位值不高于业绩分位值的市场化原则确定，薪酬差距最高达 6 倍。突出岗位贡献，形成"激励高地"。加大考核结果与个人绩效奖金挂钩力度，职工浮动工资占比达到 70% 以上。总部率先示范，设立重点工作季度考核奖，依据全员绩效考核结果兑现差异化奖励。以绩效高低决定收入增减，2021 年 1.6 万名职工工资收入没有增长，占比 13.5%。推动薪酬分配向关键岗位、一线岗位倾斜，部分基层企业中层正职收入最高的高于本单位班子副职，电力企业值长工资水平普遍达到所在单位职工平均工资的 1.5 倍，煤炭企业井下采掘、井下辅助与地面后勤员工收入比例关系最高达到 5∶3∶2，科技企业专业技术岗位同级别人员薪酬差距最高达到 4 倍，金融企业同类业务岗位人员薪酬差距最高达到 5 倍。

中国华能因改革而生，历经近四十年发展，成长为中国发电行业排头兵，跻身世界 500 强企业。中国华能将持续深化改革，固根本、通经络、强内核、开新局，开启二次创业新征程，加快建设世界一流现代化清洁能源企业，以优异成绩在全面建设社会主义现代化国家、全面推进中华民族伟大复兴的伟大征程中续写新辉煌。

7

建立穿透式改革推进体系
聚焦绿色低碳转型发展
为高质量发展奠定坚实基础

国家电力投资集团有限公司

国家电投全面贯彻落实国企改革三年行动部署要求，建立穿透式改革推进体系和"云上沙龙"基层交流研讨机制，深化改革落地见效，开创传统电力中央企业转型发展新局面；通过"五种会议"，有效发挥党组领导作用，在党组会前置研究前与外部董事充分沟通，确保治理主体高效协同。五次升版总部权责清单，将总部审批事项压缩80%，子企业活力持续迸发；聚焦绿色低碳转型发展，构建"新能源+"生态融合治理体系，开展新能源整县开发，助力乡村振兴；打造国家科技重大专项自主创新科研平台，实施"科技创新成果落地"工资总额单列考核激励，实现科技成果质量双升，释放科技潜在价值；任期制和契约化管理与集团战略落地体系有机融合，全面激发经理层创造价值的活力，带动三项制度改革向纵深推进。

2015年7月，国家电力投资集团有限公司（以下简称"国家电投"）由原中国电力投资集团公司与国家核电技术有限公司重组组建，是中央直接管理的特大型国有重要骨干企业，拥有光伏发电、风电、水电、核电、煤电、气电、生物质发电等全部电源品种，是全球最大的光伏发电、新能源、清洁能源企业。国家电投深入学习贯彻习近平总书记关于深化国有企业改革发展和党的建设的重要论述，坚决贯彻落实"四个革命、一个合作"能源安全新战略，全面落实国企改革三年行动方案部署，建立高效穿透落地改革工作推进体系，以"云上沙龙"全面激发基层干部职工改革热情，加快完善中国特色现代企业制度，加快产业布局优化和结构调整，提升自主创新能力，加快建立市场化机制，持续增强绿色低碳转型发展动能，为保障国家能源安全、实现高质量发展、建设美丽中国发挥主力军作用。

国家电投持续深化改革，为高质量发展奠定了坚实基础。连续六年在中央企业负责人经营业绩考核中获得A级，连续三年获得党建考核A级，在《财富》世界500强排行榜中从2015年第403位跃升至2022年第260位。截至2022年底，实现营业收入3630亿元，利润总额274亿元，净利润193亿元；电力总装机超2.32亿千瓦，清洁能源装机占比66.75%。与重组时相比，装机规模、利润均翻番，相当于再造了一个国家电投。其中，国企改革三年行动实施以来，装机规模增长32%，利润增长72%，净利润增长84%，高质量发展态势更加稳固。

勇做实践者，加快建立中国特色现代企业制度，企业治理更加规范高效

切实将党的领导融入公司治理，创新沟通机制，各治理主体高效协同

一是将坚持和加强党的领导具体化、实践化。国家电投党组以习近平新时代中国特色社会主义思想为指导，实施"学习、研究、创新、落实"工作方法，全面落实"第一议题"制度，开展党组与二级单位党组织"第

7 国家电力投资集团有限公司

黄河"龙头"电站——国电投黄河公司龙羊峡水电站
国家电投/供图

一议题"联学,建立常态化跟踪落实机制,实施月度"零报告"制度,将习近平总书记重要指示批示精神和党中央重大决策部署落地锤实。在常规党组决策会基础上,细分拓展了"党组沙龙、党组务虚会、党组决策会、党组专题会和党组扩大会"五种会议,将"前瞻预判、酝酿研究、完善优化、决策部署、推动落实"贯穿起来。2020—2022年,研究落实习近平总书记指示批示议题45个;开展沙龙会议10次,对10个问题作出了前瞻性预判;召开务虚会11次,酝酿研究13个重大问题,其中改革问题8个;召开决策会65次,专题会、扩大会43次,部署重大工作320余项并推动落实。党组通过"五种会议",形成了推动集团改革发展、党建重大任务和党组成员承担的职责任务落实闭环体系,将坚持党的领导、加强党的建设具体化、实践化,有效发挥了"把方向、管大局、保落实"领导作用。

二是建立高效协同的法人治理机制。厘清党组、董事会、经理层各治理主体决策界面，及时升版《党组工作规则》和党组决定事项清单、党组前置研究重大经营管理事项清单，决策事项在党组会前置研究前与外部董事充分沟通，凝聚共识，实现各治理主体之间权责清晰、运转协调、有效制衡。2020年、2021年、2022年，通过董事会专门委员会/外部董事沟通会形式与外部董事分别沟通23次、25次、52次，研究讨论议案186项，听取汇报52项，董事会审议通过的议题中缓议的达15项。积极采纳外部董事提出的良好意见建议，促进统一意见、达成共识，有效防范重大风险。建立完善董事会对董事长、总经理授权决策事项清单，其中授权董事长10项、总经理17项，提高决策效率和质量。2022年2月，国家电投被国务院国资委评为"国有企业公司治理示范企业"。

加强子企业董事会建设，建立动态授权放权机制，巩固提升子企业市场主体地位

一是推进子企业董事会规范高效运作。按照"健全机构、完善制度、规范运作、落实职权、培育队伍"的思路，成立法人治理职能部门，培育建设专职董事队伍，建立董事会评价体系。建立了一支熟悉集团管理和经营发展的51人专职董事队伍和30人专职董事人才库，充分发挥专职董事作用，促进子企业董事会规范高效运行，高质量承接集团战略落地。实施国企改革三年行动以来，完成各级董事会建设261家，全部实现外部董事占多数。各级董事会不仅要"定战略、作决策、防风险"，还要"促改革、谋发展"。2020年7月，上海能科建立董事会，已实现规范高效运作，截至目前召开董事会18次、决策议题100余项，涉及公司战略规划、转型发展、企业改革、投资融资、绩效考核等方面。

二是建立动态授权放权机制。国家电投按子企业类别和管理能力，逐步加大授权放权，明确权责清单，确保权力"放得下、接得住、行得稳"。2015—2022年，五次改版升级总部权责清单，集团总部审批事项压缩80%，提高办事效率，充分调动子企业主动性积极性。新能源项目审批周期由原来的数月缩短到约一个月，2021年获取优质项目资源创历史新高，达到年度计划的4倍，大幅度提升了发展质量。所属企业同步开展授权放权，中国电力通过"三个权责清单"——自身权责清单、与省公司权责清单、对境外企业授权政策清单，全面激发上下两个积极性和各治理主体的积极性。建立"身权责清单家园"直通车制度，11万名员工意见能够直达集团公司董事长。

党建工作与生产经营深度融合，以高质量党建引领高质量发展

一是积极探索党建工作融入企业中心工作的方法路径。国家电投党组把党史学习教育与推进碳达峰碳中和、建设美丽乡村、振兴革命老区结合起来，以县域红色资源为突破口，大力发展综合智慧能源，开展"红色百年"特色行动。总部部门与二级单位党组织对接瑞金、古田、延安、西柏坡等革命老区，已开发366个清洁能源项目，实现红色基地的绿色用能，助力革命老区振兴和美丽乡村建设。

二是积极开展各层级党组织联建共建。开展总部超前领先一公里、协作支持一公里、最后落地一公里"三个一公里"主题实践活动，组织总部党支部之间联合共建、与二级单位结对共建，打破壁垒、打破边界，以党建协同助推业务协同。截至目前，总部18个部门、3个直管中心与63家二级单位党组织普遍建立结对共建关系和沟通联系机制，形成联办事项135项并逐项跟踪解决。组织各单位积极与地方政府、发展改革委、能源局、企业定期开展联建共建，推动解决企业改革发展重大问题188项，攻坚"卡脖子"技术难题136项，推动创新技术研发200项，助力项目开工落地402个。

勇做开拓者，优化绿色低碳产业布局和结构，发展优势更加突出

聚焦绿色低碳转型，推进清洁能源跨越式发展

一是打造世界一流光伏产业。国家电投牢记习近平总书记"一定要将光伏产业做好"的嘱托，深耕光伏技术创新与产业融合，在光伏领域建成

国家电投黄河公司 100 万千瓦多能互补项目
国家电投／供图

了完整产业链和创新链，有力支撑产业高质量发展。光伏核心技术取得重要突破，IBC 电池量产平均效率达到 24.2%，钙钛矿叠层电池实验室效率突破 30%，跻身国际先进行列。建成首条光伏组件回收中试线，实现光伏产业循环再利用。建成多个光伏、光储国家级实证实验平台，为行业提供实证检测、先进技术和行业发展数据，加快产品技术迭代和推广应用。截至 2022 年底，国家电投光伏发电装机达 5330 万千瓦，6 年增长超 7 倍，稳居全球第一。

二是核能产业实现跨越式发展。安全发展核能产业，国家电投控股在运核电装机规模 921 万千瓦，在建核电装机规模 550 万千瓦。2020 年，国家电投向核能供热领域跨越，山东海阳核电建成我国首个核能供热商用示范工程。2021 年，"暖核一号"国家能源核能供热商用示范工程二期 450 万平方米项目投运，供暖面积覆盖海阳市全城区，惠及 20 万名居民。

三是稳步推进风电产业进入第一梯队。坚持基地化发展，持续推进内蒙古乌兰察布600万千瓦风电项目，建成江苏南通、盐城两个百万千瓦级海上风电基地。截至2022年底，风电装机规模达4231万千瓦，处于全球领先地位。

开创"新能源+"发展新模式，构建"荒漠化治理—能源供应—产业发展"的能源与生态融合治理体系

一是实现"新能源+"多能融合高质量发展。积极在我国"三北"地区建设能源大基地，开展集中式、规模化新能源开发，首创国际领先的水光互补关键技术，在青海省海南州建成全球最大85万千瓦龙羊峡"水光互补"光伏电站，利用水电机组调节光伏电站的出力，平抑新能源电力波动性、间歇性，提升新能源发电质量，已获得吉尼斯世界纪录认证。

二是"新能源+"取得良好经济社会和生态环境效益。"光伏+"产业使数十万亩荒漠化土地变成绿色草原，"光伏羊、鸡、鹅"等已实现规模化养殖。国家电投在青海共和县打造609平方千米光伏产业园，种植高原生态作物，利用光伏板清洗用水、降低风力及减少蒸发等因素恢复植被，减少荒漠化土地面积超过100平方千米，牧民在园区养殖"光伏羊"，人均增加收入过万元。在全国9省区的贫困地区和少数民族聚居区建成一批"光伏+扶贫+生态"电站，可产生每年1.1亿元、连续20年扶贫红利，惠及11万名群众。

三是"新能源+"模式增加我国能源安全的筹码。开展可再生能源制氢，规划并试点"新能源+沙漠治理+绿电转化（氢、氨、甲醇、航煤）+规模化种养殖"一体化产业解决方案，推进清洁能源转化和外送消纳体系建设，为我国减少进口油气依赖、增强能源安全保障提供有力支撑。启动吉林大安风光制绿氢合成氨一体化示范项目，建成全国首条自主可控氢燃料电池质子交换膜生产线。在2022年北京冬奥会期间，搭载国家电投自主研发的"氢腾"品牌燃料电池系统的150辆氢能大巴圆满完成交通保障任务。

以县域新能源开发为抓手，助力乡村振兴战略，探索共同富裕新路径

一是助力农村能源革命，打造绿色低碳乡村。打造县域清洁能源供应网络，促进能源就地开发利用，提升绿电消费比例。国家电投实施"智能换电重卡、装载机"绿色电能替代，助力打赢"蓝天保卫战"，累计落地1.37万台，每年新增用电量11亿千瓦时，相当于替代柴油3.3亿升。发展"综合智慧能源"，加速供给侧与需求侧融合，在安徽省凤阳县小岗村，依托当地太阳能、地热、秸秆等资源，打造生态能源、智慧设施、绿色产业。截至目前，国家电投综合智慧能源开发已覆盖230个县域。

二是助力农村产业扶贫，提升农民获得感与幸福感。以县域开发提升当地产业发展水平，实现农民稳定增收。加速能源网与政务网、社群网"三网融合"，在辽宁省朝阳县打造"集中式风电光伏+现代农业+三网融合"的县域开发模式，推动当地能源生产、供应、服务、消费发生革命性转变。每年增加政府税收1.1亿元，增加就业180人，每年减排二氧化碳208万吨，产生良好经济社会效益。

三是助力农村污染治理，建设美丽乡村。能源供给清洁化、集约化，大幅减少化石能源消费，树立美丽乡村新标杆。截至目前，国家电投县域开发已超330个，力争"十四五"末完成1000个县域开发，实现开发县域新能源超6000万千瓦，碳减排总量超5500万吨，提振县域经济，助力乡村振兴。

勇做攀登者，提升自主创新能力，发展动能更加强劲

聚焦国家科技重大专项，打造自主创新科研平台，探索新型举国体制新模式

一是构建先进压水堆核电站重大专项协同创新体系。国家电投组织全国600多家单位、31000余名技术人员参与，累计形成知识产权成果超

8500项，建成了我国三代核电自主创新平台和产业链供应链体系，"国和一号"自主品牌得到党和国家领导人的肯定。2022年，国务院国资委授牌国家电投"国和一号"产业链"链长"企业，在核电技术引领方面发挥更大作用，在提升产业链供应链水平上发挥引领作用，推动我国三代核电产业链整体水平向世界一流水平跨越，保障国家能源安全。

二是构建重型燃气轮机科研工程化管理体系和跨领域合作团队。国家电投首创以"架构引领、系统集成，科研内核、工程驱动，链条贯通、整体提升"为核心内涵的"科研工程化"理念，构建重型燃气轮机科研工程化管理体系。跨界联合中央企业、地方国有企业、高校、科研院所、民营企业等198家机构组成科研团队，成立重型燃气轮机产业创新联盟，有机链接分散的创新资源。截至2022年底，完成300兆瓦级燃机详细设计，攻克90余项"卡脖子"关键技术，其中30余项填补了国内空白。国家电投掌握完整的重型燃气轮机掺氢改造工程设计方案，开展高比例掺氢燃气轮机改造科研攻关，成功实现30%掺氢燃烧改造和运行示范，为氢燃机自主开发、运行积累了宝贵经验。

三是混合所有制改革筑牢我国能源工业互联网平台建设体制机制基础。国家电投联合14家能源领域国有企业和1家民营高科技企业共同出资组建混合所有制企业——中能融合，凝聚力量，以新型体制建成国家级能源工业互联网平台，覆盖31个省份、跨66家能源国有企业、近4000家能源场站，首次实现能源大数据全方位汇聚，为能源行业数字化、智能化转型升级构筑坚实底座，有力保障国有规模以上发电场站的网络安全。

持续优化科技创新体系，创新成果丰硕

一是构建"宝塔形"科技创新体系。国家电投构建以中央研究院为先导层、12个产业创新中心为主体层、25个技术中心为支持层的"宝塔型"科技创新体系。持续优化产业创新中心管理机制，纳入集团产业管理体系，嵌入管理工作流程。产业创新中心成为专业化发展、技术创新的主要

国家电投国氢科技氢能大巴冬奥保障
国家电投／供图

载体和依托,打通了"面向产业的创新体系和基于创新体系的产业发展"的创新价值链。

二是创新科研成果落地转化体制机制。国家电投每季度组织政策与体制机制创新评审,在全系统内即时激励举措新、成效好、复制性强的创新成果,有效激发各级企业加快科技成果转化的积极性。实施"科技创新成果落地"工资总额单列考核激励,鼓励以技术许可、转让、作价入股等形式推动科技成果转化,创造经济价值。截至2022年底,有17家单位的35个项目通过集团审核,实现经济价值超5亿元,兑现工资总额增量合计844万元。

三是科研成果质量双升。持续加大研发投入强度,从2018年的55亿元增长到2022年的133亿元,年均增长约25%。建成一批高水平国家和省部级科技创新平台,拥有国家级研发机构8个、省部级研发机构21个,科技人员1.6万余人。2019年、2020年、2021年专利授权量分别为718件、1118件、3222件，增幅逐年跃升。2022年获得中国专利金奖1项、银奖1项，排名央企第二，实现发电中央企业历史性突破。

勇做先行者，健全市场化经营机制，企业活力更加澎湃

全面实施任期制和契约化管理，激发经理层价值创造活力

一是以战略落地为导向，任期制与契约化管理全穿透全覆盖。坚持战略导向，将任期制和契约化管理嵌入国家电投"2035一流战略"落地体系。紧紧围绕建设具有全球竞争力的世界一流清洁能源企业战略目标，建立导向明确、运行规范的"战略—规划—计划""计划—预算—考核—激励""双对标、双激励"三位一体战略落地体系，将经理层成员任期制和契约化管理有机嵌入，把中长期战略、五年规划、三年任期及年度计划指标分解落实到每家子企业和每名经理层成员，实现任期制契约化管理纵向全穿透、横向全覆盖。2021年，将战略规划目标分解为873个任期指标，全部由578家子企业和2351名经理层成员签约承接。

二是抓住任期制和契约化管理"牛鼻子"，全面激发经理层的价值创造活力。健全完善任期制和契约化管理制度体系和签约文本，制/修订2项制度文件和30类文本模板，覆盖集团总部、二级单位、三级单位3个层面。明确签约对象不仅包括各级经理层成员，还将董事长、专职党委副书记、纪委书记纳入参照实施范围。明确经理层考核指标突出价值导向和挑战性，个人指标突出差异化和可量化。打出递延支付、任期激励、登高奖励、刚性退出、薪酬索回等一整套"组合拳"，形成科学奖惩体系。坚持业绩导向，实行分类考核，激发价值创造。对资产经营类企业，采用净利润挂挡、利润总额挂钩的工资总额联动机制，引导经理层挑战更高经营目标；对科技创新类企业，聚焦核心技术攻关、重大专项任务、科研成果产出，激励经理层抢抓科技创新落地见效。2021年，申报净利润一档目标企

业占比由 2020 年 37% 跃升至 92%，获得省部级及行业科技进步奖 140 余项，授权专利 3200 余件。

全面推行市场化用工机制，优化配置人力资源，提高全员劳动生产率

一是完善市场化选人用人机制。推动公开选聘常态化，自 2020 年以来，集团公司层面完成了 8 个批次、24 个岗位的高级管理人员公开选聘，其中一半岗位同时面向社会公开选聘；面向系统公开选聘专职董事，全集团 285 人竞聘，最终录用 25 人；面向海外引进"高精尖缺"人才 11 人，引进核能、综合智慧能源等方面紧缺人才 1415 人。二、三级企业公开选聘领导干部和管理人员常态化开展。加大优秀年轻干部培养选拔力度，全系统不针对岗位公开选聘优秀年轻干部，报名人数达到 631 人，两轮面试后 63 人竞争上岗。新进员工 100% 公开招聘。

二是全面优化配置人力资源。实施人力资源优化配置"再出发"专项行动，截至目前，完成传统产业富集员工向新兴产业转移正式员工 12833 人，占传统产业员工总数约 25%。在资产规模、装机规模较 2019 年增长 37.8%、39.3% 的情况下，员工总数基本持平，劳动生产率增长 33.8%，整体用工效率大幅提升。积极开展管理层竞争上岗、不胜任退出。2021 年，集团 11000 余名管理人员不胜任退出率达 4.5%，11 万名员工总体市场化退出率达 2.8%。

系统精准实施中长期激励，有效激发各级子企业动力活力

建立系统精准的中长期激励体系。对国家重大专项实施全周期专项激励，在工资总额内单列，激励总额超 4 亿元。在中能融合、国氢科技、明华电力三家科技型企业实施股权激励，在中国电力、上海电力两家上市公司实施股票期权激励，在绿电交通、综合智慧能源、核技术应用等 10 多个项目探索实施跟投机制。推行"专项奖励、即时激励"制度，激励"关键人物在关键阶段取得关键性突破"。2021 年，共激励 1060 个项目近 18000 人，激励总额达 2.4 亿元。

勇做守卫者，构建大监督体系，企业监管更加有效

顶层推动，创新监督治理体制机制

国家电投纪检监察组牵头协同党建部、审计部等13个大监督成员部门，压实各自在大监督格局中的监督职责，制定《构建大监督格局实施意见》等制度，构建包括"1个平台、2个载体、3张清单、4项机制"的成员大监督工作体系，形成了统一指挥、全面覆盖、各负其责的工作格局，建立起党内监督为主导、各类监督协同贯通的工作局面。

协同共进，贯通各类监督协调统一

推进业务相近部门打"组合拳"，开展"1+N"协同监督，一个部门牵头、多个部门协同配合，强化由"单兵作战"向"协同共进"转变。定期召开联席会议，研究监督内容、监督方式、时间进度、资源保障等，推动协同有效有序。国家电投监督检查总量逐年下降，近三年平均下降20%；协同监督数量逐年上升，2022年协同监督占监督检查总量比例达到85%。

共享信息，促进监督信息互联互通

建立信息共享平台，开发大监督信息管理系统，实现监督全过程共享。共享监督成果，完善巡视、审计、纪检监察信息互通机制，强化成果运用，审计部门对资产损失、违规决策等进行追责问责，纪检监察组对涉嫌违纪违法的问题进行查处，形成齐抓共管合力。2021年，大监督发现问题3235个，移交问题线索137件，追责问责38人次，增强了大监督的权威性和有效性。

聚焦重点，提升监督效率效果

聚焦权力运行各个环节，管好关键人、管到关键处、管在关键时，以党中央决策部署、集团公司战略落地和高风险领域为重点，以制度和问题整改为主线，以严肃追责问责为抓手，强化政治监督，聚焦关键少数，紧盯重点领域，狠抓制度和问题整改，严肃追责问责，监督工作效率效果不断提升。

国家电投改革推进会
国家电投／供图

督察督办，保障改革措施落地落实

紧盯会议行动项、监督计划和问题整改不放，各部门按照监督职能联合督办、联合验收，确保真改实改，改出成效。2021年，共督办两次大监督联席会议行动项11项，党组领导牵头任务8项，各部门牵头任务32项，具体整改任务100余项，保证了整改效果。

国家电投将继续全面贯彻落实党的二十大精神和党中央、国务院的各项决策部署，踔厉奋发，勇毅前行，持续深化国资国企改革，奋力在"新型能源体系"中展现新作为，竭力在"能源新格局"中阔步新征程，加快建设具有全球竞争力的世界一流清洁能源企业，为全面建设社会主义现代化国家贡献国家电投力量。

8

优化治理结构　创新驱动发展
探索新时代中国民族汽车品牌跃迁之路

中国第一汽车集团有限公司

中国一汽牢记习近平总书记 2020 年 7 月 23 日视察中国一汽时的殷切嘱托，胸怀"两个大局"、心系"国之大者"，始终把深化改革作为推动高质量发展的关键一招，以改革厚植深层优势，沉淀发展后劲。全面落实"两个一以贯之"，着力优化治理结构，提升治理效率，创新实施总部运营红旗；持续深化"四能"改革，压实内部市场化经营机制，以"干部能上能下"引领带动"薪酬能高能低、员工能进能出、机构能增能减"，创新共建共创共担共享机制，着力激发组织和员工活力；全面实施创新驱动发展战略，着力"掌控关键核心技术""树立民族汽车品牌""打造世界一流企业"，加快实现高水平科技自立自强，创造了红旗品牌 5 年增长 65 倍的汽车产业奇迹，努力探索一条新时代中国民族汽车品牌跃迁发展之路。

中国第一汽车集团有限公司（以下简称"中国一汽"）是国有特大型汽车企业集团。前身为第一汽车制造厂，是国家"一五"计划重点建设项目之一。1953年奠基，1956年建成投产并制造出新中国第一辆卡车（解放牌），1958年制造出新中国第一辆小轿车（东风牌）和第一辆高级轿车（红旗牌）。中国一汽的建成，开创了新中国汽车工业的历史。

经过近70年的发展，中国一汽建立了东北、华北、华东、华南、西南五大生产基地，构建了全球化研发布局，拥有红旗、解放、奔腾等自主品牌和大众、奥迪、丰田等合资品牌，已成为年产销300万辆级的国有大型汽车企业集团，产销规模位列中国汽车行业第一阵营。2022年，中国一汽以营业收入7388亿元，位列世界500强央企排名第79名。中国一汽作为"共和国汽车工业长子"，充分发挥了国企在中国汽车行业的"压舱石"作用。

国企改革三年行动以来，中国一汽认真学习贯彻习近平总书记关于国有企业改革发展和党的建设的重要论述精神，全面落实党中央、国务院重大决策部署，大刀阔斧推进国企改革三年行动，系统谋划、精心组织、上下联动、立体施工、狠抓实效，瞄准建设产品卓越、品牌卓著、创新领先、治理现代的世界一流企业方向，着力构建中国特色现代企业制度，深化改革不断闯关破局，取得显著成效，在2021年度央企改革三年行动专项考核中获评A级，被国务院国企改革领导小组选树为央企改革典型。2021年6月4日，国务院国资委在中国一汽召开中央企业改革三年行动推进会，高度肯定了中国一汽改革发展、自主创新取得的成果。

聚焦优化治理结构、提升治理效率，推动中国特色现代企业制度更加成熟定型

中国一汽坚持在完善公司治理中加强党的领导，把建立权责法定、权责透明、协调运转、有效制衡的公司治理机制作为推动改革、实现发展的

8 中国第一汽车集团有限公司

2021年6月4日,国务院国资委在中国一汽召开中央企业改革三年行动推进会,总结工作成效,推广改革经验,以典型示范带动改革深化
苑激刚／摄

必要前提,着力构建法人内部治理新机制。

全面落实"两个一以贯之",大力推进"四化"

坚持党对国有企业的领导是重大政治原则,是企业高质量发展的根本政治前提。中国一汽紧紧围绕坚持和加强党对国有企业的领导,大力推进"四化",即地位作用法定化、交叉任职制度化、权责边界清单化、决策程序规范化,实现了党的领导有机融入公司治理。在地位作用法定化上,把党建工作总体要求纳入公司章程,全资企业限时无条件纳入、控股合资(合营)企业依法引导谈判纳入、相对控股企业牵头协商确保纳入,所属78家企业全部完成章程修订。在交叉任职制度化上,制定《高级经理管理规定》《子公司董事会及董事管理规定》,对"双向进入、交叉任职"做出组织化、制度化、具体化安排；有计划、分步骤，实现所属企业班子成员交叉任职到位。在权责边界清单化上，修订《集团公司总部"三重一大"事项及其决策机制》，进一步厘清各治理主体权责边界，划清各治理主体研究讨论重大经营管理事项范围，在制度上规定董事会决策42项、经理层依据授权决策28项、党委决定党的建设等方面32项、前置研究讨论45项，做到各治理主体不缺位、不越位。在决策程序规范化上，明确党委全会、党委常委会、董事会和经理层"三会一层"决策机制和议事规则，在规范公司章程的基础上，动态审视治理制度的规范性、有效性，建立健全《董事会议事规则》《党委全体会议、常委会会议议事规则》《总经理办公会议事规则》等治理制度，搭建"系统完备、务实管用"的制度体系，为治理体系规范高效运行提供坚实制度支撑。

加强董事会建设，实现规范有效运行

持续完善公司治理机制，加强董事会建设和规范运行，充分发挥各治理主体作用。中国一汽强化董事会建设顶层设计，构建完善以《董事会议事规则》为核心、以《董事会授权管理办法（试行）》等6项制度为基础的"1+6+N"董事会运行制度体系，有力保障董事会功能作用有效发挥。强化外部董事智库作用发挥，建立"三开放、三交流"机制，强化外部董事与经理层、业务部门、分/子公司的交流，务实开展基层调研及战略务虚研讨，建立董事意见建议跟踪台账，实现外部董事意见建议100%反馈，整改措施100%落地。强化董事会会议决策效能，严格执行党委常委会前置把关、专委会提供咨询和决策建议、董事会集体审议、独立表决、个人负责等决策制度，依法依规科学决策，有效防范经营风险。强化子企业董事会规范化建设，出台《加强子企业董事会建设工作方案》《子企业董事会工作规则》等系列文件，构建并动态调整子企业外部董事人选库，14家重要子企业全部完成董事会建设和落实董事会职权工作。强化董事会授权管理，制定《董事会授权管理办法（试行）》，明确授权事项清单、权限划分标准等关键要素，重要子企业完成前置研究讨论重大经营管理事项清单修订，实现了对总经理科学规范授权，支持经理层高效履职。强化董事会运行管理与评价，建立并实施"六看"督导机制，从"看基础信息、看制度建设、看权责落实、看会议运行、看服务支撑、看综合报告"6个维度，细化20项80条子企业董事会建设及运行的督导检查要点，确保各项职权落得下、接得住、行得稳。

优化组织架构，实施分级分类管控

在管理体制改革上突出管干结合、分类管控，正确处理"管""放""督"的关系，确保责权利对等平衡。中国一汽坚持管干结合，基于扛起"红旗"的政治担当和汽车产业发展的迫切要求，确定总部是核心自主品牌的运营者和其他业务的战略管理者，把最困难、最重要和最迫切的红旗品牌振兴作为第一要务，由总部直接运营红旗，发布新红旗品牌战略，聚向发力、重点突破，奋力走出一条新时代自主品牌创新发展之路。通过调整定位、优化总部功能，中国一汽既解决了红旗品牌不强、自主创新能力弱的问题，又致力转变总部"机关化"倾向，更提升了集团"管"的能力和"管"的权威。实行分类管控，进一步厘清总部与子企业之间权责界面，实行充分授权、充分监管，该下放的下放到位、该监管的监管到底，实现了各业务单元研产供销一条龙、责权利统一，有效强化了各业务单元的市场主体地位。中国一汽坚持"服务战略、协同共赢、权责对等、风险可控"和"日常经营充分授权"原则，建立差异化管控清单，总部直管子企业由14家扩大至37家，关键职能领域管控与授权事项由122项增加到220项。精简、优化和明确总部职权，下放、完善和明确分/子公司自主经营决策权，加强总部在人事、财务、投资等职能领域148项重要事项上的集中领导和直接指导，有效识别化解经营风险。强化赋能与监督，持续优化集团职能部门数智化建设，中国一汽及时掌握子企业日常经营数据，动态分析子企业经营状况，正常时实施常态化监督，异常时及时提供管理服务及技术支持；定期对重点授权事项的适度性、充分性及行权效果进行整体评估，"一企一策"有序调整。

中国一汽红旗繁荣工厂总装车间,全自动机器人实现蓄电池自动安装
王雷／摄

加快业务优化和结构调整,大力推进科技创新,壮大中国汽车产业的竞争实力

在产业开放的大背景下,中国一汽紧紧围绕树立民族汽车品牌,深入推动创新驱动发展战略,引领高质量发展和转型升级,努力探索新时代中国民族汽车品牌跃迁发展之路。

强化战略引领,积极探索汽车产业创新发展道路

深入研究全球汽车产业"颠覆式"转型的大环境和国有企业运行的基本规律,制定实施中国一汽"十四五"发展规划纲要,紧扣企业实际,坚定打造世界一流企业、开创新时代中国汽车产业创新发展新道路的发展愿景,阐明构建创新能力、价值创造能力、管理能力、员工发展能力和党建能力等核心能力的奋斗目标、重点途径和主要措施,推动主责主业更加突出、业务布局更加科学、转型发展更加有力。中国一汽高效落实"3341"行动计划，利用三年时间，在自主整车、合资整车、新型服务三大主营业务领域实施"龙腾""虎跃""飞马"三大行动，全面推进移动出行、海外、零部件、金融、物流等关键新型服务业务，有力支撑集团整车发展，掌控核心能力和关键零部件资源。

以品牌建设为统领，坚定实施民族品牌发展战略

中国一汽坚持以"红旗"发展为标杆，进一步明晰民族汽车品牌加快进军世界一流品牌的战略规划，着力把红旗打造成"中国第一、世界著名"新高尚品牌，把解放打造成"中国第一、世界一流"商用车品牌，把奔腾打造成中国新锐主流乘用车优秀品牌。2021年，红旗品牌实现销量30万辆，同比增长超过50%，增速10倍于行业平均水平，创造了新时代高端汽车品牌跃迁式发展的奇迹。

坚持以用户为中心，着力提升产品和服务质量

中国一汽把满足新时代消费者对"美妙出行、美丽体验、美好生活"的追求作为产品研发制造、营销服务的目标，持续扩大卓越产品规模，以高质量供给引领和创造新需求。红旗品牌成功投放 H9、E-HS9、全新 H5、HQ9 等明星产品，解放品牌成功投放 J6P（氢燃料）、鹰途、J7（燃料电池）等拳头整车产品，奔腾品牌成功投放 B70、B70S、NAT 等新产品，不断满足市场需求。全面落实"一切以用户为中心"和"一切为了用户，一切服务于用户，一切谦敬于用户"理念，打造红旗"心服务"品牌、解放"感动服务"品牌、奔腾"管家式服务"品牌，聚焦用车全旅程打造车主生态、创造愉悦体验，不断提升用户满意度、推荐度、传播度。

全力推动制造技术创新，打造世界领先生产基地

中国一汽准确把握产业发展趋势，先后建成红旗繁荣工厂等一批现代化、智能化、绿色化标杆工厂，用一流技术打造高品质产品。其中，红旗繁荣工厂仅用不到14个半月时间就完成了从虚拟工厂设计到实际工厂建设的跨越，树立了"创新工厂、智能工厂、环保工厂"的标杆典范，各项智能、品质、环保指标均达到全球领先水平。搭建基于 5G 网络的工业互联网平台，以高品质、柔性智能化制造技术和质量过程保障能力支撑整车产品竞争力，关键质量参数监控 100%，关键工序防错 100%，点焊自动化率 100%。广泛应用低碳节能技术，采用免中涂等低碳工艺、全覆盖式能源管控系统等，实现节能降碳 15%。

加速产业布局，一体化构筑转型发展先发优势

中国一汽大力发展战略性新兴产业，全力打造以新能源智能汽车产业链为核心链，融合新型消费链、智能绿色出行链、智慧能源链、新基建链于一体的"五链"未来型智慧绿色城市汽车生态系统。抓住振兴东北的历史契机，中国一汽坚持"优势互补、市场主导、互利共赢、共谋发展"，加强与属地政府的深度合作，开展产业（整车、零部件）、产品、技术、研发、人才等领域的广泛合作，形成共享、共创、共建、共赢的新发展格局。积极打造产业集群，加快推进奥迪一汽 PPE 项目、一汽中车电驱合资公司项目等重点项目，着力打造新能源智能网联产业发展新生态，加速布局新能源充电桩、5G 基站等新型基础设施。截至 2022 年 10 月，"旗 E 春城 绿动吉林"项目，共上线运营红旗品牌换电版车型 12742 台，累计建成换电站 74 座，拉动衍生配套投资 30 亿元，助力省域经济实现绿色化、数字化、智能化转型发展。

全面创新驱动，加大关键核心技术攻关力度，高水平科技自立自强取得新突破

关键核心技术对推动高质量发展、保障发展安全具有十分重要的意义。中国一汽坚决贯彻党中央创新驱动发展战略，充分发挥企业创新的主体作用，努力推动中国汽车产业实现高水平科技自立自强。

强化顶层设计，大力培育自主创新能力

围绕树立民族汽车品牌，成立中国一汽技术（科技）创新委员会，强

化集团总部对技术创新的统筹管控，自 2020 年发布"阴旗技术发展战略"以来，每年从技术趋势、政策引导、产业发展、企业愿景等方面综合分析规划环境，滚动更新技术发展战略。2022 年 5 月，发布"创新·2030 中国一汽阴旗技术发展战略 R.Flag1785"，并构建"1+12+X"全球研发布局和技术创新体系，倾力打造汽车产业八大核心技术集群，努力实现技术创新能力整体突破。确立技术创新"崭新独创、全球首发""自强自立、合作共赢"的基本原则和产品创新"极致梦幻、秒杀惊艳"的根本要求，构建全球研发布局和技术创新体系，用好用足国际国内技术资源，建设新能源智能汽车现代产业链。与国内顶尖研究单位共同成立协同创新实验室 38 个、基础研究应用实验室 5 个，构建形成科技创新新生态。

实施重大专项技术攻关，着力突破关键核心技术

中国一汽牢记习近平总书记"关键核心技术要掌握在自己手里"的重要指示，深入落实国家科技体制国企改革三年行动计划，加快突破"卡脖子"难题，大力实施重大专项技术攻关计划。国企改革三年行动以来，累计突破关键核心技术 199 项；红旗超级电动智能平台架构、国内首款高效率氢气缸内直喷发动机等 30 余项技术达到国际先进水平。持续加大创新投入，2022 年研发经费投入强度达到 3.1%，自主品牌超过 6%，其中红旗品牌达到 11%，居行业前列。中国一汽获批新能源汽车及智能网联汽车原创技术策源地和新能源智能汽车现代产业链"链长"单位。

加快科技成果转化应用，推动技术成果产业化落地

科技自立自强为中国一汽产品创新、转型升级提供了强大技术支撑，一批明星产品成功投放市场。红旗 L4 级自动驾驶车辆已在海南、长沙示范运营，满分通过北京市自动驾驶商运牌照考试；解放 J7 达到 L4 级自动驾驶水平，在日照港、苏州高铁新城等固定区域实现商业运营；协同航天科技成功研制首辆国产雪车，实现国产雪车"零"的突破。2022 年，在电动化、智能网联化等八大技术领域，红旗已经突破 75 项关键核心技术，成为单一品牌专利公开量、授权量 2021 年、2022 年连续两年名列第一的

在中国一汽红旗繁荣工厂,一辆红旗 E-QM5 驶下装配线
王雷/摄

中国汽车品牌,为高质量发展提供了澎湃动力。

深化研发领域激励机制,创新多元激励模式

中国一汽聚焦创新成果和人才成长,进一步加大对核心人才薪酬激励力度,启动实施"五金"激励计划,全年投入 4000 万元工资总额,覆盖 10% 以上核心人才,撬动"1025"专项等 16 项研发任务高质量完成,激励新"5+5"化等前沿技术快速研究应用。中国一汽以"项目效率、效果双增长,人员能力、收入双提高,体系数智化、市场化双提升"为目标,以造型设计院为试点,创新"揭榜挂帅""工资包干"的市场化激励约束机制,构建"项目主战、专业主建、横连纵通"的项目管理体制,打破了部门壁垒，极大提振了员工队伍的创造性和积极性，项目通过率和工作效率大幅提升，效果图一次评审通过率提高 19 个百分点，员工薪酬年均增长 18%，项目负责人等核心关键人才薪酬年均增长 37%。

持续深化"四能"改革，压实内部市场化经营机制，着力激发动力释放活力

2017 年，按照"事业为上、人岗适配、双向选择、量才录用"的原则，中国一汽实行管理人员"全体起立"的岗位竞聘，以"干部能上能下"引领带动"薪酬能高能低、员工能进能出、机构能增能减"。2020 年，按照"以成效看担当、以实绩定去留"原则启动新三年竞聘，分别有 2.8 万人、2.9 万人参与岗位竞聘，1714 人、391 人进入人岗匹配中心。三年来，管理人员通过竞争上岗方式聘任 379 人，占新聘任管理人员比例达 61.9%。

紧盯"关键少数"，干部队伍活力持续增强

一是扎实推进经理层成员任期制和契约化管理。中国一汽按照"先定目标再选人、先接目标再上岗"的原则，围绕"经营业绩、担当作为、党建质量、班子合力"四个方面、九个维度建立量化评价模型，常态化实施高级经理人员任期管理。上岗高级经理全部签订市场化管理承诺书，约定三年任期，用成效看担当，以实绩定去留。

二是实施年轻干部"希望之星""成长之星""双星"培育工程。中国一汽每年选拔百名有信仰、有能力、有潜力的优秀年轻干部配置到"高一格"岗位历练，开展伴随式日常考核、期满考核，对工作中表现优秀的其他后备干部大胆提拔使用，充分调动整体后备干部队伍积极性。

三是实施年轻干部代理负责机制。中国一汽将政治素质好、业务能力强、工作业绩优、日常干劲足的干部放到急需岗位代理锻炼，代理期满经审视合格的正式上岗，不具备提拔条件的视情况调整或退出。三年来，共有 60 多名代理人员正式任职，有效支撑了企业经营发展。

四是坚决推行不胜任退出机制。中国一汽以"月季年"考评循环、阶段性履职审视为抓手，建立常态化、穿透式、高频次过程审视，实施"红蓝黄榜"月月评。三年来，集团直管高级经理累计64人免职降职、转专业序列、负责专项工作或自愿退出。

实施人才强企战略，内培外引强化人才队伍建设

一是发布中国一汽"擎·才"人才战略。中国一汽坚持创新是第一动力、人才是第一资源。明确到2025年，构建"百、千、万"级科技创新人才梯队，集聚100名以上汽车行业战略领军人才、1000名一流顶尖人才和30000名卓越工程师人才，着力培养造就"数量翻番、能力过硬、成果倍增"的创新主力军。

二是探索多元化人才引进模式。中国一汽聚焦智能网联、新能源、数智化等新业务领域，实施"探针计划"，精准靶向猎取高精尖人才1600余名；开展"红旗校园行"等品牌宣传活动，精准储备"新、智、软、材、化、数"专业学生1900余人；以"中国一汽H计划"为载体引进海外高层次人才7人；借助中国一汽"1+12+X"高地建设，打造"旗才共通、旗智共用、旗创共享"的人才共通共用机制，持续营造"近悦远来"人才生态。

三是实施高层次科技人才培养。中国一汽采取"训+战"结合、联合创建"红旗学院"、大力推进产学研深度融合、工程硕博士联合培养等方式，加速人才成长和梯队建设。

创新共建共创共担共享机制，充分激发组织和员工活力

一是以绩效考核为指挥棒。中国一汽精准分类，全面实施"以客户为中心"的考核体系，压实经营责任，突出创新驱动，直击痛点难点，强化底线约束，穿透分解、全员覆盖，严格季度回顾、半年评价、年度考核循环评价，营造"人人肩上扛指标"的浓厚氛围。

二是以薪酬分配为杠杆。中国一汽强化目标导向，以业绩定薪酬，"一企一策"，采取利润分成、阶梯薪酬、任期激励、股权分红等多种激励模式，实现高目标高薪酬、低目标和完不成目标的低薪酬，高目标和低目标收入差距最高达 1.4 倍；强化价值导向，以价值定薪酬，对价值贡献大、市场竞争强度大的研发、营销等领域实施高激励高约束，其他领域适度激励约束，奖罚分明，拉开分配差距，同一职级收入差距最高达到 2.1 倍；强化创新导向，以创新水平定绩效和奖励，实施红旗板块考核激励一体化改革，构建"以用户为导向的考核机制、随价值创造联动的工资包切块机制、多干多得导向的薪酬分配机制"，助力红旗经营目标达成、产品高效高质投放、数智化转型成功；强化技能导向，全面推进惠及 8 万多名技能员工的改革，系统构建技能员工发展、赋能、评价和激励体系，拓宽职业发展通道，实现凭技能晋升涨工资、靠业绩调薪、挣奖金。

三是全面落实"惠员工"战略。中国一汽践行"以人民为中心"理念，做实中国一汽先锋文化思想引领，打通员工职业晋升通道，畅通"员工心声吧"等诉求渠道，创建员工成长关心卡、员工健康关爱卡、员工生活关怀网"两卡一网"数字服务平台，画好企业和员工共同发展最大同心圆。

树牢"最大政绩"意识，以高质量党建统领高质量发展，引领保障企业改革发展行稳致远

坚持党的领导、加强党的建设，是国有企业的"根"和"魂"。中国一汽认真贯彻党中央全面从严治党战略部署，全面夯实党建工作基础，创建"中国一汽·先锋党建"品牌，打造"1+10+100"党建品牌矩阵，发布中国一汽先锋文化理念，实施精神文化提升工程，红色基因底色愈加鲜明，红色引擎作用更加强劲。

坚决把政治建设摆在首位

中国一汽强化"第一议题"制度，坚持把学习贯彻习近平总书记考察一汽集团重要讲话精神与学习贯彻习近平新时代中国特色社会主义思想、巩固拓展党史学习教育成果等有机结合，进一步增强贯彻落实的全面性、

系统性和针对性。落实"惠员工"战略，构建"两卡一网"数字服务平台，畅通员工成长通道，深化"我为群众办实事"实践活动等，员工薪酬逐年提升，成就感、获得感、幸福感持续增强。

推动党建与生产经营深度融合

聚焦生产经营重点难点，压茬开展党内主题实践活动。2022年，中国一汽各级党组织书记立项攻关1600余项、全体党员立项2.77万项，先锋作用有力彰显，极大激发了广大干部职工奋斗奋进激情热情；2022年上半年，"全员创新"提案已突破30万条，"全员宣传"传播量超8.2亿人次，"全员营销"累计销售红旗品牌车型1.2万台、各品牌车型1.8万余台，以实干实绩促进经营业绩提升。

全面夯实党建工作基础

建立完善明责、履责、考责、问责"四位一体"党建责任体系。中国一汽制定《集团公司落实全面从严治党主体责任和监督责任实施办法（试行）》，细化形成集团公司党委、党委常委、基层党委、总部职能部4项重点任务清单，将生产经营重点任务内嵌于对党组织和党员的工作要求。建立集团党委、党委常委履责"五个一"循环机制，贯穿年度、半年度、季度、月度及不定期全过程，确保任务落实落地。优化党建考核办法，突出党建促经营效果，从规范性、创新性、有效性三个方面实施科学评价、精准画像，考核结果与经营业绩考核结果衔接、与企业领导人员薪酬奖惩挂钩，切实划出党建考核硬杠杠。

"整个制造业的竞争很激烈，有危更有机，在一汽我们就看到了这样的一个前景。你们今年的发展，风景这边独好。"2021年7月23日，习近平总书记站在一线工人和技术人员中间，对中国一汽的发展给予了充分肯定和积极评价。

改革是出路，改革是活路，改革是大路。中国一汽深入实施国企改革三年行动，改变了原来老国企因循守旧的固化思维和陈腐观念，构建了以用户为中心、以产品为主线的管理架构和研发体制，实现了振兴民族汽车的创造性变革，建立了不养懒人、闲人、庸人，取酬凭贡献、晋升看业绩的市场化激励机制，有效激发了干部员工冲锋担当、迎难而上、开拓创新的精气神，高质量发展取得阶段性成果。

一是生产经营迈上新台阶。尤其是面对芯片严重短缺、新冠疫情反复、原材料能源价格上涨、错峰限电等严峻困难形势，中国一汽迅速行动、迎难而上，难中求稳、稳中求优，保持了"风景这边独好"的发展势头。2022年实现整车销量320.2万辆；利润495亿元，同比增长2.7%；全员劳动生产率143.5万元/人，同比增长11.6%。

二是自主品牌取得新进步。在打造"中国第一、世界著名"高端汽车品牌的目标下，红旗品牌经过五年多的努力和奋斗，已实现销量高达65倍增长，2022年品牌价值达1036.08亿元，位列国内乘用车自主品牌首位，站稳中国市场高端品牌领先位置，创造了中国汽车产业乃至全球汽车产业高端品牌发展奇迹。解放品牌实现中重卡销量全球"五连冠"，重卡销量全球"六连冠"。奔腾品牌完成组织优化和资产整合，发布新品牌战略，正加速以全新体制、全新架构实现跃迁式成长。

三是科技自立自强实现新突破。近三年累计突破关键核心技术328项，获得国家、省部和行业级科技进步奖48项，专利公开量、授权量位于行业第一。其中，通过"1025"攻关专项，掌握智能感知控制等9项技术，填补国内空白，攻克高功率燃料电池发动机等19项技术，打破国外垄断。"红旗系列乘用车的研发和应用项目"荣获第二十届全国质量奖卓越项目奖。

四是体系化、数字化建设取得新成果。创建了一套全球比较领先的管理体系和数字化体系，业务运营效率大幅提升，其中产品研发周期缩减6个月以上，生产准备周期缩减6个月，订单交付周期缩短26%以上，营销费效比提高约30%，管理效率提升30%以上。在一些领域，开始逐步向合资企业导入创新的管理理念和管理方法。

五是员工队伍获得感、成就感、幸福感得到新提升。一批优秀干部得

2021年12月14日，一汽解放J7整车智能工厂落成投产仪式在长春隆重举行。新落成的智能工厂为一汽解放高端制造与产业升级按下加速键

苑激刚／摄

到重用，年轻干部占比由2020年的19.4%提高到目前的25.2%，一大批优秀人才脱颖而出，并引进部分急需关键人才加盟一汽事业。业绩突出的员工得到物质、精神、发展等方面的积极回报，三年来员工薪酬年均增长4.9%。

六是全面从严治党得到新强化。中国一汽将党中央重大决策部署和习近平总书记视察一汽重要讲话精神作为工作遵循、纳入发展规划、予以坚决落实。党史学习教育深入人心，各级班子和党员干部政治判断力、政治领悟力、政治执行力显著增强，风清气正政治生态持续巩固，干部员工精神面貌展现新风采，企业展现出前所未有的进取风貌和奋进姿态。

下一步，中国一汽将继续坚持以习近平新时代中国特色社会主义思想为指导，深入学习贯彻党的二十大精神，认真贯彻落实党中央、国务院重大决策部署，持续深化国企改革，加快高质量发展步伐，为打造世界一流企业、开创新时代中国汽车产业创新发展的新道路，为全面建设社会主义现代化国家、全面推进中华民族伟大复兴作出新的更大贡献。

9

全面构建集分权体系
完善市场化选人用人机制
闯出老国企涅槃奋起之路

中国一重集团有限公司

中国一重坚持以习近平新时代中国特色社会主义思想为指导，以习近平总书记两次视察中国一重重要讲话精神为指引，坚决贯彻落实党中央、国务院重大决策部署，全面深入推进国企改革三年行动。通过始终坚持党对国有企业的领导、始终推进解放思想转变观念改变作风、始终坚持改革创新争创一流、始终依靠职工办企业、始终注重全面从严治党，现代企业制度不断健全，集分权体系全面构建，各治理主体25类职权集、分、授、用有效运转；科技创新体制机制改革日趋深化，替代进口为国家节省资金超过1000亿元；市场化选人用人机制持续完善，压减职能部门47%，压缩定员21%，缩减中层干部40%；强激励硬约束深入人心，子企业董事长、经理层、党务岗位100%实行任期制契约化管理；人才政策加速落地，出台人才新政47条，人均收入增长29.91%。通过国企改革三年行动，企业实现了精神面貌的"嬗变"、发展动力的"质变"、治理能力的"迭变"、攻坚力量的"聚变"和规模效益的"跃变"，闯出了一条老国企涅槃奋起之路，树立了一面鲜明的改革旗帜。

党的二十大高举中国特色社会主义伟大旗帜，全面贯彻习近平新时代中国特色社会主义思想，系统阐述了新时代坚持和发展中国特色社会主义的重大理论和实践问题，科学谋划了未来一个时期党和国家事业发展的目标任务和大政方针。其中，对于国有企业改革发展工作，党的二十大报告作出了"深化国资国企改革，加快国有经济布局优化和结构调整，推动国有资本和国有企业做强做优做大，提升企业核心竞争力"的重要部署，提出了"完善中国特色现代企业制度，弘扬企业家精神，加快建设世界一流企业"的明确要求，强调"推进国有企业、金融企业在完善公司治理中加强党的领导，加强混合所有制企业、非公有制企业党建工作"。高质量发展是全面建设社会主义现代化国家的首要任务，为国有企业进一步深化改革指明了方向。

近年来，中国一重集团有限公司（以下简称"中国一重"）充分运用习近平总书记给出的"深化改革"关键一招，按照国务院国资委全面深化改革部署，高质量落地深化国企改革三年行动及"综合改革试点""双百行动""科改行动"等改革任务，以解放思想破题、以搞活机制立题、以创新发展解题，做到学习宣传贯彻全方位、"三级"改革行动方案全覆盖、重点任务"挂表督战"全过程，实现因改而变、因改而兴，扭转效益滑坡、连续三年亏损的困境，彻底改变了国有企业管理粗放、效率低下等突出问题。三年来，中国一重利润总额增长422.84%，净利润增长424.52%，营业收入增长209.92%，营业利润率上升2.57个百分点，人均收入增长29.91%。在2021年度中央企业改革三年行动重点任务考核中获得A级，中央企业党建工作考核连续4年获得A级，被评为"国有企业公司治理示范企业"，闯出了一条老国企涅槃奋起之路，树立了一面鲜明的改革旗帜。

抓治理、明权责，不断健全现代企业制度

一是党的领导融入治理。印发《关于在完善公司治理中加强党的领导的实施意见》，制定党委研究讨论重大事项决定清单、前置研究讨论重大

9 中国一重集团有限公司

中国一重是毛主席提议建设，周总理誉为"国宝"、习近平总书记称之为"中国制造业的第一重地"的国家重点工程项目。图为中国一重全景
中国一重／供图

经营管理事项清单及研究讨论程序清单 3 项清单，明确在完善公司治理中加强党的领导 18 条具体路径。不同层级、不同类别子企业也结合实际制定了前置研究讨论清单等，厘清各治理主体权责边界。

二是制度体系持续健全。不断完善法人治理制度体系，制定《集分权手册》，对公司层面 25 项职权进行划分，明确落实党委常委会 35 项前置讨论事项和 15 项直接决定事项、董事会 51 项决策权和经理层 83 项管理权，直属单位全面构建集分权体系，切实做到"集权有道、分权有序、授权有章、用权有度"。制定《股东代表及派出董事监事管理办法》，通过加强对股东代表、派出董事监事的管理，保障出资人权益。

三是授权管理逐步深化。所属 19 家应建董事会子企业全部建立了外部董事占多数的规范董事会。按照分批分期授权原则，稳妥推进落实子企业董事会 6 项重点职权，根据子企业性质、董事会设置及规范运作情况，在 4 家重要子企业全部纳入实施范围的基础上，扩展到全部二级子企业、改革专项工程企业，纳入第一批实施范围子企业数量占建立董事会子企业的 58%。切实加强外部董事队伍建设，制定《外部董事人才库管理办法》，遴选第一批 47 人、第二批 16 人入库。

谋创新、担使命，破题科技创新体制机制改革

一是改革科研管理体系。坚持需求导向、精准立项，完善政策研究与科技信息调研体系，制定《市场调研管理制度》《科技信息评价办法》等，为研判技术发展方向和科技立项决策提供依据，根据国家战略和市场需求签订科研合同。

二是推进科研内部市场化。"科改企业"天津研发推行课题负责人"竞聘制""承包制""组阁制"，在技术路线、绩效考核等方面为课题负责人赋权，2020年以来累计48项课题实施了公开竞聘；"双百企业"大连工程技术突出科技成果转化，实行风险抵押、项目分红制和"摘标＋竞标"模式，冷轧十八辊连轧机组项目7人团队拿出50万元竞标摘标，"新型工作辊弯辊及横移装置项目"等分红84万元。

三是构建"4461"动力机制。强化4级（集团、子企业、子公司、制造厂）联动创新，协同优化配置各类创新资源，实现重大科研项目精准突破。近年来，公司承担的重大科研项目全部完成攻关任务，其中2项国家重大专项分别提前3个月和51天完成。发挥4类（大国英才、大国工匠、首席技术专家、首席技能大师）人才作用，扎实开展"大国""首席"三级津贴机制（公司级、子公司事业部级、制造厂级），公司级累计评选36人，每年享受12万元、6万元、4.2万元补贴。组建6类创新工作（活动）室152个，凝聚各类创新人才3200余人，完成创新课题1098项。开展"百万一重杯"劳动竞赛，每年拿出数百万元专项奖励资金，激励专业技术、技能人才岗位建功。

党委管、市场选，完善市场化选人用人机制

一是建立科学规范的制度保障机制。搭建"人事制度改革文件库"，

先后制定《市场化选聘管理暂行办法》《全面推行子企业董事长和经理层市场化选聘契约化管理的实施意见》等管理办法和配套制度。建立公开招聘评委库，创新运用"5+2"（外部评委5人、内部评委2人）半结构化评聘模式，确定10个竞聘环节、9个参与主体，有效落实企业党委在确定标准、规范程序、参与考察、推荐人选等方面发挥领导和把关作用。

二是建立权责对等的管控授权机制。开展管控模式设计与组织结构优化工作，"拆庙"压"编"，确定了总部"战略＋战略运营"差异化管控模式，建立扁平化、精简化的组织机制，撤销各级管理机构187个，压缩定员2355个，占在岗职工总数的21%。总部职能部门从19个压减至13个，再压减到10个，编制减至87人。同时，加快转变职能、精简审批事项，按照精干高效和扁平化原则，通过简政放权切实保障经理层责权利统一对等，为推行经理层成员任期制和契约化管理打牢基础。

三是建立市场决定的干部配置机制。除党务岗位外，原则上所有岗位的"上下进出"全部通过市场决定。先改"主席台"，再改"前三排"，通过股份公司一次性集中公开招聘3名高管，打破重要领导岗位由组织推荐产生的惯例，强化市场化用人高层示范"风向标"。在3个月时间里，顺利完成集团总部、直属单位领导班子和一般员工分层分类全部起立竞聘上岗，中层干部由原来的320人缩减至192人，减少比例达40%，彻底改变了多年来干部不犯错误就很难下来的局面，实现了干部真"下"。

强激励、硬约束，实施任期制契约化刚性管理

一是全面推行三年任期制。各层级领导干部100%实行任期制管理，市场化选聘不仅适用于经理层，还拓展到子企业董事长，党务岗位也不是"保险箱"，干部不再是"终身制"，一选到底、一用到底，全部三年一个任期，到期重置归档，根据任期考核结果评定是否有机会参与同层级或更高层级岗位竞聘。2021年3月，启动第二轮领导班子2021—2023年任期

"华龙一号"作为中国核电"走出去"的主打品牌,是我国唯一具有完整自主知识产权的三代核电技术产品。在"华龙一号"首批项目中,中国一重承制了所有3个项目6个机组的主要设备。中国一重是世界唯一既能提供核电产品原材料又能生产核岛全部主设备的供应商。图为全球首台"华龙一号"核反应堆压力容器
中国一重／供图

市场化选聘,完成54个直属单位董事长、经理层岗位市场化选聘,新选聘二级单位领导班子成员25人、三级单位领导班子成员46人。

二是全面落实契约化硬约束。坚持"一岗一契约、一年一考核"原则,直属单位董事会与总经理、总经理与经理层副职根据权限全面签订聘用合约,坚持责权利相统一,突出发展质量和效益导向,明确规定年度及任期目标、任务、奖惩等条款,并将合约考核结果作为薪酬兑现、岗位聘任或解聘依据,当年未达到经营业绩考核70分或完不成目标利润70%的自动免职并只拿基本生活费。解除岗位聘用合同后,一律"退长还员",只保留工程、经济、会计、政工等相应系列职称岗位和《劳动合同》确定的一般员工身份。累计调整不适应改革发展需要的领导干部98人,中层干部只拿生活费20人,4个单位领导班子全体起立。

三是全面兑现契约化强激励。"利润确定总薪酬、关键指标严否决",坚持力争跑赢市场、优于同行设定考核目标值,并对应确保、力争、创优三档工作目标,实施相适应梯次的、与市场接轨的分类分级薪酬体系。实施"25%年薪留存追索、三年业绩考核逐年系数与任期总薪酬连乘",最多可实现任期总薪酬翻番,领导干部年薪最高和最低差距达3.5倍以上。

严考核、拓通道,激发各类人才创新创业活力

一是全面实施"两个合同"市场化用工。首创"两个合同",用劳动合同解决身份问题,用岗位合同解决进出问题。普通员工按照岗位合同严格进行考核,在岗位合同中细化工作内容、标准等,对于岗位不达标经两次培训未通过的解除劳动合同,从而使那些不会干事、不想干事、混日子的员工能够通过市场化方式平稳退出企业,解决企业活力和动力不足问题。截至目前,"两个合同"签订率始终保持100%。

二是建立职务与职级并行机制。打通五类人才(管理、营销、技术研发、党务、技能人员)晋升通道,并细化形成6个职级,2至3年一个台阶,五个通道纵向晋升、横向互动,职务与职级并行、相互转化。建立"优秀工程师库",按照工程师、高级工程师、研究员级高工分别为5%、10%、20%的比例,遴选入库118人,提供"绿色通道",如列为"优秀高级工程师"库人选,同时评为高级工程师满2年,或列为"优秀研究员级高级工程师"库人选,可直接竞聘二级单位副职岗位。33名高级技师评聘为高级工程师,3名技能人才选聘成为制造厂副厂长;推进专职副书记、党群部门负责人等党务人员与经营管理岗位双向交流,在10名直属单位专职副书记中,由业务岗位转任4人,同时由党务岗位转任重要经营管理岗位2人;二级单位领导岗位人员转任非领导岗位职级11人,由管理副总监、技术副总监等非领导职务转任领导职务3人。

三是让广大职工群众尝甜头、有盼头。确立7%、9%、11%薪酬正

常增长机制，多元推进中长期激励，员工持股、超额利润分享、项目分红等措施稳步推进。构建补充医疗、企业年金、文化生活等多重保障机制，2021年启动年金"倍增计划"，缴存比例由个人1%、企业4%提高到封顶2%、8%。同时，在一年期补充医保基础上，新增覆盖职工全生命周期的长期补充医疗保险。强化落实"重奖"机制，对"十三五"期间作出突出贡献的8名特级劳模进行专项奖励，每人奖励一台价值20万元的红旗汽车，在广大职工群众中引起强烈反响。

建机制、强党建，引领保障护航改革发展

一是建立"新思想引领"长效机制。认真落实"第一议题"制度，成立15个习近平新时代中国特色社会主义思想实践课题组，完成60余项优秀研究成果。坚持政治学习"进班组、上机床"，以"班前会晨读"等为载体，坚持"每日一习语"，带着问题学、联系实际学。对贯彻落实习近平总书记重要指示精神创新开展"挂表督战"，到期节点完成率始终为100%。

二是完善"1+6"强基机制。狠抓党建工作责任制，健全基本组织、学习基本知识、建强基本队伍、开展基本活动、完善基本制度、落实基本保障。先后两次修订完善党建工作责任制考核办法，考核结果强制分布，与薪酬兑现、干部任免等刚性挂钩，实行"奖一罚二"。考核结果"优秀"的，奖励绩效薪酬的5%～10%；考核结果"较差"的，扣罚绩效薪酬的10%～20%。

三是健全"四治一加强"从严机制。严肃整治在改革发展中"不敢为、不想为、不会为、乱作为"的领导干部，加强监督各级"一把手"和领导班子。2020年以来累计处理38人，其中，纪律处分5人，诫勉谈话5人，通报批评、责令检查等组织处理28人。同时，落实"三个区分开来"要求，建立容错纠错机制，印发《经营投资免责实施办法》，细化27种尽职免责情形，营造良好干事创业氛围，为企业改革发展提供坚强保障。

固成果、促发展，通过深化改革推动企业实现"五变"

一是坚持党建引领，精神面貌发生"嬗变"。中国一重坚决贯彻落实习近平总书记两次视察中国一重重要指示精神，牢记殷切嘱托，在提高政治判断力、政治领悟力、政治执行力上不断深学细悟，精神思想格局全面提高，形成"学习贯彻习近平总书记重要讲话和重要指示批示精神十二个工作方法论"，党委领导作用在企业改革发展中得到充分发挥，荣获全国先进基层党组织、全国五一劳动奖状、全国"安康杯"优胜集体、全国五四红旗团委等称号。

二是坚持创新驱动，发展动力完成"质变"。中国一重遵循习近平总书记指引方向，突出"自主创新"是发展第一动力，聚焦打造"第一重地"，坚定走重大技术装备自立自强道路，有力彰显"中国制造业第一重地"使命担当，霞浦示范快堆、"龙威"等国家重大专项按期交付，破解重型 H 型钢万能精轧机组设计技术等三项"卡脖子"难题，完成"国和一号""华龙一号"等全部核电首台（套）主设备及一回路主锻件研制，单重 3025 吨级浆态床锻焊加氢反应器再次刷新世界制造纪录。

三是坚持改革发力，治理能力有效"迭变"。中国一重坚定不移贯彻落实习近平总书记的勉励和要求，坚持边改革、边探索、边总结，围绕国家战略任务、企业发展规划抓改革布局和落地，坚决打好"改革牌"，内生活力动力迸发，企业由"工厂"到"公司"，权责法定、权责透明、协调运转、有效制衡的现代企业公司治理机制基本完善。

四是坚持以人为本，攻坚力量得以"聚变"。中国一重坚决贯彻习近平总书记"以人民为中心"的发展思想，紧紧围绕"调动各类人才创新创业积极性"，打造企业与职工的事业共同体、利益共同体、命运共同体，职工获得感幸福感责任感持续提升，"民生举措"调查满意率达 97% 以上，荣获全国爱国主义教育基地、国家工业旅游示范基地、国家工业文化遗

世界最大核电常规岛整锻低压转子是百万千瓦级核电设备中的关键部件,是目前世界上钢锭最大、锻件毛坯最重、截面尺寸最大、技术要求最高的实心锻件。国外企业对该制造技术进行严格封锁,中国一重通过大量科技攻关和产学研合作,成功研制了该锻件,对于打破国外技术垄断、降低造价、提高国际市场竞争力具有重大意义。图为精加工后的百万千瓦级核电常规岛整锻低压转子
中国一重／供图

产、国家3A级旅游景区等称号。通过深化改革创新发展,干部人才队伍结构进一步优化,有效促进了内生活力动力迸发。二级单位领导班子成员102人中,45周岁及以下年轻干部达40.2%,"80后"达28.4%,分别提高了17.82个百分点和16.24个百分点;三级单位中层干部126人中,40周岁及以下年轻干部达51.59%,"85后"达24.67%,分别提高了21.13个百分点和16.82个百分点。

五是坚持转型升级,规模效益实现"跃变"。中国一重始终把"事业越办越好"作为奋斗方向,坚持聚焦主责主业不偏离,加快转型升级,努力开创高质量发展新局面,可持续发展呈现良好态势。在传统产业领域,实现了黑色冶金装备和有色冶金装备并进、金属材料和非金属材料并进,实现了从制造向"制造+服务"转变、制造向"制造+系统解决方案"转变。在战略性新兴产业领域,进入地企融合、"一带一路"板块,成功开

发油气智能导钻装备、风电全产业链装备制造、冷链物流装备等，打造成为世界最大镍铁产品生产供应商。在2021年国内重机行业6家主要企业中（中国一重、国机重装、中信重工、太重、大重、北方重工），中国一重利润总额、净利润、营业收入、经济增加值、回收货款、新增订货、钢水产量均排名首位，实现历史性跨越。股份公司和大连核电石化"225+"精益化管理项目分别荣获国有重点企业管理标杆创建行动标杆企业和标杆项目。

中国一重体制机制变化取得的成效，归根结底是党中央坚强领导的结果。在充满机遇的变革时代里，中国一重始终强化党建引领，始终弘扬艰苦奋斗的创业精神，贯彻以人民为中心发展思想，依靠职工办企业，把党建、思想、改革、创新、共享等工作抓紧抓实，从而实现了企业的浴火重生。一是始终坚持党对国有企业的领导。坚持听党话、跟党走是中国一重的红色基因，是战胜一切困难和风险的重要法宝。近年来改革脱困的历程，就是始终坚持把党的全面领导贯穿于改革发展各个层面和全过程，始终以习近平新时代中国特色社会主义思想为指引，拥护"两个确立"，增强"四个意识"，坚定"四个自信"，把坚持党对国有企业的领导作为始终坚守的政治方向、政治原则，确保了改革始终方向不偏、道路不变。二是始终推进解放思想转变观念改变作风。中国一重的改革发展实践，就是不断冲破观念束缚、持续解放思想转变观念改变作风的过程，是以解放思想引领实践探索、不断开创改革发展新局面的过程。中国一重始终把学习贯彻习近平总书记两次视察中国一重重要指示精神作为重要政治任务，引领改革发展党建等工作全过程，大力弘扬艰苦创业精神，以思想之"变"引领行动之"变"，以行动之"变"撬动发展之"变"，企业面貌焕然一新。三是始终坚持改革创新争创一流。正是通过深化改革、全面创新，创先争优，实现以改促变、以变促通、以通促活，变不可能为可能，变可能为现实，才使中国一重这个东北"老国企"重新焕发出"新青春"。四是始终依靠职工办企业。中国一重坚持依靠职工办企业、办好企业为职工，激

中国一重强化落实"重奖"机制,对"十三五"期间作出突出贡献的 8 名特级劳模进行专项奖励,每人奖励一台价值 20 万元的红旗汽车,并形成长效机制,在广大职工群众中引起强烈反响
中国一重／供图

活企业组织和人才活力动力的源泉,弘扬劳模精神、工匠精神和企业家精神,所有人被激活,所有人被赋能,把胜任力转化为持续创造力,把个体价值聚合成组织智慧。五是始终注重全面从严治党。中国一重赢得改革发展阶段性成绩,就是始终坚持问题导向、目标导向、结果导向,在从严管理中强化教育、选优干部、改变作风、严惩腐败,着力搭建思想、平台、阵地、载体、机制"五位一体"工作体系,全面提升各级党组织和党员干部的先进性纯洁性,营造良好政治生态,有效保障发展稳定。

下一步,中国一重将按照国务院国资委要求,认真研究、系统把握、深化落实党的二十大报告和党章作出的关于国有企业改革发展和党的建设的重大部署,从党的创新理论中找方法、找路径、找思路,通过改革补短板、强弱项、固底板、扬优势,统筹改革任务实施,做好改革成果巩固,推动改革持续深化,贯通从"思想"到"机制"再到"利益"的改革全链条,解决企业发展中不平衡不充分的问题,努力形成整体效应,催生倍增效应,形成一整套具有企业特点特色的改革机制和实施路径,当好东北地区深化改革的排头兵,向打造世界一流产业集团昂首进发。

10

推进治理体系现代化　建立激励约束机制
坚定不移走"改革＋市场"之路

鞍钢集团有限公司

鞍钢坚定不移走"改革＋市场"之路，把"效益有改善、员工有获得感、企业发展可持续"作为检验改革成效的重要标尺，以壮士断腕的决心、滚石上山的韧劲、爬坡过坎的勇气，交出了一份亮丽的改革成绩单。以"标准化清单＋差异化管控"深入推进治理体系和治理能力现代化，各级企业"权责法定、权责透明、协调运转、有效制衡"的治理机制健全完善，治理效能持续提升；以钢铁和矿业"双核"战略服务构建新发展格局，加快产业布局优化和结构调整，粗钢产能位居国内第二、世界第三，铁精矿产量保持国内第一，成为保障国家钢铁产业链供应链安全的"稳定器""压舱石"；以建立完善"契约化""合同化""价值化"激励约束机制为着力点，深化市场化经营机制建设，让"三能"实现制度化常态化，企业活力动力持续激发。成绩背后，是鞍钢凝聚改革合力的决心和担当，是鞍钢坚定的改革意志和行动，一项项势如破竹、敢为人先的改革硬招，夯实了建设高质量发展新鞍钢的根基，为迈向世界一流企业奠定了坚实基础。

鞍钢集团有限公司（以下简称"鞍钢"）深入学习贯彻习近平总书记关于国有企业改革发展和党的建设的重要论述，落实习近平总书记"凤凰涅槃、浴火重生"的重要指示精神，将国企改革三年行动作为重大政治任务和中心工作，把"效益有改善、员工有获得感、企业发展可持续"作为检验改革成效的重要标尺，坚定不移走"改革+市场"之路，实现了三个"历史性突破"：一是鞍本重组整合顺利完成。鞍钢粗钢产能达到6300万吨，位居国内第二、世界第三，构建了"南有宝武、北有鞍钢"的钢铁产业发展新格局。鞍本重组改革取得的标志性成效得到国务院领导及国务院国资委的充分肯定。二是经营效益创历史最好水平。2021年鞍钢营业收入、经营利润分别首次突破3000亿元、300亿元关口，《财富》世界500强排名从217位跃升至183位，成为榜单中上升速度最快的企业。三是国企改革三年行动成效显著。在中央企业党建工作责任制考核评价中连续两年获评A级，在中央企业负责人经营业绩考核中首次获评A级，在国企改革三年行动重点任务考核、三项制度改革评估中获评A级，其中国企改革三年行动考核结果位列央企第9名。鞍钢焕发出了崭新的生机与活力，广大职工对企业未来发展充满信心，外界对鞍钢良好预期持续提升。

坚持"两个一以贯之"，制度优势转化为治理效能

坚持"两个一以贯之"，建立完善中国特色现代企业制度，是国企改革三年行动的鲜明主线，是做强做优做大国有企业的制度根基。鞍钢坚持在完善公司治理中加强党的领导，不断夯实治理基石，持续优化集团管控体系，深入推进治理体系和治理能力现代化。

落实"标准化清单+规范化行权"，党的领导更好融入公司治理

鞍钢以"标准化清单"厘清各治理主体权责界面，横向集成治理主体、权责边界、行权方式，同时将风控合规审查、专业委员会审核、履行民主程序等环节嵌入行权路径，实现"权责法定、权责透明"；纵向涵盖

鞍钢西鞍山铁矿项目开工仪式
田世群／摄

战略规划、资本运作等集团核心管控事项，以及对子企业行使股东法定职责和国资监管职责等事项，实现决策事项全覆盖。以"规范化行权"发挥治理主体功能作用，形成"一个坚持、两个到位、三个不准、四个严格"的决策机制。坚持将党的领导贯穿决策始终；做到议题讨论前充分沟通到位、征求意见到位；对研究论证不充分、合规审查不通过、临时动议的议题不上会、不决策；各治理主体严格把好政策方向关、战略发展关、经营执行关、依法合规关，实现"协调运转、有效制衡"。在鞍本重组中，各治理主体规范行权、高效决策，鞍钢党委定向把关，既挂帅又出征，召开8次党委常委会、5次党委书记专题会，统筹部署推进。董事会充分论证重组的战略性、经济性、风险性，外部董事积极建言献策，高效审议通过重组方案。经理层聚焦专业领域重点难点，决策11项专项议题，推动重组整合落实落地。重组整合一年，全面完成本钢股权无偿划转、混合所有制改革、债转股，鞍本管理一体化、运营一体化和本钢市场化改革，实现了鞍本深度融合。鞍钢坚持治理理念"纵向一贯"，结合"党委和党支部、子公司和分公司、董事会和执行董事"三类区别，对全集团各级企业治理清单进行三轮梳理，同时考虑股权结构、功能定位、产业发展等实际，以行权能力评估为抓手，差异化修订完善，确保标准明确、事项清晰、流程规范，持续夯实中国特色现代企业治理基石。

围绕"建强队伍+健优机制"，董事会运转效能持续增强

完善中国特色现代企业制度，强化董事会功能作用发挥是关键，基础在于建强一支外部董事队伍、建好一套支撑保障机制。鞍钢建立建强外部董事人才库，按照"5∶3∶2"比例（其中50%具有二、三级子企业正职履历，30%具有10年以上公司治理、市场营销等工作经验，20%具有财务、审计和法律等专业背景），打造前瞻型与实战型、复合型与专业型、管理型与技术型、专职与兼职相结合的外部董事队伍，配齐建强子企业董事会。强化对外部董事行权履职的体系化支撑，在所属125家应建企业实现董事会应建尽建、外部董事占多数"两个100%"的基础上，完善调研沟通机制，加强"日常调研+务虚研讨+专项报告+落实反馈"常态化管理，聚焦企业发展战略和风险挑战，凝聚董事集体智慧，当好企业经营发展的"望远镜"和"护航员"。2020年以来，子企业外部董事开展调研1800余人次，集体研讨40余次，提交专项报告153份，建议采纳率92%，意见反馈率100%。完善跟踪落实机制，聚焦董事会决策事项、董事意见建议，第一时间形成方案督导推动，坚持董事会通过的必执行、关注的必反馈、存疑的必暂缓、附条件通过的必完善、指出重大风险的必整改，"五必"落实率达100%。完善评价考核机制，坚持日常管理与年度评价相结合、定量评价与定性评价相结合，畅通专职董事与现职领导人员双向交流渠道。2020年以来，3名年度评价优秀的专职董事到重要岗位交流任职，其中1人到重要子企业任主要负责人。鞍钢各级企业董事会运行质量和效率持续提升，决策的独立性、权威性、科学性显著增强，"决策钢印"掷地有声、落地有果。

实施"分类管控＋六维放权"，集团治理管控效率显著提升

在持续夯实各级公司治理"基石"基础上，以分类管控"精准定位"、以授权放权"充分赋能"，是打造规范系统、科学高效的集团治理管控的重要抓手。鞍钢建立完善以"党的领导、战略规划、资本运营、资源协同、创新驱动、风险防控"六大要素为核心的战略差异化管控模式，对核心业务类公司实施战略管控充分授权，打造独立的经营中心和利润中心；对专业化公司逐步由战略管控向财务管控过渡，在充分授权的同时强化投资融资等风险防控；对功能服务型公司实施操作管控，对其业务运营进行直接管理。坚持权力放下去、效率效益提起来，聚焦三类公司，围绕投资管理等13个方面，实施"适应职能转变放、结合市场主体需求放、设定边界条件放、清晰职责边界放、突出差异化特征放、满足监管要求放"的"六维放权"，集团对子公司审批事项减少24.4%，对外投资、固定资产处置等80%以上审批事项周期缩短1/2。鞍钢突破管理层级，对三级子企业朝阳钢铁实施"穿透式"放权，朝阳钢铁内部实施差异化授权，机构编制权、选人用人权、薪酬分配权等分级分类量化下放，让"听得见炮声的人"有更大决策权，下属"四厂三中心"成为独立的市场主体，市场驱动现场追求极致效率，2022年销售利润率达到行业平均值的2.2倍。鞍钢治理管控效率持续提升，各级企业真正成为结构合理、决策科学、创新强劲、活力迸发的独立市场主体。

坚持战略引领，构建产业发展新格局

鞍钢牢记"国之大者"，坚定自觉服务党和国家战略大局，把战略问题作为发展的根本性问题，确定"十四五"时期"7531"发展战略，实施"钢铁＋矿业"双核战略，勇当原创技术策源地、现代产业链"链长"，充

深化东北地区国资国企改革现场推进会会场
田世群／摄

分发挥国有经济战略支撑作用。

促进钢铁产业布局优化

鞍钢忠实践行钢铁报国、制造强国使命担当，深入推进战略性重组，加快提升区域产业集中度，有力促进了钢铁产业布局优化和结构调整，当好东北振兴、辽宁振兴"排头兵"。推动构建钢铁产业新格局。在国务院国资委和辽宁省委省政府支持推动下，鞍钢把握产业发展大势，服务产业发展大局，"六措并举"综合施策，顺利完成鞍本重组整合，粗钢产能位居国内第二、世界第三，粗钢产量在辽宁省占比58.6%，在东北三省一区占比33.5%，有效化解了区域内同质化无序竞争，核心产品市场竞争力和品牌影响力显著增强，形成"南有宝武、北有鞍钢"的钢铁产业新格局。提升自主创新能力。鞍钢主动服务国家战略需求，打通从科技强到产业强的通道，发挥科技创新国家队作用，着力突破一批关键核心技术。核电安注箱基板用钢、耐候耐极寒钢等实现全球首发；F级超高强海工钢、"复兴号"动车组转向架用钢等一批"卡脖子"材料实现突破，引领我国关键部件自主国产化；一批精品钢材广泛应用于国产航母、"蓝鲸1号""华龙一号"等国家重点工程，为"大国重器"铸就了"钢铁脊梁"。数字化转型赋能高质量发展。鞍钢将数字化转型作为钢铁行业新一轮发展的核心竞争力，聚焦产业数字化，打造以鲅鱼圈基地为代表的沿海绿色智慧透明工厂，产线自动化率达100%，操作集中化率达72%，引领行业智能管控升级；打造智慧运营系统，实现采产研销一体化经营管控，铁钢轧全流程多基地制造协同。聚焦数字产业化，打造精钢工业互联网平台和智慧供应链服务平台，共筑行业数字生态，助力钢铁产业数字化转型发展。

维护产业链供应链安全

我国铁矿石对外依存度高达80%以上，铁矿资源保障问题已经成为威胁我国产业经济安全的重大风险点、畅通国内大循环的堵点。鞍钢切实履行国家"五大安全"政治使命，着力提升铁矿石战略资源保障能力。推动矿业大发展。鞍钢切实发挥自有资源对维护国家产业安全的基础性、关键性作用，成立鞍钢资源有限公司，作为鞍钢新建矿山投融资和孵化平台，44个"三个一批"项目加快推进，18个项目列入"基石计划"，其中6个项目已开工建设。总投资229亿元、年产铁精矿1000万吨、国内最大的单体井下矿西鞍山铁矿于2022年11月16日正式开工建设。2022年，鞍钢铁精矿产量达5260万吨，创历史最好水平，继续保持国内第一，计划到2025年铁精矿产量比2020年增长50%，2030年实现翻一番，切实保障国家钢铁产业链供应链安全。建设世界级铁矿资源开发企业。鞍钢聚焦产能稳定化、生产柔性化、矿山绿色化、管控智能化等"六化"目标，加快打造世界级铁矿资源开发企业。坚持老矿山挖潜和新矿山建设并重，应采尽采、应建尽建，打造规模矿山；坚持效率最优、效益最大，对标FMG推行世界级成本管控，建立柔性化产线运行模式，打造高效矿山；把绿色作为高质量发展的鲜明底色，累计完成绿化复垦面积3500多公顷，复垦率达到86.38%，打造生态矿山；鞍钢矿业被评为国家智能制造标杆企业，强化智能制造全域赋能，打造智慧矿山；加速产品结构迭代，加快形成超级铁精矿、洁净钢基料等一批明星矿产品，打造品牌矿山。矿业板块对鞍钢效益贡献度持续提升，成为鞍钢新的利润"增长极"和平抑钢铁行业周期风险的"稳定器"。

坚持市场化方向，企业活力动力迸发

鞍钢以建立完善灵活高效的市场化经营机制为着力点，聚焦三能机制的痛点难点堵点，建立运行"契约化""合同化""价值化"的激励约束长效机制，全面激发人才作为第一资源的潜能与活力。

业绩决定位置，做实"契约化"

鞍钢全面实施经理层成员任期制和契约化、管理人员聘期制的"两制一契"管理，全集团374家单位996名经理层成员按照"双跑赢、三区间"（跑赢大盘、跑赢自身，基本指标、奋斗指标、挑战指标）"一人一表"确定年度和任期目标，向上建立"摸高"机制，向下明确8种退出底线，2021年触发契约底线的5家单位经营班子全体免职并扣罚全部年度绩效薪酬。管理人员"揭指标竞聘、带契约上岗"，推进"271"末位淘汰机制，对排名后10%的调整退出，近三年管理人员竞争上岗比例50%以上、退出比例5%以上。本钢市场化改革以"两制一契"为突破口，自上而下全体起立、竞聘上岗，采取"3+4"模式（3名内部评委、4名外部评委）"赛场选马"，副总监级以上人员累计优化118人，一、二级经理人员减少779人，管理人员落聘率达38.3%。

效率决定用工，做细"合同化"

鞍钢推行"双合同"管理，完善以劳动合同管理为核心、以岗位合同管理为基础的市场化用工制度，畅通员工进退流转渠道。推行竞争上岗长效机制，坚持不看身份看本领，不看资历看能力，打破原有干部工人身份界限，近三年来共有1000多名操作人员竞聘到管理技术岗位。做实岗位绩效管理，构建"人人担指标，人人争绩效"的岗位绩效体系，层层分解任务、层层量化指标，做到岗位指标任务"清"、胜任标准"明"。基层厂矿推行"四三转换"岗位绩效考核，将厂矿效益指标、作业区技经指标、班组任务指标、岗位绩效指标4类指标层层有序衔接、精准转化，考核结果与收入、岗位退出"双挂钩"。推广"e考核"模式，通过"指标表单化""考核信息化"，实现"月考核"向"日考核"转变。推行末位调整退出机制，各级机关实行岗位绩效"赛马"，排名后5%的实施交流。2021年，各级机关交流调整1243人，占比10.7%。基层值班长实行产量、质量、成本和效率"四维量化"绩效考核，连续三个月当班绩效末位，起立调整；关键生产操作岗位实行"1312"退出，即一个合同期内3次违章或一个月内2次违章，解除岗位合同。2021年，鞍钢全员劳动生产率达到56.9万元/人，同比提升44%，员工市场化退出率达到1.2%。

效益决定薪酬，做精"价值化"

鞍钢坚持效益导向"竖起来"，深化薪酬分配改革，通过高目标叠加强激励，子企业负责人年度薪酬差距达到4倍以上；加大收入分配向高级管理、高技术、高技能、市场营销和"苦脏累险"岗位"五倾斜"力度，科研人员最高收入突破百万元、增幅达50%；首席技师最高收入达到61万元、增幅达27%；市场营销和"苦脏累险"岗位人员收入增长率高于平均增幅7个百分点，实现从"怕多干"到"抢活干"的转变。坚持干到给到，推行薪酬分配高中低赛道"赛马"，高、低赛道薪酬差异最高达37%，干好干坏一个样的"大锅饭"变为多劳多得"责任田"。2022年，鞍钢浮动工资差异系数达到1.22。

聚焦关键人才，做活多元多层激励

鞍钢坚持激励方式"活起来"，健全完善多元多层激励体系。实施股权激励。鞍钢股份、攀钢钒钛对270名核心骨干实施上市公司股权激励，打造核心骨干与企业利益共同体。实施关键人才中长期奖励。采取"当期奖励+延期兑现"方式，对研发、工程技术、高技能等关键人才实施中长期激励，340人次累计奖励5125万元，单次最高奖励37万元。实施青年人才成长激励。对成长潜力大的青年领军人才、核心人才和骨干人才，分别按照其当期薪酬的50%、30%和20%给予中长期激励，加强后备人才梯队建设。落实科技型企业激励政策。对工程技术公司等9家企业实施岗位分红、股权激励，276人次累计分红665万元，个人年度分红最高达90万元。

民之所望，改革所向。职工群众的获得感幸福感，是改革的关键落脚点。

改革促进发展，发展为了职工，让改革的"温度"与让企业发展的"厚度"和谐统一。鞍钢把"效益有改善、员工有获得感、企业发展可持续"作为检验改革成效的重要标尺。既有"两制一契"、授权同利的"力度"，也有即时激励的"精度"，更有服务民生的"温度"。2021年度，选人用人工作总体评价为"好"的比例达100%，"我为群众办实事"实践活动评价为"好"的比例达100%……职工心中的这一杆"秤"，衡量出对改革的高度认同。

改革风清气正，职工"名利双收"，想干事能干事干成事的干部职工有了新平台、新赛道，实现职业发展给"位置"、业绩激励给"票子"、评优表彰给"面子"。2021年，鞍钢各级企业新聘任上岗的管理人员中，竞争上岗比例达75%；管理人员调整退出515人，占比10%，形成能者上、优者奖、庸者下、劣者汰的鲜明用人导向，营造了公平、公正、公开的竞争生态。

履行改革承诺，心系民之所愿。鞍钢践行"企业增效、员工增收"的承诺，"上岗靠竞争、收入凭贡献"的理念深入人心。大力推广"同利"机制，2020年鞍钢实现利润创历史最好水平，对全体职工给予特别奖励；2021年，鞍钢80%在岗职工收入同比增长10%以上。广大职工的腰包更鼓了、心气儿更顺了、团结奋斗的干劲更足了，持续提升的职工获得感转换为推动企业高质量发展的凝聚力。

改革未有穷期，发展永无止境。

迈上新征程，展现新作为。鞍钢将以习近平新时代中国特色社会主义思想为指导，深入学习贯彻党的二十大精神，落实国务院国资委工作部署，踔厉奋发、勇毅前行，加快建设高质量发展新鞍钢，向建设产品卓越、品牌卓著、创新领先、治理现代的世界一流企业目标迈进，为全面建设社会主义现代化国家、全面推进中华民族伟大复兴作出新的更大贡献。

11

坚持差异化精准授权
构建数字化供应链生态
以改革诠释由大到强成功密码

中国远洋海运集团有限公司

作为全球最大综合性航运物流企业，中国远洋海运砥砺"航运强国"使命，牢记和深切把握"国之大者"，将国家战略作为改革着眼点，从"聚变式"重组走向"重构式"改革。将毫不动摇坚持党的领导、加强党的建设作为推进改革深化的根本保证，加快完善公司治理，坚持差异化精准授权，精准打造4.0版直属公司董事会授权清单，夯实子企业市场主体地位；健全灵活高效的市场化机制，控股的11家上市公司实现股权激励全覆盖，创新创业动力显著增强；持续推动布局结构优化，积极构建以客户为中心的数字化供应链服务生态，全力推进绿色低碳转型，推动绿色航运与智能航运相得益彰、相互促进。通过扎实推动国企改革三年行动，企业活力、效率和竞争力显著提升，三年间营业收入、净利润复合增长率分别为27%、89%，2022年全员劳动生产率为2019年的4.6倍。中国远洋海运已从多年来的追随跟跑壮大为航运业东方平衡西方、改变全球航运格局的重要力量，以卓有成效的深改实践诠释了国有企业由大到强的成功密码。

习近平总书记指出，经济强国必定是海洋强国、航运强国。2016年初，在世界航运业持续低迷、步履维艰中，原中远集团、中国海运两家航运巨头重组整合，成立中国远洋海运集团有限公司（以下简称"中国远洋海运"）。从2016年至2020年，中国远洋海运历经"聚变式"整合，成就全球第一大综合航运企业集团，改革红利不断释放，经济效益"阶梯式五连增"，一举改变全球航运格局。

2020年起，伴随着国企改革三年行动开局，中国远洋海运从凤凰涅槃、浴火重生走向再次出发、再次领先的新航程，集团改革从重组整合阶段迈入以市场为导向、以高质量发展为标志的深化改革新阶段。三年来，集团战略不断升级、结构不断调整、业务不断优化、文化不断迭代，改革作为唯一不变的主线，贯穿其中，坚定支撑。致力于打破"大而不强"的魔咒、实现"做强做优"的夙愿，中国远洋海运以改革闯出了一条迈向航运强国的征帆之路，也以改革为航运强国之"强"给出了明确的答案。

改革之识：汇聚"航运强国"强大凝聚力

习近平总书记在全国国有企业党的建设工作会议上指出，坚持党的领导、加强党的建设，是我国国有企业的光荣传统，是国有企业的"根"和"魂"，是我国国有企业的独特优势。中国远洋海运全面落实"两个一以贯之"重要要求，把毫不动摇坚持党的领导、加强党的建设作为推进深化改革的政治优势和完善现代企业制度的重要内容，充分发挥党组把方向、管大局、保落实的领导作用，大力弘扬"党建工作做实了就是生产力，做细了就是凝聚力，做强了就是竞争力"党建理念，为改革举旗定向、凝心聚力。

党的创新理论是指引改革方向的根本遵循

一个行业要做大图强，一刻不能没有理论思维，一刻不能没有思想指引。近年来，习近平总书记先后三次视察中国远洋海运所属企业和船舶，围绕海洋强国、交通强国、航运强国、高质量共建"一带一路"、顺应绿

11 中国远洋海运集团有限公司

上篇
中央企业

中远海运集装箱运输"双品牌"
中国远洋海运／供图

色低碳智能发展新趋势等，对本行业本企业提出十个方面重要指示批示。中国远洋海运把学习贯彻习近平总书记重要讲话和重要指示批示精神作为改革发展全部工作的鲜明主题和贯穿始终的突出主线，作为企业最重要政治责任、企业最大发展机遇、检验"两个维护"最重要标尺，建立"第一议题"制度，健全贯彻落实党中央重大决策部署机制，完善坚定维护党中央权威和集中统一领导各项制度，将"两个确立"体现到企业"十四五"战略规划，贯穿到深化改革全过程。科学思想和真理力量赋予"中国巨轮"最强的动力。在习近平总书记重要指示和殷切嘱托的激励下，中国远洋海运勇当开路先锋，为国远征的追求更加执着，航运强国的信念更加坚定，展现出新时代中国航海人的奋进姿态。

完善制度设计是推动改革落地的重要途径

中国远洋海运深刻理解做强做优做大国有企业绝不只是一个纯粹的经济问题,更是一个重大的政治问题。集团党组确定"党建领航"重大工作原则,突出一个"融"字,科学设计深化党建和经营发展深度融合的各项制度,以高质量党建引领保障高质量发展,推动中国特色现代企业制度更加成熟定型。在完善公司治理结构上,把党的领导融入公司治理各环节,29家直属单位实现董事长、党委书记"一肩挑",在规模较大的8家境内直属单位设专职副书记。推动前置决策程序规范落实,直属单位根据集团董事会授权及企业业务特点、管控模式,"一企一策"制定前置决策事项清单,避免授权决策"上下一般粗"。在加强董事会建设上,构建起上下贯通、有机衔接的董事会建设制度体系,拓宽外部董事来源渠道,建立106人外部董事人才库,所属公司董事会应建尽建和外部董事占多数完成率均达到100%。持续深化董事会授权体系改革,"一企一策"先后印发实施了1.0版至4.0版授权清单。国企改革三年行动以来,直属公司董事会授权事项合计行权3701项、涉及金额4738亿元,决策效能显著提升。

激发全员活力是确保改革成效的坚定支撑

中国远洋海运从重组到深改,最大的特色是坚持以人民为中心,着力将激发员工活力落到实处。深化落实三项制度改革,大力推行员工公开招聘、管理人员竞争上岗、末等调整和不胜任退出,建立以劳动合同管理为关键、以岗位管理为基础的市场化用工制度。2022年,集团管理人员末等调整和不胜任退出比例达到6.93%,员工市场化退出比例达到3%。实施上市公司股权激励全覆盖,所属10家上市公司累计授出股权4.8亿股,1400多名核心骨干的个人利益与企业利益紧密捆绑。积极探索科技型企业分红激励,自2020年实现"破冰"以来,5家单位岗位分红或项目收益分红激励,最高个人收入增幅达67%,有效激发人才创新活力。中国远洋海运以激发基层首创精神打开思想的藩篱,为基层提供"必选"与"自选"两种选择。集团统筹设计,确定"全到位、全覆盖、全放开"的"2+N"

改革模式，各级公司结合实际选择改革工具，促使改革更具针对性和操作性，推动改革行动多点突破、纵深推进，不断产生从量变到质变的化学反应。中国远洋海运党建思想政治工作围绕改革大力弘扬理想信念坚定"压舱"、工作责任落实"满舱"、精神状态迸发"爆舱"的"三舱精神"，进一步激发全员改革热情，推动改革之风千帆竞发、势起如炽。一系列改革举措充分体现了广大职工是推动改革的重要力量。

改革之道：彰显"国家船队"强大保障力

进一步发挥对国家重大战略的服务保障作用，进一步体现"党执政兴国的重要支柱和依靠力量"，是国企改革三年行动的应有之义，也是根本之道。近年来，中国远洋海运坚定不移在思想上政治上行动上同以习近平同志为核心的党中央保持高度一致，始终牢记和深切把握"国之大者"，将国家战略作为改革着眼点，坚持党中央决策部署到哪里、国家战略布局到哪里，改革就跟进落实到哪里、新的成功案例就出现在哪里，有力彰显航运"国家队"的战略担当。

稳链强链，担当服务保障产业链供应链的联通者

中国远洋海运立足主责主业，将深化改革的重点环节放在助力构建"双循环"新发展格局中发挥框架性支撑作用上，强化"链式"思维，不断围绕"稳链、补链、延链、强链"做文章。集团主力船队和物流网络，以保障国家外贸运输和重要战略物资运输为使命，聚焦产业链关键环节、关键产品、关键技术，突出航运特色重点发力，不断提升产业链供应链保障韧性，不断补齐产业链短板。坚决把工作重心和着力点放在服务实体经济上，加强与制造业等各行业先进企业开展全方位战略合作，全身心积极服务中小微企业，深度融入先进制造业、现代农业的产业链供应链服务体系，提升能矿、油气、粮食等重要战略物资运输保障能力，实现与客户合作共赢、长期协同发展，加快建设航运物流产业链"链长"企业。特别是

中远海运希腊比雷埃夫斯港邮轮码头
中国远洋海运／供图

在新冠疫情深度影响全球产业链供应链稳定的形势下，中国远洋海运积极适应客户产业链升级需求，将各个节点深度融合，加大重要通道、枢纽、节点、区域中心物流的投资和建设力度，扩大海铁联运、水铁联运、水水联运先发优势，打通"最前一公里"和"最后一公里"，以"端到端"模式为客户提供更高质量服务，不断保链稳链强链。中国远洋海运为100多家电厂提供了电煤运输服务，2022年承运内贸煤炭2.14亿吨。中国远洋海运用1/18运力承运了全球1/10货运量，为产业链供应链稳定提供了有力保障。

落子布阵，担当落实国家区域重大战略的顶梁柱

作为全球经济贸易的连通者，中国远洋海运兼具国内国际双循环双重服务保障支持能力。中国远洋海运在深化改革中加强战略研究，持续深度融入长三角一体化、京津冀协同发展、粤港澳大湾区等国家区域发展战

略，积极融入西部陆海新通道建设、海南自贸港建设等国家改革开放战略新布局，进一步强化对内贸市场的服务能力。服务京津冀一体化方面，通过收购天津港集装箱码头公司股权，助力港航协同发展，为京津冀发展注入蓝色动力。服务长三角一体化方面，在上海港投入 100 多组航线，助力提升全球枢纽港地位。服务粤港澳大湾区建设方面，与广州市签署战略合作协议，推进广州国际航运中心建设。服务长江经济带方面，在国内沿海、长江布局 37 个港口、143 条航线，主要城市均设立公司网点。西部陆海新通道建设方面，积极参与西部区域综合物流体系建设，在北部湾港开设内外贸航线 16 条，累计完成集装箱吞吐量 303.1 万标准箱，同比增长 29%，占北部湾集装箱量的 43.2%。服务海南自贸区建设方面，按照习近平总书记"把海南自由贸易港打造成展示中国风范的靓丽名片"的最新指示要求，重组整合并控股海南港航，推动琼州海峡一体化建设，在海南注册船舶 101 艘、824 万载重吨，在洋浦港开通内外贸航线 33 条，有力促进航运要素在海南自由贸易港的集聚，确保国家战略落地落实。

树标立杆，担当高质量共建"一带一路"的主力军

中国远洋海运是高质量共建"一带一路"的先行者，打造了希腊比雷埃夫斯港（以下简称"比港"）、中欧陆海快线等一批标志性工程。2019 年 11 月，习近平总书记考察比港，将该项目称为"一带一路"建设的成功范例和精彩实践。"成功实践"需要推广，"成功范例"可供借鉴。中国远洋海运将深度参与"一带一路"建设作为深化改革、科学布局的重要抓手，围绕发挥比港项目辐射作用，探索推广集团"一带一路"沿线业务的成功模式和科学路径，持续完善和优化全球码头布局，围绕"大物流"通道和节点建设，以船舶为纽带，以港口投资为支点，以综合物流为支撑，以南北极运输为延伸，打造"点线面极"高效立体运营网络。中国远洋海运在"一带一路"沿线投资 762 亿元，战略性控股收购比港、西班牙瓦伦西亚码头和毕尔巴鄂码头、比利时泽布吕赫码头、阿联酋阿布扎比码头、秘鲁钱凯码头，投资参股意大利瓦多码头、荷兰鹿特丹 Euromax 码头、沙特吉达红海门户码头、新加坡新港等，对"一带一路"沿线20个码头进行了投资布局。同时，投入集装箱班轮航线195条，运力203万标准箱，占集团集装箱船队总运力的68%。2022年，由集团运营的中欧陆海快线完成箱量18万标准箱，同比增长18.4%。

改革之势：打造"领航全球"强大竞争力

作为"走出去"最早、国际化程度最高的国有企业之一，中国远洋海运牢记习近平总书记"与世界相交，与时代相通"的殷切嘱托和"更好融入全球供应链、产业链、价值链"的重要指示，加深业务重构，加快全球布局，加强全球合作，在完全市场化环境中优化资源配置、参与全球化竞争，全面打造通畅安全高效的全球化运输大通道，从全球承运走向承运全球，改变全球航运格局，多项效率指标达到世界一流水平，为加快建设世界一流企业奠定了基础。

大刀阔斧推进专业化业务整合

面对百年变局与世纪疫情交织叠加、外部形势不确定性等巨大挑战，结合国际海运业"大起大落、大风大浪、大进大出、大喜大悲"的特点，中国远洋海运立足全球市场，以全球视野谋划和推动改革，致力于更好利用国内国际两个市场、两种资源，提高把握国际规则、市场动向和需求特点的能力，积极锻造国际竞争合作新优势，构建世界一流全球综合物流供应链服务生态，持续调整优化国有资本的产业布局、空间布局，有序推进多领域专业化整合。在重组过程中强化战略引领，以战略制定改革方案、以战略确定交易结构、以战略打造业务板块，通过"深度改革、快速改革"，按照"一业一企、一企一策"的原则，先后开展20项重大重组，实现业务、管理、人员和文化的全面融合。大力推进非主业、非盈利产业瘦身健体，在重组形成的"6+1"产业集群基础上重塑产业版图，确立航运、港口、物流三大核心主业，确立航运金融、装备制造、增值服务、数字化创新四大赋能产业，形成"十四五"期间"3+4"产业集群新格局。大刀阔斧的专业化业务整合和结构调整带来"1+1＞2"的规模和协同效应，实现综合运力、干散货船队、油气船队、杂货特种船队、集装箱码头吞吐量、船员管理数量"六个世界第一"，以及集装箱船队、集装箱租赁、集装箱制造、燃油供应、船舶代理、海工制造"六个世界前列"。中国远洋海运盈利能力产生质的飞跃，净利润从重组前的69亿元上升到2022年底的1119亿元，平均复合增长率达48.9%。重组以来，中国远洋海运连续六年在国务院国资委年度业绩考核中获评A级，并获得2016—2018年和2019—2021年两个任期考核A级。

势如破竹推进全球化布局并购

在内部整合基本完成、规模优势有效释放的基础上，中国远洋海运坚持战略先行，从全局视角把握行业大势，深化全球化经营，开拓全球化市场，聚集全球化资本，服务全球化客户，培养全球化人才，开展全球化交流，在全球设置十大区域、1050家机构、59个码头、263条航线，覆盖160个国家和地区的1500多个港口。截至目前，中国远洋海运境外资产占比55%、境外收入占比54%、境外利润占比55%，产业链上下游协同效应不断凸显，势如破竹开辟"大通道"、构建"大网络"、畅通"大循环"。围绕提升产业链物流链能力，中国远洋海运手握主动权、下好"先手棋"，连续推动外部收购整合。收购东方海外，使集团集装箱业务跻身行业第一梯队，打造全球航运业迄今为止交易规模最大并购案例。通过"双品牌"协同运营新模式，激发强大协同效应。2022年上半年，东方海外实现净利润57.58亿美元，同比增长101.21%。收购胜狮货柜箱厂资产，使集团集装箱制造业务规模跃居全球第二。造箱板块与集装箱运输板块发挥协同优势，有力巩固集装箱运输全球竞争地位，在疫情期间"一箱难求"困局中赢得先机。收购至今，造箱板块累计实现营业收入830亿元，利润总额100亿元。

携手合作构建联盟化产业生态

中国远洋海运将发挥"领航者"作用、放大航运产业集聚效应、引领航运新生态作为不断提升行业控制力、影响力和话语权的重要手段，深度参与全球海运治理，加强航运交流与合作。中国远洋海运牵手三家知名国际航运企业成立海洋联盟（OCEAN ALLIANCE），总运力达到 655 万标准箱，全球市场份额达到 29.8%，形成全球最大集装箱航运联盟。携手 37 家企业成立中国海工联盟，打造中国深远海海工装备中国形象和中国品牌。与 16 家港航企业发布"博鳌合作倡议"，开创并引领国际航运物流业及港口业健康可持续发展新篇章。发起组建中国首家也是唯一一家 VLCC POOL 联营体——CHINA POOL，采用联营池模式，控制运力规模达到 1289 万载重吨，共运营 42 艘 VLCC，成为全球巨型油运联合体。2021 年，中国远洋海运牵头组建的全球首个航运区块链技术联盟——全球航运商业网络（GSBN）在香港成功组建，并迅速推出首个应用产品"无纸化放货"，引领行业未来变革的基础性创新。除此之外，中国远洋海运发挥行业引领作用和品牌效应，在国际高端平台代表航运业积极发声、促进行业交流，如深入参与博鳌亚洲论坛年会主场支撑、参与中国国际进口博览会核心服务、主办国际海运年会等。坚持"大道之行，天下为公"，中国远洋海运向着更开阔的水域破浪前行。

改革之谋：激发"数智航运"强大创新力

科学技术从来没有像今天这样深刻影响着国家前途命运，数字经济更是把握新一轮科技革命和产业变革新机遇的战略选择。围绕习近平总书记提出的"顺应绿色、低碳、智能航运业发展新趋势"重要指示，中国远洋海运党组明确，科技创新和数字化转型，不仅要转向"前进挡"，而且要按下"快进键"；以数智赋能为主线，积极构建以客户为中心的数字化供应链服务生态，不仅是"必答题"，还是"抢答题"。中国远洋海运前所未有地将绿色化、低碳化、智能化发展放在"十四五"战略主题的高度，顶层推动，合力推进，聚焦前沿、战略性领域加快布局谋划，加大关键核心技术攻关力度，引领航运数字化创新变革。全力推进绿色低碳转型，推动绿色航运与智能航运相得益彰、相互促进。在科技和数字浪潮推动下，中国远洋海运各业务板块奋勇争先，重大科技和数字化项目春潮涌动。

启动科技创新新引擎

中国远洋海运充分发挥科技创新在百年未有之大变局中的关键变量作用、在集团产业集群全域中的支撑引领作用，明确坚持创新在企业发展全局中的核心地位，坚决当好国有企业打造原创技术策源地的先行军、国家队。三年来，建成一批创新实体、科研实体，拥有4个国家级企业技术中心、1个国家级设计中心，联合高校建立院士工作站和航运科技领域国家级研究基地、国家重点实验室，通过核心技术攻关，促进产学研用深度融合。中国远洋海运承担国家首个"智能船舶顶层设计项目及部分智能系统应用示范"项目，搭载集团船舶，成为首艘获得中国船级社和英国劳氏船级社"双认证"的大型集装箱船，打造具有自主品牌的"智能船队"。极地航行已派26艘船完成56个航次，掌握极地航线多项数据和技术。2022年，中国远洋海运印发专精特新中小企业第一批培育清单，20家企业开启"隐形冠军"打造之路。

强化数字化转型新动能

聚焦全球数字化供应链建设，中国远洋海运发挥头雁效应，顺势而为、因时而谋、应势而动，引领航运数字化创新变革。坚持客户驱动、效率驱动、技术驱动，加快打造品质卓越产品服务，将全球数字化供应链建设定位为集团穿越行业周期、实现转型升级、打造品质卓越产品服务的最重要抓手，构建以集装箱运输为核心、覆盖全球的"航运+物流+港口"三位一体全球供应链体系，形成为客户提供一站式物流解决方案的能力。加快搭建强大的数字化支持平台，发挥数字技术在航运业中的核心作用，通过数字化赋能，提升前台功能（线上+线下），建立支撑前台的强大中台，打造线上线下一体化的全程供应链产品。加快推广数字化产品的应用，以区块链电子提单为重要纽带，建立行业标准，持续推广"无纸化放货"产品在境内外港口的使用。中国远洋海运牵头建立的航运业首个区块链联盟已在国内外 11 个港口投入生产应用,发布首张金融属性区块链提单,列入交通运输部民生实事工程之"畅行工程"。中国远洋海运在厦门远海码头打造"智慧港口 2.0 版"正式启动商业化运营,树立行业标杆。自主开发集装箱 IRIS4 系统在全球航运业处于领先地位,"船视宝"平台为客户提供多维度航运数字化服务。外贸电商业务蓬勃发展,加快推出数字化解决方案,外贸电商平台 2022 年成交箱量同比增长 79.92%。一系列重大举措推动 5G、大数据、物联网、区块链、人工智能、云计算等技术在航运、港口、物流、制造等领域融合创新,有效激发发展新动能。

担当绿色低碳发展新使命

推进碳达峰碳中和是党中央重大战略决策,也是企业高质量发展的内在要求。对于传统航运业来说,原本道阻且长,但中国远洋海运的超前布局和扎实推进成为我国交通运输绿色转型驶入"快车道"的一个缩影。中国远洋海运积极探索船舶节能环保技术,加强包括绿色甲醇、绿氨、绿氢及其上游可再生能源在内的生产、运输、加注研究,将研发培育新能源船型作为战略性新兴产业,加快低碳新能源项目建设,推进节能环保船型及船队新能源动力升级,订造 12 艘全球最大的 24000 标准箱甲醇双燃料动力集装箱船,投入 700 标准箱级长江干线全电池动力零碳排放集装箱船,推动船队新能源动力升级和绿色低碳运营。加快实施船舶岸电系统安装和陆上船厂、港口、仓储及其他相关设施的绿色化改造,提升风电、光伏等绿电使用比重。实施海南博鳌零碳示范项目,助力海南打造零碳自由贸易港。在"双碳"目标指引下,中国远洋海运快马加鞭驶向绿色减碳新航程。

青山遮不住,毕竟东流去。国有企业改革势不可挡,也永无止境。在加快建设世界一流企业的航程中,中国远洋海运必将继续锚定改革创新、矢志航运强国,突出党建领航、价值领航、科技领航、全球领航,为中国式现代化作出央企新贡献。

12

实施"五大行动" 打造"五型五矿" 建设世界一流金属矿产企业集团

中国五矿集团有限公司

中国五矿在国企改革三年行动中，坚守矿业报国、矿业强国初心使命，以建设具有全球竞争力的世界一流金属矿产企业集团为目标，围绕产业支撑实施"五大行动"、围绕治理现代打造"五型五矿"，以深层次改革促进高质量发展。中国五矿全面建设中国特色现代企业制度，以"三清单一流程"为核心，加强党的领导、优化治理主体权责界面；全面完善高效灵活市场化经营机制，以"进步指数"考核体系为引领，建立新型经济责任制；全面优化业务资产布局，以提升金属矿业产业链竞争力为核心，壮大战略性新兴产业；全面推进自立自强科技创新，以突破"卡脖子"技术为关键，加快科技成果产业化。三年来，总结形成10项可复制可推广的典型经验模式、完善60项重要制度规范、打造14家国家级专精特新"小巨人"企业和制造业单项冠军企业，公司改革发展面貌焕然一新。

国企改革三年行动是一项重大政治任务，是党中央在新时代深化国企改革、推进高质量发展的必然要求，也是中国五矿集团有限公司（以下简称"中国五矿"）破解发展瓶颈问题、加快建设世界一流企业的现实需要。在国企改革三年行动中，中国五矿严格按照党中央决策部署，紧密结合企业实际，围绕布局优化开展"五大行动"（金属品种谱系行动计划、产业能级提升行动计划、产业链培育行动计划、前瞻性战略布局行动计划、人才强企行动计划）和治理现代打造"五型五矿"（创新五矿、效能五矿、数字五矿、安全五矿、品牌五矿）两条主线，全面部署、攻坚克难、高质量收官，形成了一批标志性改革成果、总结了一批可复制经验模式、完善了一批重要制度规范、打造了一批标杆示范企业、培养了一批高素质干部人才，企业精神面貌焕然一新、业务布局结构显著优化、治理体制机制更加完善，为建设具有全球竞争力的世界一流金属矿产企业集团注入强大动力。国企改革三年行动以来，中国五矿经营业绩连创历史新高，2022年利润总额266亿元，比2019年增长66.4%，在《财富》世界500强排名上升至第58位。

扛起矿业报国矿业强国使命担当，调结构优布局，奋勇向前践行"五大行动"

中国五矿以服务国家战略为中心，牢牢把握发展壮大实体经济的央企使命，矢志不渝做强做优做大主责主业，努力成为国家最先看到、最先想到、最先用到的"金属资源保障主力军"和"冶金建设运营国家队"。

坚守立企之本，心无旁骛攻主业，提升矿业核心竞争力

一是锚定资源安全保障，狠抓金属品种谱系做强做大。中国五矿根据我国对矿产资源稀缺程度、对外依存程度、供应链安全程度研究确定"长期均衡发展型、国家战略优势型、国防军工关键型、新兴产业孵化型"四大类资源品种，建立金属矿产全谱系组合"战略地图"。三年来，中国五矿有效实施金属品种谱系行动计划，对国家战略矿种供给覆盖面提高到

12 中国五矿集团有限公司

中国五矿所属秘鲁邦巴斯铜矿矿区
五矿有色所属五矿资源／供图

70%以上，刚果（金）金塞维尔铜矿二期、辽宁陈台沟特大型铁矿、亚洲最大的黑龙江鹤岗石墨矿等一批重大投资项目相继落地。目前，中国五矿的钨、铋、晶质石墨资源量排名全球第一，铜、锌、铅、锑、铬、萤石资源量排名全球第一梯队，镍、钴、锂、铁资源量排名中国第一梯队，拥有境内外矿山38座（其中境外矿山15座、境内矿山23座），秘鲁邦巴斯铜矿、澳大利亚杜加尔河锌矿、巴布亚新几内亚镍钴矿产量进入世界前十，中国"矿业航母"实力更强、质量更优、品牌更亮。

二是锚定冶金建设一流，狠抓重大工程项目做优做精。中国五矿站在国际水平的高端和整个冶金行业的高度，用独占鳌头的核心技术、持续不断的革新创新能力、无可替代的冶金全产业链整合优势，承担起引领中国冶金走向更高水平的国家责任。中国五矿按照钢铁冶金八大部位、19个业务单元，打造世界第一国家队最强阵容，建成宝钢湛江钢铁、台塑越南河静钢厂、柳钢防城港基地、马来西亚关丹联合钢铁等一批全球瞩目的全流程绿地项目，承担马钢铁前一体化智慧管控中心、河钢氢能源开发和利用工程等一批绿色化智能化前沿标杆示范项目，牢牢占据冶金建设国内90%、全球60%市场份额，牢牢占据技术尖端、产业链高端，为推动中国从钢铁大国走向钢铁强国发挥了无可替代的作用。

三是锚定资产进够退足，狠抓产业能级提升亏损治理。中国五矿在深化供给侧结构性改革中，实施产业能级提升行动计划，推动产业转型升级，发挥行业引领带动作用。进有高度，央地携手改革发展。中国五矿以湖南湘江流域重金属污染治理、清水塘老工业区综合治理为契机，果断地将国内最大的铅锌生产基地株冶集团整体搬迁到衡阳水口山。坚持"转移企业不能转移污染"的改革方针，完成株冶老基地有序关停、人员平稳分流安置、新基地项目建成投产三大任务，淘汰落后产能55万吨，劳动生产率提高2倍，对湘江流域二氧化硫可减排超过1.5万吨/年。昔日走出"八百矿工上井冈"的红色摇篮水口山，在改革中成功转型为世界一流的铜铅锌产业示范基地。退有力度，长效治理亏损企业。主动退出钢铁生产冶炼业务，将所持五矿营钢全部控股股权公开挂牌转让，通过网络竞价达成138亿元交易，溢价率30%，十年未能处置完成的资产在国企改革三年行动中成功脱售。以"子企业不消灭亏损，就消灭亏损企业"作为硬约束，处置104家"僵尸特困"企业，较2015年末累计减亏增利148.9亿元，妥善分流安置员工3.08万人。同步健全长效机制，建立企业全生命周期管理模式，出台《亏损企业治理指导意见》和《企业设立退出管理办法》，推动相关工作由"专项治理阶段"转入"常态化管理阶段"。

展现兴企担当，主动布局新产业，提升产业链供应链控制力

面对产业变革、产业链重构加速的新趋势，中国五矿围绕金属矿业产业链供应链安全稳定、延伸拓展做文章，加快产业培育布局，提升产业链构建力、主导力和控制力。

一是提档强链打造产业链"链长",加快产业链自主可控。中国五矿紧盯产业链最有价值的关键环节打造"链长"企业,实施"产业链培育行动计划",依靠"链长"优势推动产业组织优化、产业集群汇聚和产业链整合,带动提高整条产业链提高韧性、自主可控。"双百企业"中钨高新作为钨产业发展平台,打通了钨金属的资源开发、冶炼加工、硬质合金、切削刀片、钻头工具的全产业链,以资源为保障、以材料为核心、以装备工具为关键,主动承担钨产业链"链长"职责使命,带动提升钨产业的国际竞争力和影响力。相比2019年,中钨高新2022年营业收入、利润总额分别提高37%、377%,生产高品质数控刀片超过1.1亿片。同时,中国五矿坚持瞄准一个方向、搭建一个平台、培育一个产业、打响一个品牌,培养析出一批专精特新中小企业。截至2022年末,孵化培育出国家级制造业单项冠军企业4家、专精特新"小巨人"企业10家。

二是提速延链打造"明日之星",加快前瞻性战略布局。中国五矿加快实施产业链培育行动计划,依托资源优势和技术优势,全产业链布局新能源电池正极材料产业,完成中冶瑞木新能源三元前驱体、长远锂科电池材料、五矿盐湖碳酸锂三大项目建设,快步迈向中国一流、世界领先新能源电池材料产业运营商。目前,多元前驱体等三元正极材料产销量已位列国内前三名,长远锂科快速成长为行业头部企业。在节能环保产业赛道上,聚焦资源循环利用效率提升,发挥冶炼技术应用、金属材料研发等主业优势,在矿山治理、土壤修复、污水处理、光伏发电、城市管廊等优势项目重点发力,2022年中国五矿环保业务收入超过150亿元,新的增长引擎异军突起、初具规模。

三是提质增效打造"内部市场",加快专业化整合融合。互补式重组是中国五矿与中冶集团战略重组的鲜明特点。中国五矿创新打造管理对接、业务协同、产业整合、人员交流、文化融合"五位一体"的互补式重组模式,持续深化整合融合,不断放大"1+1>2"的重组改革红利。特别是加强内部业务协同,成立集团千亿内部市场领导小组。通过交易型协

中国五矿所属秘鲁邦巴斯铜矿矿区
五矿有色所属五矿资源／供图

同再造内部市场、集成创新型协同拓展外部新市场、平台型协同推动平台服务共享等多种形式，推动各级企业在资源开发、工程项目、贸易物流、装备制造、产融协同、地产建设等方面广泛协同对接。目前累计签约规模超过6000亿元，实现毛利超过100亿元。

夯实固企基石，不拘一格降人才，提升员工队伍干事创业执行力

企业改革，关键在人。习近平总书记指出："我们要应变局、育新机、开新局、谋复兴，关键是要把党的各级领导班子和干部队伍建设好、建设强。"中国五矿深入贯彻党的组织路线，实施人才强企行动计划，加快由干部人事安排转变为人力资源配置，形成产业集聚人才、人才引领产业的生动局面。

一是突出选才导向，强化总体设计。中国五矿建立更加鲜明的用人导向，重点解决"干事创业精气神不够，患得患失，不担当不作为问题"。出台《中国五矿人才发展体制机制改革实施意见》，明确人才队伍建设的目标和路径，严把政治关、能力关、廉洁关。建立常态化干部考察机制，对二级单位领导班子和领导人员精准"画像"，解决"到了要提拔考察时才去谈话、去了解"的问题。通过全面了解干部的精神状态、政治能力、工作状态、工作业绩、业务本领等，形成对党委（党组）管理干部的综合性画像，并在此基础上建立动态干部库，两年一梳理，一年一调整，实现人选有进有出、一池活水。建立多层次人才培养机制，对初级管理岗位及以下干部开展"三个一批"调研，通过使用一批、交流一批、培养一批，重点解决年轻干部从家门到校门再到机关门的"三门问题"。打破固有的干部层级和班子职数的条条框框，把"敢不敢扛事、愿不愿做事、能不能干事"作为识别干部的重要标准，形成"三个一批"名单近400人，加大优秀年轻干部选拔使用力度，国企改革三年行动以来选拔近30名45岁左右优秀年轻干部充实到二级单位领导班子中，目前集团二级班子中年轻干部占比达到22%。

二是突出业绩导向，强化上下流动。紧抓经理层任期制和契约化"牛鼻子"，通过"五定操作法"建立新型经济责任制。一定政策，中国五矿总部出台《关于中国五矿全面推行领导人员任期制和契约化管理的意见》《关于加大力度推行职业经理人制度的指导意见》《推进领导人员"上、转、下"多通道发展工作方案》等规范性文件和落实方案，修订《领导人员选拔任用工作办法》《综合考核评价办法》《二级单位负责人薪酬管理办法》等30余项制度，优化细化经理层成员（含职业经理人）的选拔聘任、考核评价、薪酬激励、调整退出等具体标准及规则；二定范围，坚持应签尽签，梳理确定649家子企业、1933名经理层成员（含职业经理人）纳入改革范围；三定契约，坚持"一人一策"，按照国务院国资委《文本操作要点》要求和企业人员具体情况，差异化确定每个签约人的岗位、目标、权限及奖惩；四定考核，创建"进步指数"考核体系，从"横向与同行比、纵向与同期比、环比与上月比、闪光比亮点、完成比速度"5个维度，体现到指标制定、目标确定、结果核定各环节；五定奖惩，根据年度和任期考核结果从"签约"到"履约"，确保刚性兑现奖惩。截至2022年末，各级企业管理人员（含职业经理人）因考核不达标而岗位调整和不胜任退出 270 人。

三是突出人本导向，强化机制配套。通过"解干部三忧"健全激励担当作为配套支持。解思想之忧，制定《领导人员容错纠错实施办法》《经营投资免责事项清单》，宽容领导人员在深化改革、先行先试、探索性试验等方面工作中的失误，为敢于担当的干部担当，为敢于负责的干部负责。解能力之忧，科学设计干部学习地图，针对不同层级、不同发展阶段干部确定差异化培养主题，构建了以 M-HERO 领导力模型为核心的能力培养目标，通过"璞石、基石、磐石、钻石"培训体系，有效增强干部能力提升的系统性和持续性。培训后超过 80% 的课题成果已落地实施，30% 学员通过职务晋升、轮岗锻炼、主持专项工作等方式承担了更重要的管理职责。解保障之忧，对不同类型、不同地域干部在户口迁转、企业年金、子女入托等生活方面给予多层次、全方位的便利保障，促进干部工作安心舒心、事业为上。

推进治理体系和治理能力现代化，改体制活机制，奋发有为建设"五型五矿"

以创新领先为核心，打造"创新五矿"

一是聚集国家重大工程承接能力，提高科技自立自强水平。中国五矿坚持将科技创新作为集团发展全局的"头号任务"，确立重点科研方向、攻关项目和时间节点，一项目一台账、一项目一团队，狠抓落实落地。着力推动打造深海深地、冶金工程、新能源、战略金属、数字化供应链五大原创技术策源地，部署实施二十大矿产开发、二十大冶金工程、十大金属材料、十大新能源材料和十大基本建设技术攻关，实现从"找项目"向"造项目"转变。目前，"1025"专项一期三项攻关任务圆满收官，打破多晶硅生产技术、高效低耗特大型高炉关键技术等国际垄断，完成世界首次海底自行式多金属结核采矿系统1000米级整体联动试验、世界首创超级电弧炉钢厂热试，相关技术达到世界先进水平。特别是，上海宝冶公司作为"科技冬奥"承建单位，圆满建成国家雪车雪橇中心项目，作为2022年北京冬奥会比赛场馆中设计与施工难度最大的项目，打破多项瑞士、韩国施工技术垄断，实现多个"中国首创"，成功问鼎鲁班奖。"雪游龙"等冬奥工程被习近平总书记称赞为"造福人民的优质资产"。深圳金洲公司研发出直径0.01毫米极小径铣刀，是世界最小直径铣刀，利用这种铣刀能在一根头发丝上铣出7个字母、在一粒米上铣出56个汉字，突破了微型精密刀具的"卡脖子"技术，在全球同行业中实现了从起步、跟跑、并跑到领跑的跨越，目前金洲公司稳居印制电路板（PCB）用精密微型钻头市场占有率世界第一。

二是聚焦科研成果应用转化能力，探索事业合伙人产研模式。针对科技研发风险高、创新成果转化慢、科研人员积极性不足等难点痛点，建立科研人员与科研项目风险收益绑定机制，允许科研人员以现金出资参与项目研发，同项目单位签订书面协议，约定各方出资比例、资金使用、项目核算、成果收益分配及项目清算等事项，条件成熟并完成项目清算，可注册成立合资公司。出台《中国五矿关于支持科技型企业体制机制创新的指导意见》和《关于支持鼓励"科改企业"进一步加大改革创新力度的工作方案》，指导"科改企业"等科技型企业探索突破。赋予科技人员更大技术路线自主权、经费支配权、资源调度权，推动专项工资总额单列等政策落地，让创新"种子"纷纷萌芽，让创新"雨林"生机盎然。长沙矿冶院以内部"双创"促进科研成果转化，在新能源汽车退役动力蓄电池回收项目、新能源汽车退役动力电池梯级利用项目、高导电碳材料产业化技术开发项目、金磨科技项目、金炉科技项目等多个项目进行探索，运行良好且取得了显著成效。其中，金炉科技项目由科研项目成果转化注册新公司，长沙矿冶院占股60%，17名核心技术人员占股40%。国企改革三年行动以来，该公司营业收入、净利润、净资产分别增长182%、71%、140%，成

"鲲龙500"深海多金属结核集矿系统
长沙矿冶院／供图

为长沙市"瞪羚企业"。

三是聚焦科研组织模式资金配套，统筹优化创新资源配置。以科技创新推动产业基础再造和价值提升，积极发挥全产业链一体化服务优势，强化关键核心技术创新。创新配置科研资源，打破增设组织、调整机构的思维惯性，以"不动体制动机制"的方式创新科研组织模式和运行机制，组建"中国五矿中央研究院＋科技型企业重点学科"的虚拟体系，集中调配43个国家重点实验室等科研平台、136家科技型企业等内部资源，围绕主责主业加快关键技术攻关，在总部部门、企业法人组织体制不动的基础上，探索打造以开放运营、轻资产运作、知识分享、跨界交流为特征的新型研发机构，避免同质化竞争、提高研发效率，实现错位发展、协同发展。创新科研资金投入机制，构建由科技专项资金、科创基金、双创基金、产业基金、政府资金、企业自筹资金等构成的多层次、全生命周期科技金融体系，形成持续稳定的科技投入机制。中国五矿科创基金募资 10 亿元，按照"谁受益、谁出资"的原则，由 14 家子企业共同出资，委托五矿创投公司作为基金管理人，重点对从 0 到 1 的早期科研项目进行投资。集团对基金不设财务性考核指标。目前，科创基金已投资 26 个子企业科研项目，带动项目团队个人投资约 2000 万元。

以治理现代为核心，打造"效能五矿"

一是加强党的领导与完善公司治理相统一，创建"三清单一流程"，有效落实"两个一以贯之"，推动制度优势更好转化为治理效能。中国五矿建立完善"三重一大"清单、核心管控事项清单、总部决策事项清单及管理流程，将集团党组会、董事会、总经理办公会、副总经理、总部部门负责人、直管企业的决策事项、责权边界、审批程序等纳入一张图表、一个系统，520 项电子审批流程全部嵌入电子公文 OA 系统，实现各责任主体职责权限、事项流程一目了然、一网操作。中国五矿以党的领导融入公司治理为改革契机，将"中国式治理管理融入国际化矿业公司"，将原澳大利亚墨尔本总部搬迁到北京，委派中方党员干部担任董事长、首席执行官及人力、财务等部门关键职务，进一步加强对采购、销售、运营领域的管理管控，特别是带动中国制造"走出去"，国企改革三年行动以来实现中国制造矿山设备出口海外超 3.2 亿美元。

二是加强董事会建立与规范董事会运作相统一，注重董事会建设的"硬结构"，更注重规范有效运行的"软实力"。中国五矿贯彻"应建尽建、配齐建强"总要求，一年之内完成 140 家子企业董事会建立，100% 实现外部董事占多数。出台《子企业董事会规范运作管理规定》和《直管企业外部董监事行为规范》，对董事会如何组好队、开好会，董事如何履好职、尽好责提出了具体规范要求，并配套董事会会议计划等 9 个工作模板，确保可操作可落地。指导推动各级子企业全面落实，上海宝冶公司入选国务院国资委"国有企业公司治理示范企业"。

三是落实董事会职权与差异化放权授权相统一,以塑造真正独立市场主体为核心,积极迈向以管资本为主。中国五矿建立授权评估模型,确定29家重要子企业率先落实董事会职权,通过"两下两上"有序实施。"一下"集团明确工作方向、指导操作方法,下发落实董事会职权工作方案模板;"一上"相关企业结合自身需要,向集团上报工作方案,提出中长期发展决策权等6项职权放权具体诉求;"二下"集团总部"一企一策"、综合考虑,审议批准落实职权方案,正式印发企业并明确具体落实要求;"二上"相关企业制订修订经营业绩考核办法、薪酬管理办法等7项配套制度,上报集团备案。"双百企业"中钨高新在投资管理方面获得了1亿元授权,按照"谁审批、谁负责"的原则,中钨高新审慎决策、高效决策,三年来自主决策固定资产投资21项,累计金额约14亿元,实际投资比预算投资节省超1.3亿元。

以信息赋能核心,打造"数字五矿"

一是建设"数字化企业大脑",推动治理体系数字化和运营体系数字化。中国五矿以要素管理为前提、以数据共享为基础、以应用场景为核心、以数字底座为支撑,打造数字化智能化管控平台,破除长期存在的"信息孤岛"、数据碎片化问题。以集团公司司库建设、采购监控平台建设为牵引,聚焦供应链流、资金流、票据流、合同流、物流、人流的数字化,加快关键管理领域平台系统建设,大力推动人工管理、事后管理转向数字管控、实时管控。比如,采购监控平台以采购业务风险预警场景为核心,以"数据赋能,推动企业提质增效"开展采购业务赋能为目的,初步实现了采购业务"运行+治理"的数字化转型,具备实时、穿透、预警、赋能的特征和责任主体闭环管理的功能。该平台于2022年7月底开始试运行,9月1日正式运行。

二是加快推动产业数字化、数字产业化。中国五矿树立"数据就是资产,应用场景就是资源"理念,充分发挥自身拥有海量数据和丰富应用场景的优势，推动智能找矿、智能矿山、智能工厂、智慧工地等领域实现新突破，在安徽铁矿石项目、黑龙江鹤岗石墨项目中率先试点示范；推进整合商流、物流、信息流、资金流的智慧供应链系统，及时总结五矿发展公司"龙腾云创"项目经验；推进钢厂运营服务的远程监控和在线诊断，及时总结智能制造、数字孪生技术的应用经验，打造行业试验田。"科改企业"中国恩菲利用"大数据+人工智能技术"成功开发"ICC 垃圾焚烧炉智能控制系统"和"多组分、高精度火焰温度数字化动态分析系统"，显著提升了固废处理行业的智能操作和智慧管控水平，引领环保能源行业"数字化智能化无人化"的发展方向。

此外，中国五矿还围绕筑牢底板，打造"安全五矿"。完善"1+N"全面风险管理体系，从总部到各层级、从总体到各专项、从表内到表外、从境内到境外，实现横向到边、纵向到底的全面覆盖。中国五矿"1+N"风险管理体系入选国务院国资委对标世界一流管理提升行动的标杆项目。围绕软实力提升，打造"品牌五矿"。按照世界一流企业"品牌卓越"标准要求，更加注重品牌建设，以引领打造、运营维护、宣传传播为主要内容，增强发展软实力。

坚持常态化长效化有机统一，固成果促推广，总结十项经验模式复制推广

中国五矿集团党组提出："不能把国企改革三年行动仅仅作为阶段性任务，要拿出成熟定型的制度、可推广可复制的经验，推动改革向广度和深度进军。"

以改革成果为实践基础，总结提炼经验模式

中国五矿一方面按照中央要求和国务院国资委部署，努力完成改革"规定动作"，另一方面结合自身实际，积极做好改革"自选动作"，体现出特点亮点。在丰富改革实践的基础上，总结提炼十项代表性、创新性改

革经验模式。一是"三清单一流程"的责权分配模式;二是"五位一体"的互补式重组模式;三是"双对标双70"的契约化管理模式;四是"两隔板多维度"的薪酬激励模式;五是"三步走两加强"的混合所有制模式;六是集成型闭环式的大监督模式;七是事业合伙人制的产研结合模式;八是市场化融投管退的国有资本投资运营模式;九是以融促产、产融衔接的产融结合模式;十是以"五个融入"为核心的党建模式。每项改革模式都从模式内涵、操作要点、典型案例等方面总结出一套系统范式。

以改革要求为主要输入,修订完善章程制度

为推动国企改革三年行动重点要求和成熟经验长期坚持、巩固深化,中国五矿制定出台《关于将国企改革三年行动重点要求和成果经验纳入公司章程等制度体系的指导意见》,原原本本、不折不扣地将改革重点要求固化落实,系统全面、精准精炼地将改革成果经验复制推广,形成于法周延、于事有效的制度体系。以《国企改革三年行动方案》及配套政策文件为主要输入,结合中国五矿总结提炼的改革成果做法模式,从8个方面提出30项具体操作性建议,指导各级企业修订公司章程和规章制度。同步指导各单位制定制度、修订计划,2022年集团总部应修订制度61项、子企业应修订制度305项,目前已100%完成。

以改革系统为平台载体,跟踪督办任务指标

以网固基,开展数字化监控。结合中国五矿"数字化企业大脑"专项工作,建设深化改革的数字化管理系统,推动改革任务和量化指标的采集、汇总、展示、分析从"线下"切换到"网上",对滞后任务和指标在线预警、跟踪督办、验收销账,实现"智能看、智能管、智能治",为国企改革三年行动常态化、长效化夯实基础。以考促改,实施全覆盖考核。依据改革系统监测的任务指标情况,结合企业特点亮点,对直管企业2021年度改革情况开展量化考核,对获评A级的企业年度经营业绩考核加0.5分,实现正向激励、论功行赏。

13

提升治理效能 聚焦产业发展
实现质的有效提升和量的合理增长

中国建筑集团有限公司

中国建筑生于改革、兴于竞争、强于创新。国企改革三年行动实施以来，中国建筑锚定加快建设世界一流企业目标，以在治理、活力、效率、质量上取得明显成效为主线，锁定重点、靶向攻关，推动深层次改革。中国建筑构建统一规范的"四规则五清单"治理体系，全面提升外部董事占多数董事会的治理效能；聚焦产业发展的"五大赛道"，全面加快产业结构调整和产业链布局；围绕"双碳"及数字化转型，打造智慧建造、绿色建造两个原创技术策源地，全面深化创新驱动发展；实施机构全生命周期管理，全面优化资源配置；全级次企业推行任期制契约化管理，全面深化市场化经营机制。通过一系列改革举措，中国建筑实现质的有效提升和量的合理增长，涌现出一大批科技创新成果，企业核心竞争力进一步提升，创新动能显著增强，服务国家战略坚决有力。2022年，中国建筑新签合同额3.9万亿元，同比增长12.7%，再创历史新高，在《财富》世界500强排名跃升至第9位，稳居全球最大投资建设集团地位。

中国建筑集团有限公司（以下简称"中国建筑"）正式组建于 1982 年，是我国专业化发展最久、市场化经营最早、一体化程度最高、全球规模最大的投资建设集团之一。作为党中央、国务院机构改革"政企分开""自负盈亏""建筑业下海"的第一个试点单位，中国建筑自诞生之初就肩负着改革开放、市场化"试水"的重任，因改革而生，也因改革而兴。40 年来，中国建筑建设了占比超过 90% 的 300 米以上超高层建筑、3/4 的重点机场和卫星发射基地、1/2 的核电站、1/3 的城市综合管廊，以及地铁、铁路、生态环保等领域的一大批重点工程。国企改革三年行动以来，中国建筑深入学习贯彻习近平总书记关于国有企业改革发展和党的建设的重要论述，以改革促发展，最大限度释放改革红利，加快建设世界一流企业，高质量发展取得明显成效。2021 年，实现新签合同额 3.53 万亿元，营业收入 1.89 万亿元，利润总额突破千亿元大关；2022 年，实现新签合同额 3.9 万亿元，营业收入迈上 2 万亿元台阶，稳居全球最大投资建设集团地位。

推动国企改革三年行动走深走实

集团层面确定改革任务 105 项、改革举措 385 项，累计召开工作部署会 21 次、研究改革相关议题 41 项，组织国企改革集中培训 11 场、覆盖 48.3 万人次。集团党组科学谋划、统筹推进，以系统思维推动国企改革三年行动落实落地。截至 2022 年 10 月底，改革主体任务全部完成，改革红利不断释放，企业发展动力更加强劲。

强化组织领导，确保"铃响交卷"

中国建筑各级企业"一把手"坚决扛起"第一责任"，形成了上下齐心、协同推进的整体合力。集团党组书记统筹谋划，共主持召开 16 次国企改革三年行动专题推进会，覆盖二、三级子企业，确保"一竿子插到底"。设立改革办，配置 10 人改革专班，组建"公司治理""三项制度改革"等 6 个项目组，全面落实改革任务。将改革事项划分为有破有立的

中国建筑研发的"万吨压力机"是目前全球加载能力最强、空间最大、功能最全的大型土木工程试验设备
中建产研院／供图

重塑项、持续优化的精进项、持之以恒钉钉子的夯实项等,差异化制定节点目标和评估标准,实现精准发力。开展改革专题调研,"一企一策"协调解决子企业改革推进"急难愁盼"问题76条,加快推进改革进程,力求改革实效。聚焦改革任务清单,锁定"军令状"完成时限,并由主要负责人"签字画押",由集团改革办逐月督办。按照"制度健全、动作到位、成效显著"的标准衡量完成质量,逐项列出标志性成果,确保改革动作完成和改革实效显现,完成情况交由改革办、责任部门、监察部门"三方会审"后方可销账。

开展强力督办,做实考核应用

中国建筑创新提出"一个体系、三个突出、六个抓手"的"136"全面考核督导工作法,贯穿集团各层级、改革全过程。建立了一套包括"工作台账、考核办法、督办系统、结果运用"在内的考核评价体系,突出改革推动的"差异性、针对性、准确性"三大特点,抓好"会议机制、交底机制、案例推广、典型引路、专项审计、纪检巡视"六大内容,并以此为工作法狠抓执行,有力推进了改革任务及举措的完成。中国建筑组织推进的特色做法在国务院国资委改革专题例会上作为典型发言,并在国企改革工作简报上刊发推广。开展实时督办,改革过程中累计向总部部门和子企业第一责任人下达督办函19份,公开晾晒排名,层层传导压力。搭建改革在线督办系统,实现进度描述、完成时间、预期阶段成果、节点对应权重及进度完成率等在线填报和统计分析,覆盖集团总部部门、全部二级子企业和395家三级子企业。刚性改革考核应用,中国建筑将改革任务作为硬指标在子企业负责人考核责任书中直接列示,作为考核总得分的加减分事项,明确分值幅度可达±5分,相当于考核净利润10亿元。2021年,对考核为C级的4家企业实行"一票否决",年度经营业绩考核均不得评A级。

做好成果固化和复制推广

中国建筑积极推动将国企改革三年行动工作要求和成果纳入公司制度框架。把改革相关制度汇编成册,形成《公司治理制度汇编》《机构管理1+N制度体系》《外部董事管理和履职制度汇编》等多部手册,固化改革成果。持续选树改革先进典型,及时总结提炼各级次企业在改革实践中探索的好经验好做法,精选了111项典型案例,形成了40.8万字的《改革筑未来》改革经验案例集并公开出版。中国建筑改革经验及特色做法得以在央企中复制推广,提供了国企改革的"中建答卷"。

"改革永远在路上,改革没有完成时。"在国企改革三年行动主体任务基本完成、进入决战决胜全面收官的关键阶段,中国建筑锚定任务目标,补短板强弱项,推动改革高质量收官,以创建世界一流企业为战略目标,持续谋划下一步改革之路。

中国特色现代企业制度更加成熟更加定型

中国建筑始终坚持把加强党的领导和完善公司治理统一起来，加快健全"权责法定、权责透明、协调运转、有效制衡"的公司治理机制。

在完善公司治理中加强党的领导

中国建筑集团党组推动各级企业准确把握党组织功能定位，厘清党组织同其他治理主体的权责边界，制定详细的权责清单，促进各治理主体协调运转。从"确权明责"入手，集团党组带领各级党组织靠前就位，系统梳理各治理主体的工作职责和决策权限，构建统一规范的"四规则五清单"治理制度体系，做到权责闭合交圈、无缝衔接，激发各治理主体的治理效能。逐一前置审核35家二级子企业的党委工作规则和"三重一大"管理办法，"一企一策"提出910条针对性修订建议。各级党组织一级抓一级、层层抓落实，将改革要求纵贯到底。各级企业认真落实党组织前置研究讨论程序，如中建三局明确党委决策党的建设等重大事项和前置研究讨论重大经营管理事项"两个清单"（党委"定"的事项64项和"议"的事项54项），实现权责事项"一表在手，全局在胸"。

推动董事会"应建尽建、配齐建强、规范运作"

中国建筑坚定推动董事会应建尽建、配齐建强，促进董事会"定战略、作决策、防风险"作用有效发挥。全面完成外部董事占多数的董事会改革，原则上按照3名内部董事、4名外部董事进行标准化配置，"应建"子企业董事会100%实现外部董事占多数。规范子企业董事会运行规则，出台《子企业公司治理结构管理办法》《子企业董事会工作规则》等系列制度，严格执行全体董事和全体外部董事"双过半"出席等要求，推动董事会运作更加专业尽责、规范高效。统筹母公司对子公司差异化授权，充分考量母公司的业务监督和风险控制能力及子公司董事会的行权能力，开展对子公司的差异化授权。深化落实子企业董事会职权，坚持"分类实施、分步

"科改企业"中建科工自主规划、设计的全国首条重型 H 型钢智能生产线
中建科工／供图

推进、分级落实、鼓励探索"原则,率先面向重要子企业、纳入"双百行动""科改行动"等改革专项工程的子企业落实董事会职权。进一步提高国有控股上市公司董事会运作水平,推动董事会专门委员会在投资、监督等方面发挥更大作用,中建股份超过 70% 的董事会议案经由专门委员会审议后提交董事会决策。

推动外部董事有效发挥功能作用

中国建筑充分发挥外部董事占多数的治理效能,为子企业在重大决策上提供多元视角,增强决策的科学性。建立包括 182 人的外部董事人才库,创新采用"小组制"模式配备二级子企业外部董事,每组由 4 人组成,其中 1 人为召集人,每组任职不超过 3 家企业。在小组成员的配备上,充分考虑子企业经营特点、业务规模等因素,科学搭配、差异化确定任职单位,有利于解决随机派驻外部董事带来的磨合时间长、针对性弱的问题。新设外部董事管理部,强化履职管理和服务保障,健全业务指导、专业支撑、培训交底、信息互通等工作机制，定期实施"四个一"培训机制（每月举办 1 期外部董事沙龙、每季度召开 1 期外部董事座谈会、每半年举办 1 期董事及董事会秘书培训班、每年度开展 1 次述职综合评价），建立"四共同"支撑体系（共同加强信息支持、共同加强工作指导、共同加强业务培训、共同加强支撑保障），为进一步提升外部董事履职能力提供强有力支撑。坚持开展"一对一"任前交底，编制外部董事履职指引清单、履职保障工作措施清单，规定了 7 个方面 21 项工作措施，确保外部董事更好发挥独立决策作用，有效赋能企业发展。2022 年"应建"范围子企业董事会共审议议案 1415 项，外董累计提出意见建议 748 条。

作为整体上市中央企业，中国建筑已连续 11 年入选上证公司治理指数样本股，连续 6 次荣获中国上市公司董事会金圆桌奖"最佳董事会"奖，连续 4 年获上交所信息披露 A 级评价……这一系列荣誉背后传递出来的是资本市场对中国建筑公司治理的认可。在国企改革三年行动中，中国建筑共有 3 家单位入选国务院国资委"公司治理示范企业"，成为入选数量最多的中央企业。

加快推进布局结构调整，优化产业链条

中国建筑积极推进产业结构调整和布局优化，提升产业链供应链现代化水平，主动服务和融入国家发展大局，构建现代化产业体系。

优化调整产业结构，抢抓市场机遇

中国建筑以打造现代产业链"链长"为目标，加快构建现代建筑产业体系，通过提升基础固链、技术补链、融合强链、优化塑链的能力，不断增强产业链供应链韧性和竞争力。深化拓展基础设施业务，抢抓国家基础设施投资建设大发展机遇，聚焦基础设施、轨道交通、装配式建筑等方面，在建筑产业链上强链补链，推动中建基础、中建交通、中建铁投、中建科技差异化发展，打造专业精、实力强的专业公司。中国建筑基建业务

每年保持两位数增长，2021年新签合同额突破8400亿元，占全部新签合同额比重提升至24%。加快布局投资业务，培育投资建造一体化能力。通过设计、房建、地产、基建、境外"五位一体"发展，深入布局投资建设各个领域，由传统房建施工企业向集投资商、建造商、运营商于一体的投资建设集团转型，拓宽产业链布局。发挥全产业链优势，整合优质资源，创新应用BOT、PPP等商业模式，在片区开发、大体量城市更新、站城融合、城市运营等领域持续发力。2021年中国建筑投资超过4000亿元，创造良好经济效益，支撑业务转型。

聚焦产业化，推动产业链布局升级

中国建筑在聚焦主责主业的基础上，按照"五个有利于"的战略考量（培育新产品新业态新模式、增强科技实力、打造专业优势、塑强完整产业链、完善全球布局），引导子企业聚焦选定赛道进行差异化发展。出台分拆上市、并购及混改指导意见，加大对领跑企业资源投放力度。致力于打造"专精特新"企业，目前已获评2家国家级专精特新"小巨人"和1项"制造业单项冠军产品"。旗下中建西部建设引入持股超过15%的战略投资者。新设立中建科创，作为创新领域发展布局的重要投资平台，聚焦"双碳"和数字经济两个主攻方向，以孵化"专精特新""高精尖特"企业为路径，培育第二增长曲线。依托中建发展积极探索创新业务，作为节能环保产业、绿色建筑产业化的主体公司，近年来开拓水环境综合治理、建筑垃圾资源化利用、建筑行业互联网+、新型建材、智慧运营等业务。通过并购行业上市公司环能科技，填补中国建筑在环保装备领域的空白。依托中建科技大力布局装配式业务，聚力攻坚装配式建筑产业，目前拥有23个建筑工业化制造基地及国内领先的智能化生产线，自主研发全球首个装配式建筑智慧建造平台，以及国际领先的装配式钢混组合结构等装配式建造技术体系，实现"像造汽车一样造房子"。

增强供应链自主可控能力，打造现代化供应链体系

中国建筑推动供给侧结构性改革，以提高质量和效率为目标，以整合资源为手段,提升产业链的稳定性和韧性。创新采购管理模式,全面推行集中采购,加强供应链建设,建立统一的交易平台、采购体系和基础数据库;全面推行"设计入图、概算融合",提升限额设计条件下的采购成本管控能力,提升资源保障的灵活性、针对性、有效性,延伸采购价值链。建设数字化供应链,打造中建电商——"云筑网"品牌,在央企和行业中均处于领先地位,"云筑集采"年交易额突破 1 万亿元大关,采购额累计超 5 万亿元。在构建绿色建筑供应链、生产链、消费链上发挥引领作用,全力保障产业链供应链稳定,及时解决供应链上下游中小企业资金所需,精准帮扶 4800 余家小微企业及个体工商户,按时足额减免租金近 10 亿元。严格合同依约支付比例,强化民营和中小企业款项支付保障,践行央企责任担当。

中国建筑坚持产业发展"一盘棋"的思路,推动产业链供应链布局优化调整,提高全产业链运行效率,深入实施国家战略性新型产业布局,推动产业布局更加健全、产业结构更加合理。

深化创新驱动发展,战略打造原创技术策源地

中国建筑以国家战略需求为导向,加快实现高水平科技自立自强,集聚力量进行原创性引领性科技攻关,不断深化科技体系建设、科技研发布局,在支撑企业转型升级和新动能培育方面发挥关键作用,全力构建科技创新驱动发展新格局。

加强科技治理体系和能力建设

中国建筑以"创新驱动专项行动"为抓手,纵深推进新一轮科技体制改革。加快全业务领域科研布局,完善科技创新体系。出台《加强科技创新能力建设三十条举措》,明确十大研发方向、153 项重点任务,加快打造智慧建造、绿色建造两个原创技术策源地,加强关键核心技术攻关,持续增强"中国建造"能力。在城市更新、乡村振兴等领域开展"揭榜挂帅",在川藏铁路等重大项目技术攻关上应用"赛马机制",形成"空中造

引领示范
国企改革三年行动综合典型案例集

中建安装旗下中建五洲研发生产的 LUMMUS 工艺丙烷脱氢核心装置连续三年在全球市场占有率最高，荣获"制造业单项冠军产品"称号，填补了国内大型丙烷脱氢核心装置现场制造的空白
中建安装／供图

楼机""智能造塔机"等一批智能化建造技术。"两山"医院建设彰显了中国建筑一流的工业化生产能力和卓越的装配式建造技术，入选国务院国资委"国有重点企业管理标杆创建行动标杆项目"；"水立方"华丽变身"冰立方"助力科技冬奥，解决"水冰转换"难题；从"埋件焊接机器人"到"模块化整体吊装核岛"，中国建筑为"华龙一号"建成投运提供一整套核电施工的中建方案；从"空中造塔机"到"智能装配造桥机"，基础设施领域的科技优势逐步凸显；自主研发的"空中造楼机"尖端技术成果，逐渐从摩天大楼向普通高层建筑普及应用；自主研发的"万吨级多功能实验系统"，成为全球加载能力最强、加载空间最大、功能最领先的土木工程实验设备。中国建筑各级子企业建立了多层级全覆盖的研发管理、成果管理、技术管理制度体系，产研能力进一步增强，涌现出一批研发能力强、成果应用广的科研机构，新增 4 家国家级和 39 家省部级企业技术中心，新创建

30家省部级创新平台和18个技术联盟,2021年全年投入科研经费399亿元,连续三年平均增长率超过30%。2022年,中国建筑作为第一共建单位参与建设我国数字建造领域唯一的国家级"国家数字建造技术创新中心"。

聚焦"双碳"数字化转型,增强发展新动能

中国建筑致力于创新发展、绿色发展。从科技创新,到数字化转型,再到绿色中建,创新成为第一动力。大力践行"两山"理论,实现绿色发展。编制发布碳达峰行动方案,实施碳达峰"个十百千万"工程。成立中国建筑碳达峰碳中和产业技术研究院,开发建设碳排放综合管理平台,加强减碳技术的研究应用,为碳减排工作提供科技支撑。研发全球首个"光储直柔"建筑——深圳市深汕特别合作区中建绿色产业园办公楼,每年"绿色发电厂"节电超10万千瓦时,减少碳排放超47%。加大清洁能源投资建设力度,承建一批以核电、光伏发电、风电为代表的清洁能源工程,将抽水蓄能电站投资建设作为集团重点培育的新兴业务。加速数字化转型,赋能业务全面升级。中国建筑实施企业历史上规模最大的数字化专项工程,以数字化重塑管理流程,着力建设数字指挥决策项目群、产业链数字化项目群、企业管理协同项目群等。先后建成集团电商平台、财务一体化平台等六大主要平台。在1000个示范项目上进行"智慧工地"建设,打造"数字化建造"新模式,将物联网、人工智能、BIM等新技术深度植入建造工艺流程,提高施工生产自动化水平。

深化"科改行动",提升自主创新能力

在"科改行动"中,中国建筑将中建科工、中建科技、中建三局绿投公司作为提升创新能力的重要突破口和着力点。中建科工强化成果导向,拉开科研人员收入差距,推行集成产品开发(IPD)模式,研发钢结构装配式建筑、智慧停车、模块化信息中心等产品,固化并建成了国内首条重型H型钢智能制造生产线,实现了建筑钢结构智能制造领域"0"到"1"的突破。中建科技以科技研发人员为激励对象,遴选开始创效的科研团队,将净利润存量的40%、增量的50%用于团队分红,当年该试点项目实现营业收入 3000 余万元、净利润 360 万元,并获得 26 项科技成果、7 项科技奖项、9 项产品类成果。上述两家"科改企业"在国务院国资委组织的"2021 年度科改专项评估"中均获评"标杆"(AA)等级。2022 年,中建三局绿投公司成功入选"科改企业"。此外,中国建筑设置专项科研经费,与外部高校开展科技创新平台建设,与同济大学、北京理工大学和北京微芯院合作,组建并挂牌运营智能建造工程技术研究中心、工程雷达与智能测控联合创新研究院和智能建造区块链技术联合创新研究院。以科技成果转化为导向,推动企业培育更具创新力、更高附加值的市场竞争力。

经过改革专项行动,中国建筑科技创新取得重大成就,原创技术策源地建设取得重要进展。目前,中国建筑已经形成建筑产品研发、设计引领、专业制造、科技建造、智慧运维的系统技术体系,高层建筑、大跨度空间结构建造技术保持国际领先优势。

优化配置组织资源,服务国家战略更加有力

中国建筑从服务国家战略的角度出发,按照市场化原则优化配置组织资源,优化机构布局,全面打造与国家区域战略同频共振、与地区经济结构深度融合的区域经营格局。在提升资源配置效率、提高产业集中度、塑强企业核心竞争力方面,中国建筑走出了一条独具行业特色之路。

把好机构"设立关",优化资源配置

坚持全集团"一盘棋",推动机构资源向国家战略区域集中,提高区域市场首位度。先后设立东北、西南、西北 3 个区域总部和上海、山东、广州、苏州等 8 个总部派出机构,充分发挥区域协同的现有优势,创造更大价值、实现更好发展。突出系统集成,构建机构管理"1+N"制度体系。实施集设立、运行监控、考核评价、处置治理等于一体的机构全生命周期管理,优化机构二次布局,营造"后进赶先进、中间争先进,先进更前进"的良性竞争氛围,全面激发企业发展活力。强化资源整合,聚焦重

点领域和关键环节精准发力。新兴业务类侧重鼓励超前布局、加快培育新的增长点，有重点、有方向地持续做大，并设定一定时间内的"培育期"，在"赛马"中"相马"；传统业务类侧重瘦身健体、提高资源配置效率，密切跟踪并专项评估新设机构经营情况。坚持在竞争中求发展，激活机构发展"一池春水"；始终保持内部适度竞争环境，为同段位同类型企业提供"高手过招"平台；抓好投资权限分配、特定业务准入、重点区域协调，避免内部同质化不良竞争。

强化机构考核评价，提高资源投放效率

中国建筑以内部机构数据对标为基础健全考评体系，落实授权管理，推动资源向优势企业和主业企业集中，全面提升各级企业运营效率，进一步建强机构集群。颠覆传统企业管理层级，全部贯通考核排名。集团总部对三级机构开展提级考评，二级单位对不同级次机构考评实行同台比拼，考评结果公开晾晒，等级排名强制分布，实现小到"领导会议座次能前能后"，中到"企业管理层级能升能降"，大到"机构经营实体能生能灭"。中建五局将同类型的二、三级机构设置相同的考核指标，全部拉通考评，按照归类标准直接对号入座，使得原来从管理层级上属于三级机构的公司有机会定级为二类甚至一类公司，在获取资源方面得到更多支撑保障。实施科学有序差异化授放权。推动子企业在市场营销、产业发展、主业投资等六大类30项内容领域行使决策权限。对公司治理成效好、经营业绩优的子企业实施差异化扩大授权，推动子企业自主经营质效提升，旗下中海集团、中建三局、中建八局营业收入均超过3000亿元，均可独立进入《财富》世界500强前235位。加大政策资源倾斜力度。坚持"效益优先""现金为王"原则，动态调配子企业市场及投资经营权，细化投资额度、专业领域、市场区域经营权限。实施海外经营"国别申领制"，以"内部竞标"方式确定国别授权单位，授予国别经营权，提高资源集约管理和投入产出效率。

强化机构治理，聚焦主业更加集中更具竞争力

中国建筑聚焦提高质量效益和打造精干主业，有力有序展开机构治理，在提升机构运营效能的同时，推进各级企业经营规模质量"双提升"。精简管理层级，拧紧考核链条，出台《中国建筑瘦身健体工作指导意见》，常态化控制企业管理层级在4级（含）以内，将压减工作要求纳入子企业经营业绩考核，确保压减工作落到实处。强化机构治理，重塑发展活力，连续五年开展低效无效治理专项行动，累计完成213家低效企业治理；以收入净利率和净资产收益率两项指标的具体分位值确定低效机构管控红线，"不思进取、等米下锅必然消亡"理念深入人心。例如，所属中建四局以机构变革作为企业提质增效的主引擎，下好顶层设计、权责划分、设置管控、考核评价"四步棋"，将总部从贵州迁至战略深耕区域，提前3个月完成了21家低效无效机构治理任务，全面激活了高质量发展新动能。锁定15类专项资产，建立"红黄牌"分级预警机制。强化各级机构在资产取得、持有、处置等各个环节的管控，累计清理专项资产668亿元。例如，所属中建一局强化非生产类资源管理，加速提升非生产类资产运营盘活效率，2021年非生产类资产运营收入较2019年增长15%，日租金单价增长13%，出租率提高11个百分点。坚持有所为有所不为，引导子企业深耕主业、做精主业，将主业营收占比在业绩考核中单列，对与主业无关的经营机构和投资项目，无论是否盈利都主动"断腕"。

经过强有力的机构布局优化和结构调整，中国建筑融入国家发展服务国家战略作用更加突出。2021年，在京津冀、长三角、粤港澳大湾区等国家战略区域完成投资额3844亿元、新签合同额3.03万亿元，占全部合同额比重高于85%。深度参与高质量共建"一带一路"，持续推进实施高标准、可持续、惠民生项目，保持海外业务稳健发展。企业发展质量在服务大局中持续夯实，主责主业更加聚焦，发展内生动力效率全方位释放。

深化三项制度改革，激活"一池春水"

中国建筑持续深化灵活高效的市场化经营机制，充分调动各层级人才队伍的积极性,着力形成各类人才"尽相涌现、尽展才华"的生动局面。

深化任期制和契约化管理

中国建筑全面推行任期制与契约化管理,各级子企业经理层成员契约签订率100%。任期目标突出科学精准、任期激励突出业绩牵引、岗位退出突出刚性约束。坚持"三个不低于"原则,实施"2+X"目标设定模式,按照三档设定每个任期目标的难度系数、考核计分方式和阶梯式激励模式,引导主动"摸高"创造高业绩。当前各级子企业经理层成员契约签订率100%,7个经验做法入选国务院国资委《经理层成员任期制和契约化管理50个参考示例》。稳步推进职业经理人制度改革,形成职业经理人"1+N"制度体系及推广模板,累计实施单位超过60家,职业经理人数量达355人。实行"靠实力、论高低",坚持业绩跨年翻篇、指标清零重算,始终追求强盈利支撑的规模增长、高于行业平均水平的资产收益、规模质量兼顾的市场占有率。崇尚"市场永远是对的",锻造"以业绩论英雄"的绩效文化,"指标下达得不够高"和"指标完成得不够好"同样是耻辱的理念,已经渗入企业文化图谱。实行"强规则、能上下",严格按照契约约定,强化考核结果运用,执行6类退出情形。推行领导人员考核"双达标"机制,经营业绩考核和综合评价任意一项考核未达标都要进行岗位调整或退出。出台集团《推进领导人员能上能下实施细则》,进一步细化领导人员退出的情形,明确调整程序和要求,进一步畅通"能下"的渠道。近两年,集团党组管理的12名连续考核偏低的领导人员退出岗位,133名限制性股票激励对象因考核未达标被公司回购。

深化市场化用工机制

中国建筑注重把好选人用人关,做到人员能进能出,永葆人才竞争活力、提升价值创造力。实行"量需求、严准入",运行中国建筑统一的招考平台,实现100%公开招聘。跟踪对标52家优秀上市公司,创立"三维六指法"人力资源价值指数模型(入选国务院国资委"国有重点企业管理标杆创建行动标杆项目"),重点关注人均创效、投入产出水平等指标,选取 52 家国内外优秀上市公司,分别与中国建筑及旗下的子企业进行对标,持续引导各级企业"比学赶超"。实行"明规则、畅通道",建立健全"多通道"职级体系。将专业序列划分为 22 个种类,打破"论资排辈""平衡照顾",突出基层历练、竞争成长,将"3 年以上基层经历或 2 年以上海外经历"作为基层员工进入两级总部的必要条件。实行"划底线、严淘汰",业绩考核按照"361"标准进行"强制分布"排序,低绩效人员占比不低于 10%,年度主动淘汰率保持在 2% 以上。两年来,各级子企业与 15143 名员工主动解除了劳动合同,部门正副职末等调整和不胜任退出的有 430 人。

深化薪酬分配改革

中国建筑坚持科学考核激励,做到收入能增能减,打造更富竞争性、精准高效的收入分配激励约束机制,激励员工担当作为创实绩。坚持工资总额与效益挂钩、与效率联动,统一岗位体系框架和价值评估标准,建立与岗位、绩效、能力挂钩的激励体系。落实"增人不增工资总额、减人不减工资总额"的分配要求,不断优化人力资源配置,推动薪酬与业绩"双达标",人均创效和投入产出水平"双提升"。根据经营业绩和契约约定,合理确定子企业负责人薪酬水平,有多少业绩就兑现多少薪酬,做到"业绩与市场对标,薪酬与业绩跟跑,激励凭贡献说话"。注重精准激励,持续激发核心骨干队伍的积极性、主动性、创造性。加大一般员工当期激励力度,实现及时足额兑现;加大关键人才的中长期激励力度,绩效年薪完全根据业绩兑现,一家子企业因经营业绩不达标,全体领导班子绩效年薪为零。实施多元化中长期激励,灵活采用上市公司股权激励、科技型企业分红激励等方式,全面打造"事业共建、价值共创、利益共享、风险共担"的激励约束机制。中建股份连续实施 4 期限制性股票激励计划,中海地产连续实施 2 期股票期权激励计划,中建环能实施第二类限制性股票激励计划,中建产研院、中建科技和中建科工实施科技型企业项目收益分红激励。激励对象重点向一线优秀项目经理、高技能人才、核心技术骨干等关键岗位人员倾斜，累计激励超 8000 人次。

中国建筑通过定期开展三项制度改革评估，加强指标跟踪监测，强化结果刚性应用，全力推进三能机制落地见效，致力构建形成系统完备的选人用人、劳动用工、收入分配制度体系，充分激发各类人员活力、改善劳动产出水平、提升改革实效。

锚定"一创五强"，创建世界一流企业

自 2018 年作为行业代表入选创建世界一流示范企业以来，中国建筑以引领中国建造行业发展为己任，锚定"一创五强"战略目标，加速产业链布局升级，当好国民经济"顶梁柱""压舱石"，致力成为代表中国建筑业实力、展现中国形象的高端国家名片。

明确"一创五强"战略目标

中国建筑聚焦制约高质量发展的深层次矛盾，深入研判与世界一流企业的差距，建立了以"一创五强"为代表的战略框架体系（以创建具有全球竞争力的世界一流企业为牵引，致力成为价值创造力强、创新引领力强、品牌影响力强、国际竞争力强、文化软实力强的世界一流企业集团），并写入集团"十四五"战略规划，以此统一思想、凝心聚力、引领发展。编制"一创五强"战略专题报告，建立 17 个维度 33 个指标的评价指标体系。与 17 家世界一流企业全面对标，先后出台《关于加快建设世界一流企业的决定》《创建世界一流示范企业实施方案》，全面提升管理体系和管理能力现代化水平。组建中国建筑战略研究院，定位为集团政策及战略研究咨询机构，立足国内国际研究行业企业，实施年度重大课题研究，形成战略课题报告 9 份、发表论文 21 篇，出版专著《"双碳"目标下的中国建造》《建筑企业"双碳"之路》。开展城市更新、交通强国、ESG 等热点专题研究，切实服务一线业务发展所需。

持续提升管理体系和管理能力现代化水平

中国建筑坚持对标先进，提升基础管理，通过在重要领域和关键环节深化改革啃"硬骨头"。扎实开展对标世界一流管理提升行动，围绕9个方面、154项任务、2875个事项完成全面对标，5项典型入选国有重点企业管理标杆创建行动"三个标杆"，成为入选最多的央企之一。连续三年选树集团内部管理标杆，推广100余项目经验做法，得到多家主流媒体重点关注报道，"比学赶超"浓厚氛围持续营造。

实现高质量可持续发展

坚持在规模中强质量、在质量中创效益。中国建筑牢牢把握高质量发展这一时代主题，发布《中国建筑"十四五"发展规划》，开展创新驱动专项行动、推动信息化建设专项行动等，不断为推进高质量发展做好顶层设计。引导旗下部分子企业成为细分领域掌握独门绝技的"单打冠军"和"配套专家"。旗下中建环能依靠自主研发核心技术，在钢铁、煤炭、市政等领域磁分离水处理市场占有率均达65%以上。中建五洲自主研发生产的LUMMUS工艺丙烷脱氢核心装置荣获"制造业单项冠军产品"称号，不仅填补了国内在该领域装置制造项目的空白，而且在全球核心装置市场占有率达60%。中建科工则连续9年蝉联全国建筑钢结构行业榜首。目前，中国建筑"专精特新"中小企业正在不断涌现，更好为企业发展提供澎湃动能。

"改革只有进行时，没有完成时。"2022年是中国建筑组建40周年，中国建筑因改革而生，在改革中发展，始终坚持党的领导，牢记"国之大者"，奋力改革创新，交出了国企改革三年行动的优异答卷。下一步，中国建筑将继续保持"不歇脚"的劲头持续深化改革，始终坚持以习近平新时代中国特色社会主义思想为指导，认真贯彻落实党的二十大精神，按照国务院国资委的部署安排和工作要求，聚焦加快建设世界一流企业，持续巩固国企改革成果，在服务国家战略中实现更大发展，昂首阔步迈向世界一流的奋进征程。

培育发展战略性新兴产业
构建"三结合"管控模式
深化体制机制改革激发活力

国家开发投资集团有限公司

国投立足国有资本投资公司的使命定位,积极探索以"直投+基金"培育发展战略性新兴产业的有效途径,投资了一批突破产业瓶颈、打破国际技术壁垒、攻克"卡脖子"技术和关键零部件的行业领军企业;坚持分类管理、活而有序,率先对混合所有制企业实施更加灵活高效的差异化管理,推动管理"标准化"向"精准化"转变、"行政管理"向"公司治理"转变,为国投加快实现转型发展提供重要机制支撑;构建治理型管控与职能管控相结合、集权与分权相结合、集团战略性决策与子公司经营性决策相结合的"三结合"管控模式,加快建设股权董事、职业经理人"两支队伍",通过深化体制机制改革有效激发企业活力、提升核心竞争力。

国家开发投资集团有限公司（以下简称"国投"）成立于1995年，在承接原国家六大投资公司股权资产基础上组建而成，是中央企业中最早的综合性投资控股公司，2014年被国务院国资委确定为首批国有资本投资公司改革试点，2022年正式转为国有资本投资公司。国投坚持服务国家战略、优化国有资本布局、提升产业竞争力的功能定位，坚持实业为主、产融结合，坚持引领产业发展、推动产业升级、优化布局结构、促进科技创新，资产集中在基础产业、战略性新兴产业、金融及服务业等关系国家安全、国民经济命脉和国计民生的重要行业和关键领域。国投聚焦投资公司使命责任，在我国投资体制改革、国有资产监管体制改革，以及国有资本投资公司的功能作用、经营管理、运行机制、管控模式等方面，率先做出了一系列探索实践，有效发挥了先行先试、示范引领作用，走在了国企改革的前列。通过不断深化改革，国投实现了高速增长，连续18年在国务院国资委年度业绩考核中获评A级。

国投因改革而生，改革是国投与生俱来的基因，也是国投实现健康快速发展、把握发展主动权的生命线。国企改革三年行动以来，国投牢牢把握改革的正确方向，把改革作为完善公司治理体系、破解体制机制束缚、激发活力提高效率的重要抓手，聚焦重点领域和关键环节发力攻坚，加快打造世界一流资本投资公司。

坚持"直投+基金"双轮联动，加快布局战略性新兴产业，积极发挥功能作用

相较于产业集团，投资公司较少受行业限制，在国有资本布局优化和结构调整中可灵活开展股权投资。国投以服务国家战略为使命，以提升产业竞争力为方向，将发展战略性新兴产业作为战略选择，运用"直投+基金"双轮联动，加大投资布局力度，加快推进业务结构优化调整，助力实现科技自立自强。

国投积极参与党政机关事业单位经营性国有资产集中统一监管改革,整合西北工大校企资产,控股收购陶瓷基复合材料研制企业西安鑫垚

西安鑫垚/供图

着眼"控制力",探索投资并购发展战略性新兴产业的转型路径

聚焦生态环保、新材料、检验检测等细分领域,加大对高新技术企业的直接投资力度,努力培育有竞争优势、有核心技术、有市场影响力的"专精特新""隐形冠军"企业。国企改革三年行动以来,国投整合内部资源,推动所属子公司中成集团打造集团环保产业投建营平台,发展环保业务;积极参与党政机关事业单位经营性国有资产集中统一监管改革,整合西北工业大学校企资产,控股收购陶瓷基复合材料研制企业西安鑫垚;参与地方检验检测机构整合改革,增资控股山东特检集团,积极打造检测细分领域龙头企业。2022年,国投战略性新兴产业板块完成长期股权投资52.13亿元,占集团总投资的47.76%。目前,国投共有高新技术企业51家,较2020年初新增27家,新增部分中约70%为通过投资并购实现。

发挥"引领力",探索基金培育战略性新兴产业的有效途径

国投不断创新投融资方式,努力形成以股权投资基金培育发展战略性新兴产业的独特竞争优势。成立了国投创益、国投创新、国投创业、国投创合、国投聚力等基金管理公司,建立了覆盖企业全生命周期、以国家级产业基金为主的基金体系。截至 2022 年底,国投管理基金认缴规模合计 2156 亿元,实缴出资 1713 亿元,累计投资 1050 个项目。基金投资以服务国家战略为导向,聚焦新材料、高端装备、新能源及环保、工业机器人、医药医疗、信息技术等战略性新兴产业,投资了一批突破产业瓶颈、打破国际技术壁垒、攻克"卡脖子"技术和关键零部件的行业领军企业。47 家基金直投企业亮相国家"十三五"科技创新成就展,基金投资的 116 个项目在科创板上市,约占科创板企业总数的 1/3。以先进制造产业投资基金为例,截至 2022 年底,累计投资 140 个项目,引领带动社会资本 3793 亿元,实现中央财政出资放大约 38 倍;大比例投资沈鼓集团参与央地混改,探索形成"国家产业基金协同 + 市场化机制赋能"的混改新模式。

坚持既"管好"又"放活",以更加灵活高效的差异化管理,破解混改机制融合难题

战略性新兴产业具有技术迭代快、经营机制活、市场估值高、发展不确定性大等特点,国有资本在投资布局中较难实现绝对控股。近年来,国投主要通过"反向混改",在战略性新兴产业细分领域投资并购了一批科技型龙头企业,作为第一大股东实现相对控股。在实现国有资本控制力的同时,保持企业活力、鼓足发展劲头,是混改的一个重要目标。国投制定了《国有相对控股混合所有制企业管理指导意见(试行)》,选取 8 家企业率先试点有别于国有及国有控股企业的管控模式。经过三年的探索实践,建立了一套差异化管控制度体系,做到了既"管好"又"放活",有效促进国有资本和民营资本优势互补、共同发展,为国投加快实现转型发展提

供了重要的机制支撑。

更加注重激发活力，推动"管理标准化"向"管理精准化"转变

混改之初，国有股东担心稍有不慎造成国有资产流失，民营股东担心国资监管"一把尺子量到底"、企业活力丧失。针对双方"不敢混"的顾虑，国投锚定做强做优这一共同目标，端出差异化管理"一桌菜"，精准破解机制融合难题，打造活而有序的管理机制，给民营股东吃下"定心丸"。

一是保持活力，维护自主决策。在制度规定和协议章程约定中，给予试点企业更多管理自主权，让"听得见炮声的人"作决策。试点企业董事会可自主决定经理层成员的人选聘任、管理办法、薪酬和履职待遇等；工资总额实行集团内单列管理，由有关子公司自主决策。中国水环境集团执委会可自主决策最高12亿元的主业项目投资，无须上升到董事会。

二是规范管理，实现机制融合。针对有利于合规经营、规范管理的事项，推动试点企业积极借鉴通过长期实践证明科学有效的国资监管做法；注重事前沟通，让企业从"要我改"到"我要改"。美亚柏科主动完善干部管理办法，在选拔中引入民主测评和个别谈话；建立人才培养交流机制，与国投双向交流轮岗。

更加注重资本纽带，推动"行政管理"向"公司治理"转变

差异化管控不等于放任不管，国投提出"少管多理""有所管有所不管"，避免行政化指令，实施以股权关系为基础、以派出股权董事为依托的治理型管控，不干预企业日常经营管理活动。

一是划定负面清单，发挥董事积极作用。通过改组董事会、派出股权董事，确保实控人"不缺位"；在此基础上，尽量保持原创业团队和经营班子的稳定性和独立性。明确派出股权董事自主决策负面清单，除经理层成员任免和薪酬确定、重大对外投资、年度预算考核目标、对外担保等12个重大事项，其余事项派出股权董事可独立表决。

二是强化协同监督，避免"九龙治水"。将法人治理贯穿监督工作各环节，按照事先约定的监督权限，通过董事会提出计划、实施监督、推动成

国投集团总部大楼
国投／供图

果运用；以审计监督为主，整合力量、统筹需求，重点加强事中事后监督。

三是规范信息披露，保障股东知情权。在符合外部监管规定的基础上，整合简化披露事项，明确试点企业须及时向各股东方披露经营、财务和监管要求的有关信息，统一信息报送接口，由"多管齐下"变为"一管对下"，既保障了股东知情权，又大幅减轻了企业信息报送负担。

坚持加强党的建设，推动党组织从"有形覆盖"向"有效覆盖"转变

坚持党的领导，既要有位，也要有为。国投结合试点企业特点，大胆探索党组织有效发挥作用的机制和途径。

一是从弱到强，夯实基层党建。推动试点企业全部将党建工作要求写入公司章程，普遍实现了党务工作机构"从无到有"、党务人员配备"从少到多"，经费预算更加明确，阵地建设更加规范。中国水环境集团专门设立党群工作部，新成立19个党支部；设立党员先锋岗、组建党员突击队，结合环保主业，建立了7个"两山论"党建教育基地。

二是有位敢为，探索治理融合。在实行党委建制的美亚柏科，结合董事长为民主党派人士且董事会、经理层党员比例较低的情况，国投指导建立了企业重大经营管理事项征求党委意见的制度，在严格遵循股东协议、尊重董事会决策的同时，要求董事会或经理层决议必须体现党委研讨意见。

三是凝识聚力，带动业务突破。美亚柏科两次被列入"实体清单"，党委向全体党员致公开信，号召积极参与"破冰计划"，将"卡脖子清单"迅速调整为"创新攻坚清单"，成功实现在国产化硬件环境下研发取证产品；美亚柏科将自主创新比作"蓝色引擎"、将党的建设比作"红色帆船"，以"蓝海红帆"引领企业高质量发展。

坚持"管控"与"治理"有机结合，健全完善与投资公司特点相适应的集团管控体系

战略的执行和目标的达成，需要依靠一套完善的组织体系和运行机制，过分强调"集权"或"授权"都不是改革的方向。国投以完善中国特色现代企业制度为根本遵循，持续优化集团管控，搭建了"集团—子公司—投资企业"三级管控架构，同步推进授权改革和治理能力建设，建立健全权责法定、权责透明、协调运转、有效制衡的公司治理机制，不断推动公司治理体系和治理能力现代化，逐步形成了"管控"与"治理"有机结合，既符合外部监管要求，又适应国有资本投资公司特点的集团管控体系。

按"重大+一般"，明确董事会权责边界

国投业务板块相对多元，各业务板块发展阶段不同、市场化程度不同、管理要素不同。国投结合各板块特点对子公司实行了"一企一策"授权管理。授权能不能"授得下"，关键看董事会能不能"接得住、行得稳"。

一是分层分类，推动落实职权。国投在全面实现董事会应建尽建、外部董事占多数的基础上，通过落实董事会职权、推行股权董事制度，推动子公司董事会有效发挥专业决策、科学决策作用，真正成为决策和责任主体。将19家子公司全部纳入国企改革三年行动重要子企业，差异化落实6

国投罗钾在智能矿山、生产智能控制等方面深入研究应用,自主研发的两栖式水采机,实现了无人值守和远程智能化采矿
国投/供图

项董事会职权。其中,全面落实中长期发展决策权、经理层成员业绩考核权、经理层成员薪酬管理权及重大财务管理事项管理权4项职权;在已推行职业经理人的3家子公司,落实经理层成员选聘权;结合企业实际,选取3家子公司落实职工工资分配管理权。

二是结合授权,厘清权责边界。将对子公司的授权内容,"一企一策"纳入落实董事会职权实施方案,赋予子公司董事会更大决策权。按所涉事项是否需报总部决策,将子公司董事会议案区分为重大事项议案与一般事项议案。对重大事项议案,在确保股权董事按总部最终决策意见参会表决的同时,将股权董事嵌入OA审批流程发表独立意见,充分调动积极性;对一般事项议案,明确股权董事的权责,由其自主判断、独立决策、自行负责,充分发挥专业作用,不当"举手董事"。

按"专职+兼职",建强股权董事队伍

专职有利于推动股权董事向专业化、职业化、市场化转变,兼职有利于管理要求更好贯彻到投资企业。

一是坚持专兼并存，优化外部董事结构。国投按照打造积极股权董事的要求，适度增加专职股权董事数量，每家子公司原则上至少配备1名专职股权董事，逐步向专职为主、兼职为辅的股权董事结构优化调整。目前，国投总部派出股权董事共43人，其中专职股权董事12人，占比由国企改革三年行动前的22%提升至28%。以子公司中成集团为例，外部董事中专职人数3人，占比达75%；国投向国投电力、国投高新、国投生物、电子工程院、国投资本5家子公司委派的股权董事全部为专职。

二是探索穿透配置，发挥总部赋能作用。按照应配尽配、穿透任职、人岗匹配、积极稳妥的原则，国投总部向对集团发展有战略支撑或重大利润贡献的重要投资企业，委派不少于国投董事席位1/3的股权董事。目前，国投总部通过相关子公司，向10家重要投资企业穿透委派股权董事12人次。

三是健全储备机制，拓宽外部董事来源。持续加强外部董事人才库建设，目前人才库共有157人，包括75名股权董事人选和82名独立董事人选，涵盖熟悉企业管理、战略管理、风险管理、资本运作、相关行业等领域的各类人才。

坚持激发活力、提高效率，抓住"关键少数"，调动干部员工干事创业的积极性

人是企业发展中最具活力、最关键的资源要素，只有人有活力，企业发展才能有活力。能否有效激发人干事创业的活力，是衡量改革成效的一个重要指标。国投牢牢把握市场化改革方向，持续构建能上能下、能进能出、能增能减的市场化经营机制，把推行职业经理人制度作为深化三项制度改革的"桥头堡"，打造懂经营、会管理、有市场竞争力和市场价值的职业管理团队，形成"不看身份、不看级别、只看岗位、只看贡献"的市

2021年，国投罗钾组织开展多轮次全员竞聘上岗。2021年8月，储运部组织开展储运业务室操作工序列岗位竞聘理论考试
国投罗钾／供图

场化氛围，以"一子落"带动"全局活"，有力破除制约企业活力的机制藩篱。

"分步分类"推行职业经理人制度

在所属330家单位已全面推行经理层成员任期制和契约化管理的基础上，国投按照"试点先行、由点到面、分步分类"的思路，在实施了混合所有制改革的企业，特别是其中的改革专项工程试点企业，以更大的决心和力度推行职业经理人制度。国投高新、电子工程院、国投罗钾、中投保等企业原经营班子"全体起立"，面向社会公开竞聘职业经理人。具有相应管理经验和经营业绩的人均可参与竞聘，竞聘成功者向原所在公司提交离职报告，放弃之前签订的无固定期限合同，重新签订三年的聘任合同。国投高新从709名应聘人员中选出5名职业经理人，现经营班子全部为新人；电子工程院下属投资企业的一名副总"连跨三级"，通过竞聘成为总经理；中投保选聘的4名职业经理人全部为"70后""80后"，一半由部门中层竞聘进入经营班子,破除了"论资排辈",选优秀的人干重要的事。改革在强激励的同时,也意味着强约束,国投对职业经理人严格按照契约目标实施考核、刚性兑现,干不好降薪、不胜任退出。国投现有 123 名职业经理人在 49 家子企业任职,另有 26 人因改革退出经理层岗位,已推行职业经理人的企业数量占比达 14.85%,职业经理人数量占比为 16.33%。

"以点带面"全方位激活机制

在国有企业推行职业经理人制度,涉及选人用人、激励约束、授权管理等体制机制多个方面的改革,可以形成全方位的激活效应。

一是完善竞争性选人用人制度机制。细化 3 类、11 种"下"的情形,明确管理人员"到龄届满自然下""违规违纪必须下""考核较差应该下"等退出标准,2021 年退出管理人员数量占比达 4.79%。

二是推动薪酬分配机制改革。强化企业负责人业绩薪酬"双对标",按照"考核匹配、同业竞争、人才竞争、数据可得"的原则,选定涵盖 21 个行业 189 家标杆企业的对标组,结合经营业绩指标对标情况,确定薪酬分位和水平,合理拉开收入差距;对职业经理人实行更加市场化的薪酬结构,绩效薪酬占比不低于年薪的 60%。

三是全面建立董事会向经理层授权的管理制度。构建以岗位职责为基础、以契约管理为核心、责权利一体的经理层成员管理体系。国投高新推动所属投资企业将日常经营管理事项充分授权职业经理人,特别是对市场化程度更高的基金管理公司,强化对基金运营表现、投资及退出进度等重点指标考核,实行管理团队持股、超额收益分成、项目团队跟投等激励约束机制,打造了一支 400 多人的专业化投资国家队,发挥了职业经理人制度的综合激活效应。

"以上率下"多层面释放活力

火车跑得快,全靠车头带。"以上率下"的变革真正体现了职业经理人制度的带动力度。

一是推行中层任期制和契约化改革。国投高新在国投率先完成了中层

在国家"十三五"科技创新成就展重大专项展区，国投投资企业水环境集团自主研发的"以分布式下沉再生水生态系统为核心的生态综合体示范"，作为"十三五"水专项唯一的地下污水厂研究课题成果亮相会场
国投／供图

任期制和契约化改革，2021年以任期制方式聘任18名中层干部，其中既有原岗位成员，也有内部提拔和面向集团、社会选聘的优秀年轻干部，经过岗位调整，3名中层管理人员转任至专业岗位；制定《中级管理人员管理办法》，为干部选聘、退出提供了制度依据。

二是推行全员竞聘上岗。国投罗钾完成职业经理人选聘后，对32名中层管理人员也全部重新聘任，在各单位开展多轮次的全员竞聘上岗，共2189人参与竞聘，347人岗位发生了调整，61人退出岗位。合理拉开岗位薪酬级差和档差，在销售部实施以业绩为导向的提成激励，2022年销售部工资总额较2020年增长37.45%，在硫酸钾厂、储运部试行工资总额包干与绩效激励，员工从"等工资"向"挣工资"转变，2022年企业全员劳动生产率达到203.58万元／人，同比增长74.73%，"两利四率"均达到近三年最优水平。

15

结合发展所需　推动企业重塑 构建华润特色的国有资本投资公司"1246"模式

华润（集团）有限公司

面向新发展时期，华润集团坚决落实习近平总书记的重要回信指示精神，按照国务院国资委关于建设国有资本投资公司的批复，开展了以国有资本投资公司为方向的第四次转型，明确了企业新定位、确定了业务新方向，努力推动以"战略组织文化"一致性为特征的企业重塑，结合企业发展所需，全面推进国企改革三年行动，在加快完善中国特色现代企业制度、纵深推进专业化整合和产业布局、提高资源配置效率和监管效能等重要领域和关键环节取得改革成果，构建了具有华润特色的国有资本投资公司"1246"模式，即坚持建设具有华润特色的国有资本投资公司和具有全球竞争力的世界一流企业的"1"个目标，确定大国民生和大国重器的"2"大业务方向，实施价值重塑、业务重塑、组织重塑和精神重塑的"4"个重塑，开展资金募集能力、投资管理能力、产业发展能力、监督管理能力、资产退出能力和共享服务能力"6"大能力建设，推动华润集团在高质量的产品服务需求、企业品牌形象、效率效益等方面成为业界标杆，进入全球卓越企业之列。

党的十八大以来，我国经济由高速增长阶段转向高质量发展阶段，立足新发展阶段、坚持新发展理念、构建新发展格局、转变发展方式、实现高质量发展，成为全国上下的行动共识。拥有 80 年历史，经历了红色华润（1938 年）、贸易华润（1953 年）、转型华润（1983 年）、产业华润（2001 年）4 个发展时期的华润（集团）有限公司（以下简称"华润集团"），面向新发展时期审时度势，开展了以国有资本投资公司为方向的再次转型，明确了企业定位，确定了业务方向，努力推动价值重塑、业务重塑、组织重塑、精神重塑，加快资本投资公司关键能力建设，企业面貌焕然一新。2022 年，华润集团总资产规模突破 2.3 万亿元，实现营业收入 8187 亿元，同比增长 6.1%；净利润 642 亿元，同比增长 6.8%，高于央企平均增速 1.8 个百分点，在《财富》世界 500 强排名中由 2018 年的第 86 位升至 2022 年的 66 位。

再次转型：审时度势，抓住机遇

反思不足，适时启动变革

在新发展格局建设中，国家要求中央企业在优化资源配置、落实国家战略、突破"卡脖子"技术、实现产业链自主可控、建设现代化产业体系、提高人民生活品质等方面发挥引领示范作用。对照中央要求，华润集团存在着短板和不足。例如，偏重民生类传统业务，对新发展格局下的企业定位、作用发挥问题还不清晰；新动能业务较弱，传统业务仍占主流，路径依赖较为严重；支持新动能业务所需的资源，诸如团队建设、人才培养、激励机制等适配性还不强；干事创业的整体氛围营造还不足，存在着使命担当不够、创新意识不强、工作激情消退等现象。如果这些得不到迅速改观，就难以抓住机遇再造辉煌。

再次转型，明确建设目标

在新机遇、新发展面前，华润集团审时度势，决心推动再次转型。

15 华润（集团）有限公司

价值重塑
华润学创中心／供图

2018年是华润集团成立80周年，华润集团收到了习近平总书记的回信，回信中充分肯定了华润集团的发展成果，对未来如何更好地发挥使命价值、传承红色基因、落实从严治党、争创世界一流企业、服务党和国家工作大局等提出殷切希望。同一时间，华润集团被国务院国资委批准为国有资本投资公司改革试点企业。习近平总书记的重要回信指示精神，为华润集团新时期转型发展提供了根本遵循、指明了前进方向、注入了强大动力。国务院国资委对华润集团建设国有资本投资公司的批复，以及随后开展的国企改革三年行动，为华润集团突破发展中的瓶颈难点提供了政策工具。由此，华润集团开启了以"建设具有华润特色的国有资本投资公司和具有全球竞争力的世界一流企业"为目标的第四次转型。

基于实践,探索"1246"特色模式

开展试点以来,华润集团边思考、边设计、边实践、边总结,逐渐摸索出建设具有华润特色的国有资本投资公司和具有全球竞争力的世界一流企业的模式,即"1246"模式:坚持"1"个目标,即坚持建设具有华润特色的国有资本投资公司和具有全球竞争力的世界一流企业的目标;确定"2"大业务方向,即大国民生和大国重器;实施"4"个重塑,即价值重塑、业务重塑、组织重塑、精神重塑,这是实现目标的路径和方法;开展"6"大能力建设,即资金募集能力、投资管理能力、产业发展能力、监督管理能力、资产退出能力、共享服务能力。2022 年 11 月,华润集团董事长在面向 3000 人的干部大会上正式宣布了这一模式。

价值重塑:明确方向,找准赛道

价值重塑,回答的是"我们何以立足"的问题,要义是明确企业存在的价值,这种价值应该从国家发展所需、社会所盼、企业所能中产生,符合时代发展趋势,有利于不断将业务做强做优做大。在明确企业价值的基础上,确定发展领域、明确发展平台、开展内部重组。

明确价值作用

华润特色国有资本投资公司以资本投资公司为主,兼具资本运营公司和专业化产业集团两种属性,在价值重塑、组织变革中形成新特色。价值重塑中,助力国有资本布局、落实国家发展战略、推动资本、科技、产业融合,成为大国民生的坚强后盾、国家战略性产业的重要推手,为构建自主可控的现代化产业体系贡献华润力量。管控调整中,以资本为纽带、以产权为基础依法自主开展国有资本运作,按照集团管资本、业务单元管资产、基层企业管生产运营的方式,通过有效的差异化运营管控模式,驾驭更为庞大的产业,推动华润规模更大、产业更优、效益更好、机制更活、能力更强,成为中国特色现代企业制度建设的典范,成为具有全球竞争力

的世界一流企业。通过高层培训、集体研讨、行动学习，华润集团明确了"十四五"时期发挥价值作用的方向，即努力发挥在民生类企业、驻港中资企业、多元化企业、中央企业的作用和价值，创造美好生活、维护香港繁荣稳定、引领商业进步、服务国家战略、带动产业链升级、建立研发创新优势；提出了战略目标，即"立足香港，服务国家战略，打造具有华润特色的国有资本投资公司，成为具有全球竞争力的世界一流企业"；确定了商业模式，即"强化创新引领，优化资源配置，培育和巩固核心产业，保持行业领先地位，为客户提供优质的产品和服务，持续提升股东价值"。

确定两大业务方向

华润集团心怀"国之大者"，业务兼具大国民生、大国重器双重属性。其中，大国民生包括现有的大消费、综合能源、城市建设运营、大健康、产业金融等；大国重器包括微电子、新材料、生物医药等科技与新兴领域。大国民生是华润业务的基石和根据地，大国重器是华润业务的未来和新大陆。"国之大者"体现在服务民生，扛起"国之"大旗，引领质量效益，发挥价值作用，参与全球产业竞争。从事大国民生业务，不断夯实巩固、创新升级；承担大国重器业务，不断拓展进取，成为新动能。大国民生业务向更高价值环节突破，大国重器业务以服务大国民生为导向，不断强链补链固链。

明确发展平台

为推动香港业务发展，落实言商言政使命，需要通过建立平台明确发展主体。为此，华润集团对华润创业进行了重组整合，作为香港业务投资孵化主力平台。为布局发展数字经济，将从属于华润集团智能与数字化部的研发和服务职能剥离，成立华润数科。为推动专业服务发展，将从属于华润集团相关部室的公司秘书、招标集采、知识产权等专业服务职能整合，成立现代服务公司。调整华润医药定位，聚焦医药领域投资孵化。调整华润金融定位，聚焦为实体产业提供金融赋能服务。这些企业功能定位明确后，清晰了战略方向，落实了责任主体，为业务重塑、组织和文化重塑，提升专业能力、创造企业价值奠定了坚实基础。

业务重塑
华润学创中心／供图

业务重塑：结构优化，能力再造

业务重塑，回答的是"向何处发展"的问题，要义在于增量业务培育、转型创新、结构优化。为此，赛道选择、投资布局、资源配置、研发创新、区域发展、资本运营、商业模式等问题都要以此来设计，由此实现主责主业高质量发展、竞争力提升、效益持续增长。国有资本投资公司建设以来，华润集团积极开展业务重塑，产业竞争力、服务国家战略能力出现可喜进步。一是聚焦主责主业，质量效益持续上提升，营收和利润屡创新高，"两利四率""稳增长"达到国务院国资委要求。二是香港业务取得突破，成为在港央企首家在资产规模、在港员工人数上提前实现"双翻番"的企业。三是科创与数字化并举。整体研发投入持续大幅增长，承担国家级科研项目增多，产业数字化、数字产业化步伐加快。四是结构优化和资本运营能力加强。在新能源、大健康、数字科技、专业共享服务等领域开辟一批新赛道、完成一批新布局，科技与新兴产业营收占比持续提升。五是资本运营持续活跃。产业基金布局、企业上市、"两非"业务处置不断取得新成效。六是落实国家战略执行有力，区域发展、"双碳绿色"、乡村振兴、科技创新战略渐次展开、有序推进。

优化布局结构

华润集团在规划"十四五"战略期间，明确了资源配置原则，将资源配置向前瞻性战略性产业倾斜，加大对技术创新和研发的投入力度，设置差异化的投资授权机制。各企业加快主业投资、产业孵化，控制产业链、价值链、供应链关键环节。聚焦主业开展投资经营。华润健康收购辽宁健康产业集团、迪瑞医疗进入医疗器械领域。华润医药入主博雅生物进入血液制品领域。华润资产收购重庆渝康获取稀缺金融监管拍牌照，助力华润燃气获取重庆燃气控股权，助力华润置地获取优质地块发展，助力集团成渝双城经济圈区域战略布局。开展产业孵化。华润创新基金投资"智能+"领域，为华润实体产业赋能数智化能力，华润亚洲食品成长基金联合投资City Super项目，实现了华润集团在港零售业务布局质的飞跃。华润维麟投资的瑞典燕麦奶Oatly项目成功在美国纳斯达克上市，丰富消费品板块品类。加大低效无效资产清理处置力度。完成煤业划归央企煤炭业务整合平台——国源时代；有序剥离纺织业务实现华润纺织向绿色环保转型；华润万家退出北京及山东等地亏损门店；华润雪花关闭29间工厂发挥产业集中优势；完成国务院国资委下达的21家"两非"企业剥离、93家重点亏损子企业减亏增利任务，法人层级最长链条已由原来的15级压缩至12级。

利用资本市场提升资本运作效率

华润集团发挥地处香港国际金融中心的优势，以多元化、多层次的资本市场运作，支持产业做强做大做优，借助财务手段释放业务价值。通过IPO、配售、供股等方式募资资金，放大国有资本功能，围绕消费品、医疗、地产等板块开展重大资产重组，实现增值收益。"十三五"以来，华润集团从资本市场上累计获取资金709亿港元，整体资产证券化率达

88%，总市值近 11000 亿港元，较"十三五"期初增长 150%。开展企业上市。"十三五"以来，推动华润医药在香港主板上市（2016 年 10 月）、华润微电子在科创板上市（2020 年 2 月）、华润万象生活在香港主板上市（2020 年 12 月）、华润化学材料创业板在创业板上市（2021 年 10 月）。截至 2022 年 8 月底，华润集团拥有 15 家上市公司，其中在港上市 8 家、内地上市 7 家。开展股权融资。华润啤酒、水泥、置地、微电子相继开展股权融资、配售供股，获取发展资金。华润置地探索类 REITS 产品，以成都万象城为基础资产在深交所成功发行资产，建立了中长期融资渠道，进一步降低了融资成本。利用资本市场获取增值收益。回购华创非啤酒业务，以及从百威英博回购雪花 49% 股权，再向喜力出售啤酒母公司 40% 股权（2016 年），完成混改两年后，华润啤酒市值从不足 900 亿港元上涨至超过 2000 亿港元。注入华润医院相关资产换取凤凰医疗新发行股份，市值较投入成本增值 44 亿港元（2016 年）；向华润置地 2 次注入 7 个项目实现资本收益 967 亿港元（2018 年、2020 年）。

创新驱动、数智化发展

华润集团于 2021 年成立了集团科技创新部、调整科技创新委员会，进一步明确华润创业、华润资本的科创投资孵化职能。重点业务单元成立了科技创新部，实现了科技创新主责部门在各业务单元全覆盖，5 家业务单元成立了科学技术协会；设立各类研发平台 90 个。召开华润集团首届科技创新大会，明确了未来五年华润集团在科技创新方面的建设重点和能力提升要求。加大研发投入力度方面，华润集团研发费用投入、研发强度等指标持续改善。获批入选国务院国资委首批 OTCYD 名单，成立领导小组及工作专班，推动微电子领域国家研发重点项目科技攻关。推进粤港澳大湾区国家技术创新中心香港中心项目，华润-深圳清华联合研究院联合实验室建设。业务单元层面，华润微电子、三九、水泥所承担的科创项目取得显著进展，"广东省岭南药材资源与现代中药制造创新中心"成功获批，"5G+工业互联网"项目成功获得国家支持。科技研发创新成果方面，华润化学材料围绕聚酯新材料、尼龙新材料等高端新材料等领域研发已进入商业成果转化阶段。华润医药加速推进原创生物药、改良型创新药及生物类似药的多点研发布局。华润电力积极探索综合能源服务、售电等新领域，加快储能、智慧热网、能效服务等综合能源服务业务发展。华润微电子完成12英寸功率半导体晶圆制造线规划。推动数字经济发展方面，成立华润数科公司推动华润产业数字化转型和数字产业化的落地。华润集团工业互联网平台、通用人工智能基础平台上线，数据中台和数据银行持续开展推广和应用。各业务单元努力打造基于场景驱动的数智化示范项目，涌现出华润万家智能门店、华润燃气"5G+智慧燃气"、华润置地智慧场馆解决方案、华润水泥田阳智能制造、华润三九数智化提升生产效率和质量等示范标杆。

落实国家区域战略，履行央企使命职责

规划华润重点区域发展规划，成立华润集团区域发展与业务协同委员会，每位党委委员牵头推动一个重点区域发展规划的落实，区域首席代表负责统筹协调、对接地方政府，建立区域战略与协同发展信息管理系统，收集分析商情、监测协议落实和重大项进展。香港区域，与香港多所高校签署合作协议，投资生命科学与健康、材料科学与工程等领域的创新项目和初创企业，完成收购多所物流中心和工业大厦，加快布局香港现代服务业。粤港澳大湾区建设，牵头发起成立"大湾区中央企业数字化协同创新联盟"，深耕深圳先行示范区的根据地作用，推进香港融入大湾区发展。长三角一体化建设，与蔚来汽车达成全方位合作意向，与商汤科技洽谈合作，与宝武集团开展全方位合作。京津冀协同发展，加快与雄安新区相关机构密切合作，推进"一总部、五基地"战略落地，参与北京城市副中心、天津"津滨"双城建设。成渝双城经济圈，收购重庆燃气股权，开展与重庆能源投资集团重组整合，建设重庆12英寸功率半导体晶圆生产线和封测基地。

组织重塑：科学治理，理顺关系

组织重塑，回答的是"如何成长"的问题，要义是要考虑构建什么样

组织重塑
华润学创中心／供图

的治理结构、管控关系、制度体系、内控机制等途径，使之治理更科学、管控更有力、激励更到位，有效支持价值重塑和业务重塑。华润集团以国企改革三年行动为抓手，按照"战略导向、管控科学、决策高效的价值创造型总部"要求，围绕公司治理、组织变革、授权放权、总部去机关化、内控风险防范、大监管体系建设、混改、选人用人、干部队伍管理、市场化激励等多个方面，突出国有资本投资公司核心功能，深化改革、推动变革、焕发组织活力，发挥总部"引领、发展、服务、监管"功能，有力支持价值重塑、业务重塑。

完善公司治理体系

在集团层面，华润集团完成企业改制，修订了公司章程，实行"双向进入、交叉任职"，制定了党委前置研究讨论重大经营管理事项清单，建立了规范董事会和董事会专业委员会，明确了党委会、董事会、经理层的权责及授权机制，完善了"三重一大"决策运行机制、决策保障机制。业务单元层面，制定了《关于华润集团子企业在完善公司治理中加强党的领导的实施办法》，并在建立党委的重要子企业完善制定党委前置研究讨论重大经营管理事项清单（权责手册），实现了子企业"董事会应建尽建、外部董事占多数"的目标。完善外部董事建设方面，首批31名集团专职外部董事于2020年正式委任派驻业务单元履行董事职责。推动落实重要子企业董事会职权方面，明确了落实董事会职权的重要子企业范围、授权内容、进度安排、督导考核等要求，在华润置地等10家业务单元全面落实董事会职权，在18家业务单元部分落实董事会职权。

明确总部功能，优化管控模式

优化总部职能方面，华润集团明确了总部定位，完成总部7个部室的职责梳理整合，持续推进"去机关化"专项工作，实现"管办分离"。优化管控层级方面，按照国有资本投资公司建设要求，将集团管控层级精简为"三级管控层级"，即资本层、资产层、运营层，分别对应集团总部、业务单元、生产经营单位的功能定位，法人层级最长链条已由原来的15级压缩至12级。深化业务单元差异化管控方面，通过调整管控界面，在对26家"业务单元"水平管理基础上，实施分类授权、差异化管理。在对标世界一流、加强现代企业管理体系化建设方面，按照"制度化、流程化、标准化、表单化、线上化"建设要求，不断完善6S战略管理体系、5C财务价值管理体系、TOP人力资源管理体系。华润集团5项标杆入选国务院国资委世界一流创建管理标杆行动名单，华润电力、华润燃气、华润三九入选标杆企业，"5C价值型财务管理体系"入选标杆项目，"世界一流战略导向管理模式"入选标杆模式。

推进混改，健全市场化经营机制

按照完善治理、强化激励、突出主业、提高效率的要求，坚持"三因三宜三不"原则，引入合适战略投资者，转换市场化经营机制，不断优化公司治理、强化激励约束机制。华润万家、华润怡宝、华润啤酒引入战略投资方补充业务短板，华润生物医药完成增资引战并同步实施员工持股计划。开展任期制与契约化管理上，出台集团直管干部业绩考核办法，修订直管经理人薪酬管理办法、退出管理办法。开展年度业绩考核评价工作，加强个人业绩合同管理，已覆盖 1997 家法人公司 1905 名经理层成员。推行市场化用工上，按照"能进能出"动态调整，员工总数缩减明显，提升了整体全员劳动生产率。集团总部各部室组织全员岗位竞聘，淘汰不胜任者，提升人岗匹配度，激发组织活力，推动部室职能与国有资本投资公司功能相匹配。各业务单元通过竞争上岗、末等调整或不胜任退出，优化了直管经理人队伍和人才结构。开展中长期激励上，做好工资总额分配，实现了收入能增能减。在华润三九、华润微电子、华润江中、华润双鹤 4 家上市企业实施中长期激励；华润万象生活、华润化学材料骨干员工参与上市首发战略配售；在华润生物医药、华润微电子迪斯项目开展混改员工持股；在华润万家开展超额利润分享机制；在华润化学材料、华润数科公司开展科技创新激励。

加强内控管理，防范重大风险

建立大监督体系上，整合党纪、政纪部门职能，形成了从问题发现、合规建设、审计整改到问责处理一体化闭环管理的，巡视巡察、审计监督、法律合规、人资、财务、EHS、群工、智数化、科创等职能条线全面参与、各司其职、分工协同的大监管格局。提升内控风险管理能力上，围绕债务、投资、金融、境外经营及安全生产等领域，不断加强风险防范体系建设和能力建设。持续健全内控体系，完善"1+N"内控制度体系，加强采购、投资和资产处置管理，实现了风险防范与内控管理有机结合。认真落实各项安全责任，抓细抓实疫情防控措施，实现 EHS（环境健康与安全）形势平稳。强化巡视巡察和审计监督力度上，建立以工作规则、流程操作、自身建设 3 类为保障，17 个规章制度相衔接的巡视巡察制度体系。开发上线中国华润巡视巡察整改督办系统上，加强项目并购支出、工程造价、违规经营投资等重点领域的审计，从完善制度、降本增效、问责追究等方面组织整改。深入开展总部去机关化工作上，自 2019 年开展此项工作以来，经历了立行立改、专项整改、从专项整改向专项治理转化等阶段。2022年，总部员工总数控制在580人，较年初缩减26人。三年来的重要举措包括：确定国有资本投资公司三级管控原则、明确总部功能定位，策划推动组织变革；开展党建进章程、落实双向进入双肩挑，印发权责清单、实施外派董事制度、完善三会制度，建立"三重一大"实时监测系统；制定授放权规则，推动差异化管理个性化授权；优化部室职能、推动管服分离；优化业务领域，明确业务单元定位，实现控股作强、区域作优、项目作实；调整职务称谓、缩减职级、竞聘上岗；精简会议、文件、简报；开展制度梳理优化、完善管控体系；开发"润工作"平台，推动智慧决策、管理信息化，提升决策效率。此项工作对总部价值创造、效能提升发挥了积极作用，表现在明晰了职能定位、优化了组织体系、精简了审批事项、加大了授权放权力度、优化了工作流程、提升了决策效率、增强了总部作用、强化了服务意识、打造了高素质人才队伍。目前正在着力推动建立长效机制。

精神重塑：理念引领，形成合力

精神重塑回答的是"如何发挥主观能动性"，要义是通过党建引领、文化建设、责任履行、品牌宣传、执纪问责等，提升干部员工的精神境界，营造风清气正、干事创业氛围，树立华润良好形象，增强各界对华润集团的理解和支持，由此为价值、业务和组织重塑保驾护航。

提升文化品牌，落实社会责任

重塑企业精神上，发布"十四五"华润企业文化理念体系，制定"十四五"时期企业文化建设管理办法和品牌建设管理办法，推动文化宣贯向基层渗透，推动华润形象宣传活动，舆情形势持续好转。推进脱贫攻坚上，华润希望小镇和在江西广昌、宁夏海原等地的定点扶贫已带动超过30万名农民脱贫，"海原扶贫的华润模式"被国务院扶贫办评为精准扶贫50佳案例且排名第一，累计捐建12个希望小镇，华润社会责任发展指数

精神重塑
华润学创中心／供图

连续 5 年位列全国第一。

加强党的建设，落实全面从严治党

建立"第一议题"制度，将习近平总书记对华润回信要求融入"十四五"战略、年度工作计划，建立"回头看"常态化工作机制，不断提高政治判断力、政治领悟力、政治执行力。在公司治理中加强党的领导，实现"党建进章程"，落实党委前置研究讨论。坚持党管干部人才，持续完善"双向进入、交叉任职"领导体制；优化干部能力素质模型，建立领导班子和干部综合考核评价常态化机制，加强年轻干部队伍建设。进一步优化升级党建 7C 体系，加强基层党建工作。开展"党史学习教育""我为群众办实事"实践活动，出台党建工作责任制考核评价办法，将考核结果与经营业绩考核结果衔接。履行管党治党责任上，加大对违反中央八项规定精神问题的立案查处力度，召开警示教育大会发挥震慑效应，认真落实巡视及审计整改工作。

能力建设：构建核心竞争力，实现转型目标

通过"六环节"形成完整的运营模式

华润集团认为，资本投资公司要经过资金募集、投资孵化、产业发展、监督管理、资产退出、共享服务6个环节，方能形成投资公司完整的运营模式。每个环节在集团层面、业务单元层面都有不同的关键节点、能力建设要求，由此形成上下贯通、左右协调的能力闭环，支持世界一流企业建设、资本投资公司建设目标和任务的达成。集团总部层面，通过能力建设，发挥好把方向、建体系、强监管、促服务作用；业务单元层面，通过能力建设，发挥好细分解、明权责、强落实的作用。

明确目标要求，加强"六环节"能力建设

华润集团围绕中央提出的产品卓越、品牌卓著、创新领先、治理现代的世界一流企业建设目标要求，加强6种能力建设，经过多元化、实业化时期的发展，已形成初步成果。

一是加强资金募集能力建设。在债权融资能力方面，合理利用境内外两个融资平台，以考虑利率、汇率和税务后综合成本最低为原则，选择合适的融资地点和融资币种。创新债权融资渠道，积极拓展资产证券化、供应链融资等有助于加快资金周转、控制杠杆水平的低成本融资渠道。用足用好优惠政策，把握国家推出的再贷款、基础设施投资基金、绿色债券等中长期政策性工具，持续降低融资成本。在股权融资能力方面，增强利用香港和内地两个资本市场优势的能力。充分利用香港发展成熟的资本市场优势，抓住注册制改革等一系列A股市场利好政策，开展多元化、多层次的资本运作，灵活采用上市、配售、发行股份购买资产等方式，推动优质

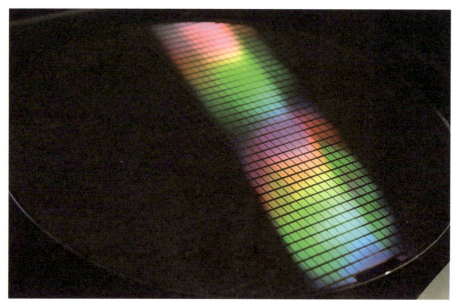

精神重塑
华润学创中心／供图

资产向上市公司集中，进一步提升资产证券化率，募集境内外两个市场的资金，助力业务发展和香港战略落地。强化资本运作的执行能力，集团总部继续深化资本管理委员会运作机制，充分发挥统筹、支持和指导作用。切实落实国务院国资委提高上市公司质量专项工作，做优存量上市公司，促进市值持续增长。

二是提升投资管理能力建设。形成了较强的投资并购与行业整合能力，通过集团层面投资、上市公司代管、择机注入上市公司的方式，集团层面获取了增值收益、业务单元壮大了业务规模。为落实国家对央企、驻港中资企业使命责任的要求，未来沿着华润两大业务方向布局投资时，将资源配置重点向做产业链"链长"、掌握原创技术、实现自主可控、推动绿色"双碳"、落实国家区域战略、助力新型城镇化建设和乡村振兴、履行在港言商言政责任等方面进行配置和布局。投资方式上，要转变通过投资项目、并购单一企业实现扩张的方式，面对当前行业集中度不断提高、国有资本投资公司建设提速形势下，投资更加侧重对上市公司的并购，由此获得机制、团队、经验、市场、渠道、技术、规模等发展要素。

三是推动产业发展能力建设。集团总部层面围绕战略规划、商业计划、卓越运营、考核评价、科技创新、EHS 管理等各环节，形成了较为成熟的产业运营管理体系。例如，华润集团的 6S 战略管理体系、5C 财务价值创造体系、TOP 人力资源管控体系、7C 党建工作体系，较好地适应了多元化实业化发展需要。华润集团内部各业务板块构建了基于产业链上下游或相同商业场景的生态合作体系，内生现金创造能力不断提升。

四是强化监督管理能力建设。按照"战略导向、管控科学、决策高效的价值创造型总部"的要求，华润集团从公司治理、制度体系构建、差异化管控、大监督体系、人力资源体系等环节，不断聚焦资本投资公司的核心功能。加快构建公司治理、授权管理、科技管理、数智化管理、内控风险与大监督等管控体系，对接制度、流程，开发工具模板，实现线上实时监控、智能化决策与管理，形成系统完备、科学规范、运行高效的华润特色国有资本投资公司管理体系。通过治理管控体系建设，完善"两个一以贯之"融入公司治理，按照集团管资本、业务单元管资产、基层企业管生产运营的要求，建立差异化管控、分类授权的运作机制。通过内控风险与大监督体系建设，形成"法律、合规、内控、风险管理"协同机制。通过授权管控体系建设，按照"分类管控、分级管控、动态调整、放管结合"的差异化管控原则，制定权责清单，管理上既不越位也不缺位，做到管控效率和有效监督的统一。通过信息化及智能化管理体系建设，构建数智化治理、网信安全体系，加强数智化基础设施建设，推动治理智能化、产业数字化、数据要素化和技术平台化能力提升。

五是增进资产退出能力建设。产业发展中，着力加强以下能力建设：一是研究判断能力，加强经济和行业发展趋势研究，在行业发展高峰期、经济发展鼎盛期及时退出，规避行业风险、最大限度实现业务价值资本化。二是建立退出机制，以优化资源配置为目标，制定企业价值评价标准。以往业务退出中行之有效的做法，如"赛马机制"、"取舍看三年"、能力评估等，需要很好地加以传承。充分借助混合所有制改革、企业上市、股权减持等方式，开辟退出新渠道。三是提升低效无效资产的退出能力，综合运营资本化、证券化、资产置换、托管等现代金融手段，有效整合、有序进退、盘活存量、调整增量，促进国有资本要素的优化组合和国有产权结构的布局调整，提高经营效率和资本收益。

六是增强共享服务能力建设。华润集团明确了专业职能服务、财务金融服务、数智赋能服务和协同共享服务的建设方向，确定了平台载体，形成了发展机制。对标市场化运作的专业咨询服务公司，在条件成熟时将更多的专业服务业务注入现代服务公司，为总部加强监管而赋能、为业务单元管理而赋能，同时借助香港现代专业服务业优势，不断吸收人才引进经验充实能力，实现管理能力输出、价值变现。围绕数字要素化、治理数字化、产业数字化、数字产业化、网络安全和信创等重点，加快数字共享赋能体系建设。

抓手平台：上下同欲，方向一致

探索国有资本投资公司建设模式过程中，从中央要求出发，结合华润集团特点，融合国家战略各种要求，按照战略组织文化一致性要求，明确各模块建设重点，确保上下贯通、整体有机；基于华润集团实践不断总结，升华为理论，指导未来实践，不盲目照搬他人做法经验；通过集思广益、反复论证、凝聚行动共识，不闭门造车。开展行动学习、确保一致性，是华润集团在建设国有资本投资公司历程中体会最为深刻的经验。

开展高层培训、行动学习，确保上下同欲

为争取被列入国有资本投资公司试点企业，华润集团加强对国务院发布的《推进国有资本投资、运营公司改革试点的实施意见》研究解读，从分析企业价值出发，明确定位与方向；组织研究、谋定后动；起草方案、沟通争取等阶段，使提出的试点方案政策把握精准、思路符合中央要求、

改革结合华润特点、举措具可操作性，顺利获得国务院国资委批复，被正式纳入第三批试点企业。为推动方案践行落地，华润集团恢复了以往行之有效的行动学习这一方法和工具。

行动学习是破解企业发展中瓶颈难点、催生集体共识的重要工具，要求通过集体研讨、聚焦共识、分解任务、开展践行、总结提升等过程，解决组织面临的重要问题，并在此过程中形成学习型组织，确保战略、方案、计划等逐级分解、落实到基层管理运营末梢。行动学习的精髓是"学习+行动"，二者不可分离。学习是为了达成集体共识，行动须在共识之下去落实和形成成果，只学习不行动，就成了坐而论道，失去了行动学习本来的意义。在行动学习的集体研讨阶段，华润集团引入外部标杆开展对标学习，聚焦核心问题群策群力，发扬"没大没小、没上没下、敢说真话、求真务实、集思广益、勇于思辨"的研讨宗旨，达成集体共识。在聚焦共识中，运用"头脑风暴""团体列明""六顶帽子"等结构化思维工具，从问题出发，通过提出建议、归纳共识、汇报辨析、提炼总结等过程形成集体共创。在共创任务分解阶段，细化为可操作的举措，明确责任人、分解任务、明确交付期限。在践行验证阶段，展开调研、推动实践、形成报告。总结提升阶段，进行行动分享、经验总结、差距查摆，开展新一轮行动学习，从而达到破解瓶颈、验证落实、固化提升、提升组织能力的作用。

2019—2022年，共计开展5轮高层培训。培训以落实习近平总书记"三个着力"要求为指引，以"四个重塑"为目标，以"十四五"战略为重点，以"战略组织文化"为原则，以国企改革为抓手，问题导向、开展行动、验证实施、落到实处。华润集团领导、部室及业务单元一把手通过高层培训、集中研讨、行动学习，就发展战略、产业组合、组织管控、企业文化、高水平实施中的关键问题达成共识。通过各期培训，就"华润何以立足""向何处发展""如何成长""如何发挥主观能动性""如何在更高水平落实总书记对华润要求"等企业发展中的关键问题达成共识。随着行动学习的不断深化，围绕国有资本投资公司为什么、是什么、做什么和怎么做的问题逐渐清晰起来，共识推动行动，行动推动落地。

将建设世界一流企业、落实国家战略、实现高质量发展作为评价国有资本投资公司建设成效的关键

一是树立高质量发展理念。对于华润集团而言，我国经济存在的短板和弱项就是其需要攻克的目标和任务，也是商机所在。把握好新型城镇化建设带来的商机推进传统业务板块高质量发展，把握好科技自立自强要求推动研发创新能力提升，把握好绿色低碳循环发展要求实现绿色高质量发展，把握好深化企业改革要求实现体制机制规范灵活，把握好底线思维要求有效防范化解风险，把握好党建引领要求保障企业高质量发展。

二是坚持一流的业绩导向。业绩是企业生存与发展的第一要务。一流的业绩不仅体现在规模实力，还体现在效益和效率。发展速度保持在央企优秀水平，关键经济技术指标向全球头部企业看齐，主营业务市场地位保持行业前三水平。

三是坚持创新驱动发展。持续加强研发投入，形成高水平的科技项目筛选、研发创新、成果转化能力，抓住数字技术、智能科技发展机遇，推动集团工业制造和商业服务向数字化、智能化转型。坚持塑造高水平运营。持续开展对标学习，持续补足短板和不足，努力培养高水平的运营能力，向质量更高、效益更好、结构更优的方向发展。

四是落实服务国家战略。在发展民生的同时，围绕国家所需，向战略新兴产业拓展，围绕产业链价值链供应链的关键环节加强资源配置，围绕获取全球产业话语权加快超级产业平台建设。这既是国家对中央企业的使命责任要求，也是推动集团产业升级、为长远发展谋增长的必然之举。围绕"国家引导、地方所需、华润所长"，抓住机遇筛选一批有影响力、具示范性、可落地的项目，将其做实，助力国家区域发展，加快产业升级、结构优化。将做好言商言政工作作为华润集团重要使命，做精存量业务，拓展新动能业务；利用香港区位优势，加快研发创新，助力华润集团现代服务业发展，引进国际一流人才；履行驻港央企政治责任，落实好言政各项任务。

五是最优做强大国民生业务，满足人民高品质生活需要。国有资本在民生领域发展关乎国家的经济安全、民生的保障、市场的繁荣和商业的进步。用理论上的自觉和实践中的印证，回答好在这个领域发展与在大国重器领域布局并不矛盾，回答好依靠公平竞争也可以在民生领域发展得很好，理直气壮地在大国民生领域布局、在更高水平上发展。把握好扩大内需、消费升级的机会，在满足社会大众高品质生活中实现业务持续增长。以大国民生中的关键领域作为布局新动能业务的导向，推动结构优化。

坚持战略、组织、文化一致性，确保方向一致

保持战略、组织、文化一致性是确保国有资本投资公司建设、"十四五"战略规划实施、年度工作计划顺利执行的关键，具有明显的华润特色。战略是开展组织变革、文化重塑的前提。战略清晰了，组织变革和文化建设的方向就明确了，团队奋斗目标也就有了。而战略清晰的前提，必须以建设具有华润特色的国有资本投资公司和具有全球竞争力的世界一流企业为目标和遵循，将国有资本投资公司建设要求在战略实施、业务重塑、组织变革、文化建设中体现，构建支持实施的模式体系、工具方法。实施中不断跟进新发展理念最新要求、国企改革最新动态、服务国家战略最新任务，将其融入规划、模式和体系，不断丰富，在更高水平上实现"重塑华润"的战略目标。

华润集团于2020年以"战略-组织-文化"为模式，形成"三位一体"顶层设计框架，推动价值、业务、组织、文化重塑。从国有资本投资公司建设方案，到高层培训、战略规划，华润集团整体上围绕战略、组织、文化这三个驱动经济组织运行最核心的主题展开。战略涉及企业定位和商业模式，是解决经济组织方向的问题；组织是解决仗怎么打、如何打胜仗的问题，是战略落地的保证；文化是解决为什么而战的问题，是企业存在的意义所在。战略、组织、文化三者是一个有机体，互为前提、互相影响。战略决定组织，组织推动战略，文化支撑组织。明确华润集团新时期的战略定位和商业模式是一切问题的出发点，明晰集团整体战略方向和商业模式、明确产业组合突破口、确定资源配置主要原则是战略规划的基调。为了推动战略执行和产业组合落地，实施各类投资发展策略并在重点区域做好布局，需要组织的有效支撑。组织要考虑总部与业务单元的管理界面要科学划分，业务单元的设置要支持战略的实施，华润集团对上市公司和非上市公司要实行差异化管控，要发挥上市公司董事会、管理团队的作用等问题。精神重塑，要传承好以前行之有效的好做法、好理念，结合未来发展赋予新理念，进一步增强华润集团改革的动力。

为有效衔接资本投资公司长期建设要求，华润集团制定了集团"十四五"战略，并将国有资本投资公司建设要求融入发展战略、分解到各年度目标和关键战略主题中，将习近平总书记对华润集团批示指示精神、国企改革三年行动、国家发展战略作为动力和抓手。由此，形成了以国有资本投资公司建设为目标，以战略组织文化一致性为原则，短、中、长期建设任务相衔接，系统化的建设方式。目前，华润集团正在按照国有资本投资公司"1246"模式建设要求，全力推动以"募投产管退服"为核心的基础能力建设，确保集团"十四五"战略顺利实施，第四次转型目标实现。

未来，华润集团将紧紧围绕国有资本投资公司定位，立足于更好地承担国家赋予的产业使命，发挥总部功能，聚焦主业开展国有资本投资、运营与产业发展，以战略组织文化一致性为思路打造新模式、建立新能力、获取新动能。随着建设具有华润特色的国有资本投资公司和具有全球竞争力的世界一流企业不断迈向深入，华润集团在落实国家区域发展战略、开展全球资源配置、助力"一带一路"建设、履行在港使命责任、实施绿色发展、推进乡村振兴等国之大者方面将更为凸显，在掌握原创性技术、加强产业链价值链安全、优化资源配置、加快传统业务升级、培育新兴业务等新动能建设方面将更加突出，在中国特色现代企业制度建设、组织变革、发展活力、风险控制等方面将成为业界标杆，在满足高质量的产品服务需求、企业品牌形象、效率效益等方面将形成国际影响力，由此进入全球卓越企业之列，实现建设具有华润特色的国有资本投资公司和具有全球竞争力的世界一流企业的目标。

16

强化战略引领　凝聚改革共识
依托"四变"实现"弯道超车"跨越式发展

中国化学工程集团有限公司

中国化学工程守住使命与担当，锚定创新与发展，通过改革创新"组合拳"，让人和劳动、管理、技术、资本各要素产生强烈的"化学反应"。强化战略引领，凝聚改革共识，推动实现思路变；以市场化改革为抓手，重构全员考核体系，严格考核兑现，强化正向激励，健全"三能"机制，推动实现机制变；对所属企业实施差异化管控，从工程项目精细化管理入手全面提升企业治理能力，推动实现管理变；实施高强度研发投入、高端技术人才引进、高难度关键技术攻关，己二腈及尼龙系列项目投产填补国内技术和产业空白，推动实现创新变。从举步维艰保生存到量质双高业绩丰、从行业周期困围城到相关多元争上游、从高端产品受制约到"卡脖子"技术补空白，公司干部职工精神面貌焕然一新，新签合同额、营业收入、利润总额、资产总额分别是改革前的6倍、3.3倍、3.4倍、2.7倍，用不到五年的时间再造了两个"中国化学"，公司稳居全球油气服务领域第一，发展速度和质量持续保持在央企前列，证明了"小央企"通过改革创新也可以有"大作为"。

中国化学工程集团有限公司（以下简称"中国化学工程"）源自原国家重工业部1953年成立的重工业设计院和建设公司，70年来，为新中国建立独立完整的化学工业体系、解决全国人民"吃饭穿衣"问题、促进国民经济和社会发展、践行"一带一路"倡议作出了重要贡献，已成长为研发、投资、建造、运营一体化的国际工程公司，正朝着"全球工业工程领域综合方案服务商、高端化学品和先进材料供应商"的目标迈进。

2015年前后，中国化学工程发展陷入困境，历史包袱沉重，人才流失严重，生产经营状况举步维艰。2017年，新班子上任后，坚持"发展出题目、改革做文章"，打出了一套改革创新的"组合拳"，持续保持强劲发展势头。特别是2020年以来，中国化学工程以国企改革三年行动为契机，早半年部署、快节奏推进、高标准落实，主要指标连创新高，转型升级发展迅速、历史问题妥善解决、职工满意度和幸福感大幅提升，实现了全面重塑、浴火重生。2022年，中国化学工程新签合同额4019亿元、营业收入1780亿元、利润总额77亿元、资产总额2345亿元，分别是2016年的6倍、3.3倍、3.4倍、2.7倍。累计消化各类历史潜亏100多亿元，在没有实施大的投资和并购的前提下，用不到5年的时间再造了两个"中国化学"。俄罗斯纳霍德卡甲醇项目、波罗的海"千亿大单"项目等落地并顺利实施，公司知名度、美誉度显著提升，在全球油气相关行业工程建设公司排名跃居第一，在"全球承包商250强"榜单中名列第17位。中国化学工程实现"弯道超车"跨越式发展，源自"四变"。

思路变，打造世界一流新引擎

中国化学工程抓住思想源头，坚持问题导向，强化战略引领，理路子、开方子，绘就改革时间表、施工图，按下改革"快进键"。

牢牢把稳"定盘星"

中国化学工程始终坚持以习近平新时代中国特色社会主义思想为根本

中国化学工程建成突破"卡脖子"技术的己二腈及尼龙系列项目,填补了国内技术和产业空白
中国化学工程／供图

遵循,坚决贯彻落实"两个一以贯之",坚决贯彻执行党的路线方针政策,坚持党对国有企业全面领导这个重大政治原则,牢记"国之大者",全面从严治党,把政治优势转化为企业的发展优势,牢牢把握改革发展正确方向,广大党员、干部在思想上有了主心骨、"定盘星"。

凝聚共识"转观念"

中国化学工程解放思想另辟优径,建立了长效对标机制,近学六大建筑央企,远学美国福陆公司和澳大利亚沃利公司,主要领导亲自带队,到行业领先企业对标学习90余次。先后组织了战略研讨会、"走基层"调研、"解放思想、凝心聚力、共谋发展"大讨论及建言献策等活动,集团各级企业累计召开动员会、座谈会980次,收到意见建议7887条。通过"走出去"对标学习,"请进来"专家把脉,"沉下去"一线调研,"关上门"深入反思,开展大讨论、大会诊,统一了思想认识,增强了发展信心,明确了目标方向,完成了从"要我改"到"我要改"的转变。

战略引领"争先进"

中国化学工程始终强化"战略引领、把舵定向"内功,既坚持一张蓝图绘到底,又根据时势不断微调优化,不断推动高质量发展。2017年11月,中国化学工程集团公司党委组织召开学习贯彻党的十九大精神专题培训班,经过反复研讨,在对公司原"十三五"战略规划进行细化完善的基础上,提出了公司未来发展的"三年五年规划、十年愿景目标",确立了化学工程、基础设施、环保、实业、金融五大板块协调发展的业务格局,非化收入占比逐步达到50%以上,国际业务收入占比逐步达到30%以上,建设具有全球竞争力的世界一流企业。2018年底,按照党的十九大提出的"两个阶段""两步走"的总体战略部署,中国化学工程将发展战略调整为三年、五年、十年、三十年四个重要阶段,对"十三五"规划进一步细化和延伸,提出建设研发、投资、建造、运营一体化的具有全球竞争力的世界一流企业。提出到2023年,中国化学工程营业收入达到1800亿元,实现利润总额70亿元,目标更为清晰。2021年,进一步明确了"两商"定位,即加快打造工业工程领域综合解决方案服务商、高端化学品和先进材料供应商,建设特色鲜明、专业领先、核心竞争力强的世界一流工程公司。在坚定科学的战略引领下,中国化学工程将全面深化改革作为建设世界一流企业的重要途径,不断推动各项工作走深走实,走上了高质量发展之路。

机制变,迈出市场化新步伐

面对经济新常态下的转型关键期,中国化学工程以市场化改革为抓手,建立完善考核体系科学化、考核目标精细化、考核流程规范化、结果运用刚性化的"四化"考核分配体系，突出全员业绩考核，在"三能"上狠下功夫，加速建立市场化经营机制，为改革创新注入"源头活水"。

重构全员考核体系，明确"目标导向"

将考核分配作为推动高质量发展的指挥棒，细化、量化、科学化设置考核指标，建立各层级、各岗位的360度全方位、立体式绩效考核体系。在总部，开展岗位价值评估，细化岗位描述，考核标准从以定性为主转向以定量为主，考核等级强制分布。在子企业，突出分类差异化考核，以中长期战略任务为目标，以"一利五率"为导向，"一企一策"设置现金流、投资回报率、自主研发及研发结果转化等个性指标，强化考核激励的精准度和匹配度。突出责任和压力传导，考核指标逐级承接，任务目标逐级分解，经营压力逐级落实，切实体现精细管理和科学激励。

强化考核结果运用，健全"三能机制"

制定《关于深化考核结果综合运用的实施意见》，强化考核分配"指挥棒"作用。2018年以来，中国化学工程集团总部压减编制近15%；子公司职能部门压减编制超过10%，新员工实现100%公开招聘，市场化退出员工近5800人。中国化学工程集团党委管理的干部中，52%的新提拔干部通过公开选拔方式任用，10家所属企业21名正职、18名副职干部因业绩不达标、履职不力被免职、降职或责令辞职，公司党委管理干部的退出比例达到24.6%。工资分配与考核强挂钩，总部同职级收入差距倍数达1.9倍，子公司主要负责人收入差距倍数达7倍，"上岗靠竞争、收入比贡献"理念深入人心。

坚持强化正向激励，鼓励"实干担当"

中国化学工程多措并举，实施涵盖员工持股跟投、股权激励、科技型企业岗位分红、超额利润分享等的多维度激励措施。所属华陆公司2020年实施混改同步引入骨干员工持股，2022年全员劳动生产率较2020年提高了21.8%，持股员工连续两年分红不低于投资额15%。所属东华科技2019年实施上市公司股权激励，2022年市值实现翻倍，按当前股价预计人

所属东华公司年产 50 万吨可降解材料 PBAT 项目
中国化学工程／供图

均收益 57 万元。所属五环公司实施科技型企业岗位分红，三年来营业收入和净利润累计增幅分别达 55.4%、109.8%，技术成果转化 4.34 亿元，人均岗位分红超过 20 万元。加强科技创新激励，所属天辰公司近 5 年奖励科技创新人员超过 1.5 亿元，极大增强了科研人员创新创业动力。以精益管理为导向，强化工程项目激励，实施风险抵押承包，五年来项目骨干员工投入风险抵押金 4.3 亿元，累计兑现奖励金额合计 11.9 亿元，风险抵押项目利润率比以前同类项目平均水平提升 2.4 个百分点，实现了员工和企业风险共担、利益共享。近五年，中国化学工程人均创利年均增长 24.6%，职工平均工资年均增长 16.8%，实现了双促双进。

积极稳妥推进混改，机制"破旧立新"

推动引入万华化学等"三高"战略投资者，完成 29 家企业混改，引入外部资金 146 亿元，员工持股 11.3 亿元。坚持以混促改、注重机制转换，明确治理主体权责及决策机制，"一企一策"精准授权放权，经营决策效率大幅提升。依靠职工办企业，7家子企业持股员工代表进入董事会，提升了决策的科学性、民主性，充分体现了"央企品牌＋民营机制＋员工活力"新优势。"破立结合"全面推进职业经理人制度，是中国化学工程着力建立市场化经营机制的重要抓手。一是转身份，集团和二级企业党委管理的干部竞聘前签订协议放弃"领导身份"，竞聘成功后退出集团和二级企业党委管理干部序列；二是定目标，职业经理人与董事会签订经营业绩责任书，激励和约束并重，刚性兑付目标承诺，不设兜底条款；三是守廉洁，职业经理人签订廉洁承诺书，对遵纪守法、廉洁从业、履职尽责做出承诺，接受纪委、审计等各方面的监督。近三年，中国化学工程集团公司混改企业选聘职业经理人120人，其中外部选聘49人、内部转换身份71人，原经理层成员落聘26人。严格退出机制，年度、试用期考核不合格解聘6人。

管理变，实现精细管理新提升

中国化学工程做好改革"必答题"，答好特色"自选题"，大力推进管理提升，助推改革取得实效。

授权放权分类差异化管控

改变过去"一碗水端平"的管理模式，不断强化差异化管控。中国化学工程制定印发了绝对控股、相对控股及参股企业章程模板、股东协议示范文本，不断更新，作为不同类型企业经营的根本准则。建立完善授权放权机制，实施差异化的清单管理，根据《授权放权清单》，实施上级企业向下级企业董事会、同级董事会向经理层"两个授权"，并提供更大的自主决策空间。授予混改企业董事会对经理层成员的业绩考核权、薪酬分配权和一定额度内的投资决策权，混改企业董事会对经理层成员有任免决定权，有效激发了混改企业内生动力。所属交建公司灵活授权放权，构建起以资本为纽带、股权为基础、董事为依托的治理型管控新模式。经过三年多的改革洗礼，公司新签合同额由2018年的53.29亿元增长到2021年的268.34亿元，营业收入从 50.67 亿元增至 72.14 亿元，利润总额由 1.31 亿元增至 3.12 亿元，发展业绩得到了所在山东省政府、地方国企和民企股东的高度称赞。

对标一流推进精益管理

以工程项目精细化管理为切入点，突出"法人管项目"，制定"两定额三标准"，打造"两平台一系统"，实现项目经理管项目向法人管项目、粗放式管理向集约化管理、前台管理向后台管理、经验管理向科学管理的"四个转变"，确保工程优质、干部优秀、效益优良，成为构建"不能腐"的体制机制的有效手段。在工程项目精细化的基础上，向各系统各领域加速推进全面精细化管理，覆盖 27 个管理领域、160 个业务单元，有力提升了企业的科学管理水平和治理能力。推行精细化管理以来，中国化学工程各单位、各项目和广大职工的行为方式发生了巨大变化，最明显的特征就是"全员管理、全员创效""精打细算，一切围绕效益转"。职工参与管理的积极性提高了，"三违"行为和安全隐患得到有效治理，近五年项目成本下降 1.5%，净资产收益率提升到 9.2%，全员劳动生产率增长 77.2%。

做强做优深化组织变革

坚持服从服务国家战略，构建集团公司统筹、区域总部主导、二级公司主体经营、三级公司属地化经营做实做强、项目经理部滚动经营的"五位一体"大经营格局，实现由做项目向做市场转变；推进三级公司生产经营一体化和施工作业层实体建设，压减 33% 的三级分/子公司，组建 90 家生产经营一体化三级综合公司和 51 家"以我为主"核心作业层实体，实现"专业公司做专做精、综合公司做强做大"，随着管理的不断细化，运营管理水平有了质的提升。

创新变，打出科技强企新天地

中国化学工程以创新为第一动力引领发展之变，围绕实现高水平科技自立自强，大力实施创新驱动发展战略，开启"技术创新＋特色实业"具有中国化学特色的发展道路。

搭平台激发创新新活力

构建"1总院+多分院+N平台"开放式科技创新体系，以中国化学工程科学技术研究院为总院，在多家子企业设立分院，在日本、欧洲设立海外分院，在北京和日本筑波建立研究分院、实验基地。以细分领域具体方向为重点，与中科院、中科大、陕煤等国内知名高校、科研院所、企业等建立联合科研平台22个，形成"一心多元"的协同创新格局，90余项优势技术成果实现了转化应用，科技创新实力不断提升。

引人才增强硬核新实力

打破以往"坐在家门口等人才"的传统引才模式，面对集团公司科技人才现状与科技创新发展需求之间依然存在不对称的问题，突出"高精尖缺"导向，面向海内外引进高端科技领军人才和创业团队，先后引进德国巴斯夫、日本三菱化学、中科院等知名企业和科研机构的多名顶尖科研人才，三年集聚了800人的"科学家+工程师"队伍。在薪酬分配上，实施"一院两制"，即领军科研人员可以按岗位选择薪酬，也可以按职业经理人选择更加市场化的薪酬，充分激发人才创新创业活力。

强研发不断突破"卡脖子"技术

高强度研发投入、高端技术人才引进、高难度关键技术攻关，是中国化学工程不断突破"卡脖子"技术的"制胜三招"。十年来，中国化学工程以被国外垄断的、国内没有工业化生产的化工新材料为主要研发方向，持续加大研发投入力度，推行"揭榜挂帅"和"赛马制"，尼龙66关键单体己二腈、聚烯烃弹性体、"双氧水法"制环氧丙烷、高端环保催化剂、生活垃圾制氢、长距离储氢运氢等一大批关键技术取得突破，打破了国外封锁。近三年，研发投入强度保持在3.2%以上，有效授权专利数增长66.87%，授权发明专利数增长48.26%；获得国家科技进步一等奖1项、二等奖1项。

重转化提升发展新动能

中国化学工程围绕产业链部署创新链，以技术升级带动产业链升级和

所属华陆公司一期年产5万立方米硅基纳米气凝胶复合材料项目
中国化学工程／供图

实业发展。科研成果不断涌现，创新成果快速转化，近三年先后落地了己二腈及尼龙系列、硅基气凝胶和可降解材料PBAT一批实业项目，其中在山东淄博投资200亿元，建设突破"卡脖子"技术的己二腈及尼龙系列项目，"十年磨一剑"填补了国内技术和产业空白，达产稳产后将在五年内带动千亿产业集群。所属华陆公司成功突破了多晶硅冷氢化核心技术并不断升级换代，该技术在多晶硅生产领域市场占有率超过90%，生产成本由2006年的80万元/吨下降到目前的4.2万元/吨，公司承建的多晶硅项目达产后，预计年贡献清洁能源发电约200吉瓦，减少碳排放2.1亿吨，大幅降低多晶硅的能耗和生产成本，为我国光伏和电子产业领域的技术进步、产业崛起和成本降低作出积极贡献。

开展内部专业化整合 实施差异化管控 建设世界一流材料产业国有资本投资公司

中国建材集团有限公司

中国建材全面深入实施国企改革三年行动，把党的领导融入公司治理细化为操作表单和实施流程，积极推进建设世界一流的材料产业国有资本投资公司，在国家急需的碳纤维、锂电池材料等先进新材料产业加大投资布局力度，发起设立150亿元新材料产业基金，已决策51.5亿元投向新能源、半导体等"卡脖子"材料领域；开展内部专业化整合打造产业链"链长"和原创技术策源地企业，多项新材料应用于航空航天等国家重大任务，累计有效专利达2.1万项；以差异化管控发挥混合所有制企业非国有股东的积极作用，推出中长期激励工具激发骨干员工内生动力。通过一系列改革举措，实现中国特色现代企业制度更加成熟定型、国有资本投资公司转型取得成果、自主创新能力明显加强、党建引领更加有力。2022年实现利润总额280亿元、净利润221亿元，较国企改革三年行动实施前的2019年分别增长19%、49%，从一家以造水泥为主的企业转型为综合性材料产业投资公司，自主创新研制量产的大批先进新材料用于中国空间站、火星探测、探月工程、CR929大飞机等国家重大项目，扛起了以"国之大材"支撑"国之重器"的责任担当。

中国建材集团有限公司（以下简称"中国建材"）原来是一家以水泥生产为主业的央企，伴随改革开放进程，在民营企业占多数的水泥行业通过联合重组实现快速发展壮大。2007年，中国建材组建南方水泥，时任上海市委书记习近平发来贺信："祝愿南方水泥有限公司早日实现战略整合的既定目标，为国有企业的改革发展不断探索新路，为促进区域合作、联动发展作出更大贡献。"以贺信精神为指引，中国建材在全国水泥行业开展了大规模战略整合，走出了以"央企市营"为特色的"改革1.0"模式。

2020年以来，中国建材深入落实习近平总书记关于国企改革发展和党的建设的重要论述，全面深化国企改革三年行动，以"改革2.0"深入推进高质量发展，在中国特色现代企业制度更加成熟定型、国有资本布局结构更加优化完善、市场化经营机制更加特色鲜明等方面取得新突破，从一家以造水泥为主的企业转型为综合性材料产业投资公司，自主创新研制量产的大批先进新材料用于中国空间站、火星探测、探月工程、CR929大飞机等国家重大项目，保障了国家材料产业链供应链的韧性与安全，扛起了以"国之大材"支撑"国之重器"的责任担当。

筑制度之基，把党的领导融入公司治理转化为操作流程

国企改革三年行动的核心任务是完善中国特色现代企业制度，中国建材贯彻落实"两个一以贯之"，细化各治理主体功能定位，厘清"三会"权责、构建操作流程、推动精准行权，促进制度优势更好转化为治理效能，被国务院国资委评为"公司治理示范企业"。

党委发挥领导作用，实现总揽全局、协调各方

中国建材党委坚持胸怀"国之大者"、打造"国之大材"，对企业经营的全系统把方向、管大局、保落实，将党委前置研究、"三重一大"等决策机制与公司章程、议事规则等治理机制有效衔接，细化分解为170项权责事项表单，各治理主体按表行权，党的领导既不缺位也不越位。党委

17 中国建材集团有限公司

新天山水泥所属山亚南方水泥全景图
中国建材／供图

会作为重大经营事项的"入口",依据"四个是否"(是否符合党和国家路线方针政策、是否符合企业发展战略、是否增强企业竞争力和实现国有资本保值增值、是否有利于员工合法权益和社会公众利益)进行前置研究讨论,做到把关定向,在重视经济责任和社会责任的同时主动担当政治责任。例如,中国建材承担的CR929大飞机机身材料研制任务,投入巨大且短期内难以产生经济效益,但党委从国家战略需要出发、从解决高端航空复合材料的"卡脖子"技术难题着眼,研究形成前置意见,并协调董事会和经理层做出决策、实施推进,最终中标成为CR929大飞机中后段机身的主供应商。

董事会成为决策中枢,做到科学决策

中国建材董事会坚持战略理性和经济理性相统一,确立"加快从水泥产业为主向以新材料为主的材料产业投资公司转型"战略,抢占未来产业发展的制高点。在重大投资项目决策过程中,董事会以规范的运作流程实现科学决策:会前组织外部董事深入调研、充分沟通,由分管副总经理详细汇报、回答质询、取得认可,使外部董事深入了解项目情况,做到"鞭辟入里";会中由分管副总经理汇报项目的战略意义、投资方案、收益情况、风险防控等重点内容,全体董事畅所欲言、认真研讨,参考党委前置研究讨论意见形成董事会决议,突出"纲举目张";会后由经理层组织落实,每季度向董事会报告项目进展情况,形成闭环管理,做到"慎终如始"。

经理层负责经营管理,充分履职行权

中国建材制定董事会向经理层的授权制度,6 类 39 项授权由总经理办公会研究决定;董事长一般不列席总经理办公会,赋予经理层更加充分的自主权;对经理层成员实施全面规范的任期制契约化管理,以 100% 量化考核促进经理层主动承担"谋经营"和"强管理"的责任。经理层围绕"经营精益化、组织精健化、管理精细化",以"价本利"理念抓经营效益,以瘦身健体抓压减工作,以"2422"指标管控(应收账款、存货、其他应收款、预付账款、带息负债、货币资金、资产负债率、资本开支、冗员、法人户数)抓降本增效,落实好党委会和董事会的重大经营决策。

循"进""退"之道,构建国有资本投资公司的运行逻辑

深化国有资本投资公司改革,是党的十八届三中全会提出的国资国企改革的一个主攻方向,也是国企改革三年行动的一项重点任务。中国建材 2019 年 9 月获批成为国有资本投资公司改革试点。结合国企改革三年行动要求,中国建材立足自身特点、胸怀央企使命,确立了打造"国之大材"的材料产业投资公司目标,构建出一套具有中国建材特色、专注于材料产

业的国有资本投资公司运行逻辑，实现了成功转型。

构建国有资本投资公司"协同作战"模式

在集团内部，中国建材明确集团总部、产业平台、基层企业在国有资本投资公司改革中的不同定位，形成各负其责、有序发展的运转机制。中国建材集团总部负责战略管控、资本运作、资源配置、风险防控和党的建设五大职能，梳理确定产业平台的主业赛道，搭建资本运作专业平台，主导培育战略性新兴产业，做到"管资本"；产业平台在主业范围内自主经营，开展存量业务的专业化整合，打造边界清晰、主业精锐、具有产业链控制力的专业化平台，实现"管价值"；基层企业扎实做好生产销售和精细化管理，持续提升竞争力，专注于"管经营"。

在集团外部，中国建材发起设立了150亿元的新材料产业基金，以30%自有资本吸引70%的社会资本，投资培育国家急需的新材料产业，形成内外部协同发展的良好生态。截至目前，中国建材的产业基金已向集成电路产业链上的电子级多晶硅、光刻胶等"卡脖子"材料进行投资，在新能源产业链上向氢能、锂电池负极材料等前沿方向进行投资，共计决策投资48亿元。

通过专业化整合打造产业链"链长"企业

中国建材在国企改革三年行动中，针对发展过程中形成的同质化业务分散在不同企业、造成资源配置低效重复的情况，不断推进内部业务专业化整合。2021年，中国建材以成员企业天山股份为主体，把分散在6家非上市公司的水泥业务整合起来，完成近千亿元资产的证券化，打造了水泥产能规模全球领先的A股上市公司。2022年又继续开展资本运作，将另外两家水泥上市公司与天山股份开展整合，最终将使中国建材的水泥业务全部集中到天山股份，使其产能规模达到5.1亿吨，控制国内15%的水泥产能，具备极强的产业链话语权。中国建材还开展了水泥工程服务板块的整合，将集团内的其他水泥工程服务企业、采矿工程服务企业整合到上市公司中材国际，不但集中了同质化业务，还为中材国际延伸出采矿服务的新产业分支，构建了水泥工程服务领域全球市场份额第一的"隐形冠军"。

中国建材所属凯盛君恒5.0中性硼硅药用玻璃管生产线场景
中国建材／供图

通过战略性整合打造原创技术策源地企业

中国建材积极发展新材料产业，根据新材料产业"科技驱动"的特点，通过战略性整合，将自身的产业发展能力、科研能力与外部战略性资源嫁接，培育出一批突破"卡脖子"技术的新材料企业。成员企业凯盛科技梳理确定玻璃新材料"3+1"战略，牵头组建玻璃新材料国家制造业创新中心，大力发展显示材料、光伏新能源材料、特种玻璃材料三大产业，分别整合了海外归国科研团队、国际并购企业等优势资源，先后研发量产了柔性可折叠玻璃、新冠疫苗药用玻璃等"卡脖子"材料，成为我国高端玻璃材料、薄膜发电材料等领域的科技引领型企业。

推进国有资本有序退出"非主业非优势"业务

中国建材主动加强对非主业贸易物流业务的退出和整合，积极推进以物流贸易为主业的三家二级企业整合，并主动压减和退出非主业的铁矿石贸易业务，2021年非主业贸易收入同比减少128亿元，降幅达57%。开展内部资产整理，引导督促各级企业做好本企业的非主业非优势业务的退出，2022年6月底全部完成国企改革三年行动设定的非主业非优势业务退出任务。通过持续做好瘦身健体，提升了整体的组织精健化水平，管理层级保持在4级，2020年以来累计压减法人257家，促进国有资本向更具优势、更有效益的领域集中。

通过以上改革举措，中国建材在培育国家战略所需的新材料方面积极"进"，在发展优势产业和主导产业方面不断"强"，在调整非主业非优势业务方面持续"退"，以资本布局优化和产业结构调整不断践行"国之大材"的使命目标。

融"放""管"之治，推进多种所有制资本协同发展

中国建材在发展过程中大量开展与民营企业的联合重组，通过"混资本"快速形成全球规模领先的水泥、商品混凝土、石膏板、玻璃纤维等主导产业。为了充分释放混合所有制企业更大动能，中国建材在混合所有制企业开展了"差异化管控"试点，为混合所有制企业深度转换经营机制探索出一条更具活力的新路。

在国务院国资委的指导下，中国建材选择国有股权比例低于50%、非国有股东拥有董事席位的集团三级以下混合所有制企业实施差异化管控机制。在差异化企业，经理层成员差额选聘、业绩考核、薪酬管理等重大职能均由董事会主导完成，上级党组织事后备案；对纳入年度计划、主业范围内的固定资产投资和股权投资项目，由企业董事会依据公司章程决策，国有股东不再事前审批。相对控股企业中国巨石实施差异化管控后，计划内主业投资权限由原来的5亿元提高至其净资产的10%（23亿元），大幅减少了决策程序、提高了决策效率。

中国建材还建立了一系列机制，进一步促进混合所有制企业的非国有股东在公司治理中发挥作用。国有股东与非国有股东加强定期沟通；

依据公司章程，引导非国有股东提名董事、监事或经理层成员，由非国有股东提名人员担任董事监事高管的混合所有制企业占比接近80%；对股权比例较低的非国有股东，邀请其派出"观察员"列席本企业董事会。

同时，对于混合所有制企业的党建、纪检、审计、巡视、安全、环保等事项，中国建材明确要求按国有股东的标准实施穿透管控，并严格管控混合所有制企业的主业赛道，使其专注于主业做到"专精特新"。中国建材还建立内部信息系统，打通成员企业的经营数据交流通道，开展重点经营数据的对标管理，突出过程管控、防范经营风险。

通过同步推进"放活"与"管好"，中国建材所属的混合所有制企业既全面融入国有股东的管理架构，又有较为充分的经营自主权，实现了健康发展。例如，碳纤维企业中复神鹰、锂电池材料企业中材锂膜、玻璃纤维企业中国巨石等混合所有制企业，在中国建材明确的战略管控、有力的资源协同、充分的信任支持下，快速成长为行业领先企业，为国民经济建设提供了大量的高端材料，在服务国家战略的主航道上实现了国有资本与非国有资本协同发展。

开活力之源，用创新工具释放骨干员工内生动力

作为一家市场化特色鲜明的国有企业，中国建材较早实现了以全员业绩考核为中心的薪酬机制，但总体上看，集团未建立对科技骨干、业务骨干的针对性激励措施，存在一定程度的"高水平大锅饭"现象，一些优秀科研人员、经营骨干被高薪挖走，造成人才流失。在国企改革三年行动中，中国建材自主探索、创新开发了集团特有的中长期激励"工具箱"，在以按劳分配为主的基础上，针对科研、管理等领域的高绩效骨干人员，建立起"按效分配"的激励机制，实现骨干员工与企业中长期发展利益的"绑定"，解决了员工内生动力不足的问题。

在"按劳分配"的基础上实施"按效分配"的二次分配

中长期激励工具是在常规的工资奖金等"按劳分配"机制基础上开展二次分配，参与人员限定在对企业经营发展发挥重要作用的骨干人员；企业实施中长期激励工具时要制定净利润、净资产收益率等业绩指标，业绩增长幅度要"跳一跳"才能达到，员工能否获得激励由企业效益是否增长决定，无增长即无激励。

延迟兑现、拉长激励周期

对现金类的激励工具，设立延期兑现、"等待期"等措施，对股权类激励工具设立锁定期、限售期等措施，各种工具的激励兑现周期普遍拉长到 3 年以上，使激励工具收益与企业的中长期发展绩效紧密挂钩，避免了只顾眼前利益的短视行为。

激励工具主要部署在企业发展的"主战场"

加大对科研创新的激励力度，对骨干科研人员，推出多元化的激励工具，包括无偿奖励股权、工资总额单列、科技成果转化收益分享等。落实"创新"发展理念，针对新业态、新业务、新商业模式，鼓励开展项目跟投。践行"一带一路"倡议，推出境外投资项目跟投工具，鼓励员工参与持有境外产业投资项目股权，扎根海外与企业共同成长。

自 2020 年底建立中长期工具箱以来，中国建材已有 27 家成员企业实施了不同类型的中长期激励，涉及骨干员工超过 3000 人次。中长期激励工具箱的建立，使中国建材的分配机制更加多元、绩效导向更加清晰，实施企业盈利大增、科研成果大量涌现，研制并量产了高性能碳纤维、锂电池隔膜、柔性可折叠玻璃、氮化硅陶瓷球等一大批突破"卡脖子"技术的新材料产品。

国企改革三年行动引领企业新发展

惟改革者进，惟创新者强，惟改革创新者胜。中国建材通过全面深入开展国企改革三年行动，引领企业进入高质量发展的新阶段。

中国特色现代企业制度更加成熟定型

中国建材构建形成了一整套具备自身特点的中国特色现代企业制度体系，基本形成以"管资本"为主的治理型管控模式、以"放活"与"管好"相结合的企业管理机制、以激发员工效率活力为特色的市场化经营机制，"各司其职、各负其责、协调运转、有效制衡"的公司治理机制已然成型。

国有资本投资公司改革取得明显成果

中国建材以培育战略性新兴产业和做优专业化产业平台相结合，已经成为全球最大建材制造商、世界领先新材料开发商和综合服务商，在水泥、商品混凝土、石膏板、玻璃纤维、风电叶片、国际水泥工程及玻璃工程7个领域位居世界第一，连续12年入围《财富》世界500强，2022年最新排名第196位，持续稳居全球建材行业榜首。产业结构和资本布局持续优化：成熟产业（基础建材板块）稳定增长、保持"压舱石"作用，2021年板块营业收入、利润总额占比44%、54%；新兴产业（新材料板块）跑出"加速度"，各类先进新材料业务增势迅猛，2021年板块营业收入、利润总额占比22%、42%，2022年上半年达到25%、59%，在中国建材集团的盈利结构中首次超过基础建材，形成优势地位。

自主创新能力明显增强

中国建材初步建成了服务国家战略发展需求、服务国民经济主战场的科研创新机制，习近平总书记在国家"十三五"科技创新成就展和探月工程成果展上充分肯定了中国建材的科技创新成果。入选首批中央企业原创技术策源地企业名单，在内部大力实施原创技术策源地及关键核心技术攻关"揭榜挂帅"，获得国家科技进步一等奖和技术发明二等奖，有效专利累计1.76万项。

党建引领更加有力

在中央企业党建工作座谈会上，中国建材作为典型企业书面交流了混合所有制企业党建实践经验。党建课题荣获央企党建政研会研究成果一等奖。助力巩固拓展脱贫攻坚成果、接续推进乡村振兴，2021年投入帮扶资金超过1亿元，定点扶贫考核获评"好"。

18

实施三类改革　激发企业活力走出以高铁自主创新为范例的世界一流企业建设之路

中国中车集团有限公司

中国中车坚决贯彻落实习近平总书记关于"继续练好功、继续改革创新"的重要指示精神,牢记"擦亮国家名片、持续领先领跑"嘱托,以"想改、敢改、真改"的勇气和决心,系统谋划并高标准实施国企改革三年行动。深入推进体制改革,构建符合社会主义市场经济改革方向的治理体系和治理能力,建立"1412"外部董事行权履职报告制度,有效提升公司治理水平;深入推进机制改革,以"优、平、简、去、活"为目标,深入实施"四全五能"市场化经营机制改革,全级次企业管理机构精简29.17%、中层管理人员减幅9.35%;深入推进效能改革,打造符合央企功能定位和市场需求的产业布局和产品结构,研发投入强度年均超过6%,开发了以时速600千米磁悬浮列车为代表的一批具有国际领先水平的轨道交通装备。深化改革让红色中车更"红"、现代中车更"活"、一流中车更"优",努力争做国企"中国之治"的标杆,走出了一条以高铁自主创新为成功范例的世界一流企业建设之路。

中国中车集团有限公司（简称"中国中车"）是经国务院同意、国务院国资委批准，在原中国北方机车车辆工业集团公司和中国南车集团公司重组合并基础上组建的国有独资企业，成立于2015年9月，注册资本230亿元，总部设在北京。截至2021年底，中国中车拥有各级全资及控股子公司404家，员工16.9万人，资产总额4789亿元。

2022年8月21日，由中国中车生产的雅万高铁在青岛港顺利完成装船，通过海运发往印度尼西亚。雅万高铁是中国高铁全系统、全要素、全生产链走出国门的"第一单"。

习近平总书记指出，在新一轮全球增长面前，惟改革者进，惟创新者强，惟改革创新者胜。雅万高铁的成功出海，是中国中车贯彻落实习近平总书记视察中车重要指示精神、奋力推进改革创新的生动实践。

作为我国轨道交通装备制造业飞速发展的亲历者、见证者，中国中车是中国百年工业从"站起来"到"强起来"的有力代表。中国中车在百年的发展历程中，一直经受改革创新的洗礼。改革，已成为融入中国中车集团骨血的奋斗基因，也是中国中车基业永续的进阶密码。

国企改革三年行动以来，中国中车全面贯彻习近平总书记关于国有企业改革发展和党的建设的重要论述精神，深入贯彻习近平总书记三次视察中国中车重要指示精神，坚持"快半拍部署、快半步行动、快半年见效"的"三快"工作总基调，积极营造"想改、敢改、真改"的"三改"工作总氛围，系统谋划并高标准实施国企改革三年行动，深入推进"体制、机制、效能"三类治理，努力争做国有企业"中国之治"的标杆。

深入推进体制治理，红色中车更"红"

中国中车历史可追溯至1881年，作为中国铁路机车车辆工业的代表，是中国近代工业的先驱。铁路产业工人作为早期中国工人阶级的核心力量，与中国共产党早期的革命活动休戚与共，在诞生之初就根植中国革命

中国中车时速600千米的高速磁浮交通系统
中国中车／供图

的红色基因。新中车赓续红色基因，认真贯彻落实习近平总书记在全国国有企业党的建设工作会议的重要讲话精神，深入推进体制治理，同大的体制更合拍、政治和社会属性更清晰，让红色中车更"红"。

切实把党的领导融入公司治理

全面落实"两个一以贯之"要求，把加强党的领导与完善公司治理统一起来。建立完善"1+3+N"制度体系，"1"即公司章程，"3"即党委、董事会、总经理工作规则，"N"即各治理主体具体运作的26项基本制度和247项专项规章。通过完备的制度体系落实党的领导。厘清权责边界，系统梳理各治理主体工作职责，制定实施《在完善公司治理中加强党的领导的实施意见（试行）》《党委前置把关清单》《董事会决策事项清单》《经理层经营权限清单》，让各治理主体都知道自己有什么权、管什么事、负什么责，让权力在制度下、在阳光下规范运行。强化党委领导作用，党委注重抓大事、议大事，坚持民主集中制，涉及企业发展战略、投资、改革等20类重大经营管理事项，经党委前置研究讨论后，再由董事会决策。凡上党委会前置研究事项，会前必须调查研究、必须科学论证、必须风险评估、必须充分酝酿。党委会上，严把政治关、方向关、规则关、廉洁关，保证前置把关质量。

加强董事会建设落实董事会职权

一是配齐建强董事会，制定实施《中国中车集团所属全级次子企业规范董事会建设工作方案》和《中国中车集团落实有关重要子企业董事会职权工作方案》，实现董事会应建尽建、外部董事占多数。二是着力提升外部董事履职能力素质。建立"1412"报告制度，专职外部董事每年撰写1篇年度专项调研报告、4篇季度调研报告及12篇月度工作报告；建立专职外部董事考核评价制度，从忠实履职、勤勉敬业、严于律己、科学决策、优化治理、推动发展6个方面对专职外部董事实施年度综合考核评价。三是落实董事会职权，建立规范董事会的一级子公司100%落实中长期发展决策权、经理层成员业绩考核权和薪酬管理权，选择市场化程度较高、核心主业处于充分竞争领域的8家一级子公司落实董事会对经理层成员的选聘权等6项职权，进一步提升董事会行权履职能力和企业自主经营决策能力。

坚持党的领导加强党的建设

不折不扣落实"第一议题"制度，推动习近平新时代中国特色社会主义思想在中国中车落地生根。持续加强企业领导班子建设，着力打造政治能力强、专业能力强、改革创新能力强、攻坚克难能力强、团结凝聚能力强的"五强"领导班子建设。加大优秀年轻干部选拔使用工作力度，2020年以来，近三年提拔的"75后"企业正职、"80后"企业副职分别占相应提拔人数的 35%、46.7%。中国中车党委直接管理和备案管理干部 45 岁以下占 25.5%，二级和重点三级子企业中层管理人员 35 岁左右者占比接近 21.4%，40 岁以下者占比接近 40%。深入推进党建与生产经营深度融合，最新精神融进"重点工作"，党建特色融进"治理结构"，整改成果融进"制度体系"，引领保障融进"管控体系"，守正创新融进"日常工作"，形成了党建责任制和生产经营责任制融合联动的长效机制。深入推进全面从严治党，制定《中车关于加强政治监督的指导意见》《贯彻落实中央八项规定及其实施细则精神监督检查办法》《关于构建"多位一体"大监督体系的指导意见》，整合监督资源，提高监督效能，建立监督长效机制。深入开展党建"阶梯式·主题年"专项行动，持续打造党建"金名片"，在国务院国资委党建责任制考核中连续获评 A 级。

深入推进机制治理，现代中车更"活"

习近平总书记在 2015 年 7 月 17 日视察中国中车时指出："高铁动车是中国一张亮丽的名片。"中国中车在持续擦亮国家名片的同时，深入推进机制治理，抓住员工最关心、最直接、最现实的利益问题推进改革，深度转换市场化经营机制，努力在中国中车形成改革创新活力充分涌流的生动局面，让现代中车更添动力、更具活力、更增效率，让高铁动车国家名片更加亮丽。

打通能上能下"梗阻点"

实施竞争性选拔机制，实现从"铁交椅"向"职业人"的转变。在新提拔的一级子企业经理层成员中，80% 以上以竞争性选拔的方式产生，全级次企业经理层成员和中层管理人员 100% 实行任期制和契约化管理，严格依据契约实施年度考核、任期考核、全体竞聘，一级和二级子公司中层以上管理人员年度"下"的比例为 5.4%。积极推行职业经理人制度，所属 19 家子企业选聘了 106 名职业经理人。

中国中车京张高铁"瑞雪迎春"智能动车组
中国中车／供图

树立能增能减"风向标"

坚持"业绩升、薪酬升,业绩降、薪酬降",完善按业绩贡献决定薪酬的分配机制,实现所属企业从"要工资"向"挣工资"的转变。对企业负责人实行差异化薪酬管理,2021年制造类子企业负责人年薪最高差距达4.5倍;对职工收入分配坚持以岗定薪、岗变薪变,严格按绩效考核结果兑现薪酬;对企业工资总额管控坚持"效益决定工资"的基本原则,2019年以来共有25家子企业因效益下降而下调工资总额,工资总额降幅最高达13.2%;2021年制造子企业人均工资最高差距达2.54倍。

建好能进能出"蓄水池"

应公开招聘的新入职员工公开招聘比例为100%。建立多通道人才发展机制,针对技术、管理、技能三大岗位序列,分级设置专家人才激励体系,实现从"挤官道"到"多通道"。

打好中长期激励"组合拳"

坚持战略导向、聚焦核心、高目标引领、差异化实施原则,在 75 家子企业精准化、多样化推进实施 18 个中长期激励计划,涵盖岗位分红、股权出售、混改员工持股、科技成果转化奖励和股权跟投、科创板上市员工配售等多种形式。实现薪酬激励方式从"一招鲜"向"组合拳"的转变。岗位分红项目中,科研人员占比 85% 以上,人均分红 3.8 万元,最高分红 28.4 万元;科技成果转化奖励项目中,科研人员占比 75% 以上,最高奖励额度 80 万元。株洲所以"人与激励"为核心,打出了畅通人才晋升通道、优化薪酬分配模式、实施中长期激励等系列"组合拳"。科技人员中,"科学家"层级待遇高于公司领导班子,科研骨干人员薪酬水平也高于其他同等级岗位员工,近三年青年科技人才流失率大幅降低,超过 1600 名核心骨干员工成为与企业同发展、共成长的事业"合伙人"。

深入实施"四全五能"市场化经营机制改革

中国中车以荣膺国企改革"学抓促"专项工作第二批改革典型为新起点,自我加压、主动作为。2021 年 8 月,印发《中国中车深入实施市场化经营机制改革工作方案》,以"优、平、简、去、活"为目标,突出"四全五能",对全集团、全级次企业深入实施全覆盖、全穿透的市场化经营机制改革。制定印发《中国中车组织机构改革指导意见》和《中国中车科学定岗定编优效优员指导意见》(以下简称"两个指导意见"),努力实现更高水平的机构能设能撤、管理人员能上能下、员工能进能出、收入能增能减、人才能培能引。既抓实国企改革三年行动的规定动作、必修课,又做好深入实施市场化经营机制改革的自选动作、加试题。

统筹好改革与稳定的关系。通过实施深改专项行动攻坚战,中国中车全级次企业管理机构精简 29.17%、制造单元精简 32.99%,组织机构更趋扁平;全级次企业中层管理人员减少 9.35%、管理人员减少 4.78%,人员结构更加优化；浮动工资占员工工资比例增加至65%，薪酬分配真正体现价值创造。中车贵阳公司是一家以货车修理为主业务的企业，业务结构单一、历史包袱沉重，又恰逢货车市场低迷，生产经营陷入低谷。只有进行大刀阔斧的改革，才能走出困境。中车贵阳公司深入落实"两个指导意见"，精简制造单元16.7%、精简管理机构36.8%，用工总量缩减25%。在释放整合效应中消除部门壁垒、助力劳效提升，车辆检修周期同比提升了44%，保持行业领先，企业效率效益持续提升。

深入推进效能治理，一流中车更"优"

2018年底，中国中车被国务院国资委列入首批10家创建世界一流示范企业。国企改革三年行动以来，中国中车以深化改革助推世界一流示范企业创建，深入推进效能治理，使一流中车更"强"更"优"。

坚持"四化原则"，调整优化产业布局及结构

按照整机（车）集约化、核心系统专业化、关键部件特色化、一般部件市场化"四化原则"，中国中车聚焦主责主业，通过战略性重组和专业化整合，机车车辆工业原有的35家工厂和4家研究所，目前已整合为22家一级子公司的制造类企业新格局，减少43.6%。以"以造带修、以强带弱"为主线，深入推进主机企业重组。机车企业由8家一级子公司重组为4家，客车企业由6家一级子公司重组为4家，货车企业由15家一级子公司重组为2家子集团。以专业化整合为抓手，深入推进核心系统和关键部件业务重组。制定实施《关于核心系统和关键部件业务重组整合构建业务引领平台的指导意见》，明确业务定位，统筹分类推进了新材料、电气、制动、钩缓等核心系统和关键部件业务重组。实施时代新材和四方所轨道车辆用空气弹簧、橡胶金属件等业务重组，解决上市公司同业竞争问题，聚力打造中车新材料产业平台；实施永济公司深度重组并托管大连电牵公司，致力于打造具有全球竞争力的牵引系统产业平台；整合制动系统

资源，成立中车制动公司，打造国内领先、世界一流的制动和钩缓技术平台。以"激发主体活力、形成拳头产品、塑造中车品牌"为目的，推动三极多点业务重组。对承担三极业务的中车电动、时代新材、山东风电三家企业提级管理，加大支持力度，致力于将"三极多点"业务打造成为行业地位突出、经济效益良好、支撑作用明显的支柱业务，成为公司新的业务增长极。落实国际化发展战略，积极开展海外资源配置和业务布局。株机公司并购德国福斯罗公司，实现在欧洲高端市场突破，2020年完成交割，2021年即实现盈利，新签机车合同约14亿美元。

坚持"应退尽退"，清退不良存量与剥离社会职能

持续推进企业瘦身健体，努力在提质增效资源优化上取得新突破。"两非"企业（业务）剥离清单13项，已全部完成；计划处置"两资"15亿元，已累计完成17亿元。2016年至今，累计压减法人152家，其中国企改革三年行动以来压减41家，超额完成压减目标（38家）；按计划全面完成36项低效无效参股股权清理退出，收回资金1.23亿元；2020年以来集团公司层面累计盘活土地2148亩，贡献土地处置净收益62亿元。"三供一业"分离移交、厂办大集体改革、15.3万人退休人员社会化管理全面收官。

坚持"领先领跑"，提升自主创新能力

构建引领未来具备代际特征的轨道交通装备。作为央企首批29家原创技术策源地之一、6家现代产业链"链长"企业之一、68家交通强国建设试点单位中唯一入选的交通运输装备制造企业，中国中车制定实施相关工作方案，夯实我国轨道交通装备行业技术引领地位。加强科技创新激励制度建设上，制定实施《双聘人才管理暂行办法》《中车党委建立领导干部改革创新容错纠错机制实施办法》。加强高水平创新团队培育上，在科技部、国务院国资委、中车重大专项中，完善"团队＋项目＋人才"培养模式，组建8个协同创新团队。完善科技创新激励机制上，建立原创技术长周期、多维度分类评价机制，创新科研人员业绩评价和薪酬股权激励机制。建立重大专项奖励机制，在2021年首届中车科技创新大会上奖励重

中国中车召开改革三年行动推进会暨深入实施市场化经营机制改革启动会
中国中车集团有限公司／供图

大科技项目、创新团队、创新英才5881万元。在大力实施重大科技攻关、科技投入高位运行上，过去三年科技投入占比均超过6%，科技成果竞相涌现，具有自主知识产权的中国标准动车组奔驰在祖国广袤的大地上并逐步驶向国际市场，京张高铁"瑞雪迎春"智能动车组为2022年北京冬奥会、冬残奥会提供安全优质的运输服务保障，拉林高原双源动车组、中老铁路"澜沧号"动车组上线运行，系列化中国标准地铁列车陆续下线，时速600千米高速磁浮交通系统入选"2021年度央企十大国之重器"。专利申报成效显著。2021年，在中国专利奖评选中获得2项金奖、2项银奖、13项优秀奖，金奖获奖数量位居央企首位，创历史最好成绩。

"改革创新是中车发展制胜的绝招，是实现高质量发展的法宝。越是关键时刻，越要坚持一手抓改革，一手抓创新。"中国中车深入实施国企改革三年行动，冲开了一个个阻碍发展、束缚活力、抑制创新的藩篱，为中国中车创建世界一流示范企业积聚了强大势能，有力支撑了我国轨道交通装备制造业的高质量发展。一是经营业绩稳中有进。在中央企业2020年度、2021年度和2019—2021年任期经营业绩考核中，中国中车均获评A级，并荣获"业绩优秀企业"和"科技创新突出贡献企业"两项荣誉。

连续在国务院国资委经营业绩考核中实现"11连A",在任期业绩考核中实现"4连A",发挥了国民经济增长的助推器和稳定器作用。二是品牌地位持续提升。在《财富》杂志2021年最受赞赏中国公司评选中名列榜首,以1260亿元品牌价值在国内机械设备制造行业排名第一。获得国际评级机构"中国主权级"评价,刷新中国制造业国际评级的最高纪录。三是自主创新领先领跑。中国中车坚持自主创新,在先进轨道交通装备领域取得了一系列重大创新性、突破性成果,成功研制了包括动车组、大功率机车、铁路客车、铁路货车、城轨地铁车辆在内的先进轨道交通装备全系列、谱系化产品,搭建了世界领先的轨道交通装备产品技术研发平台,构建了完整的轨道交通装备产业体系。获得了习近平总书记四次点赞:"复兴号奔驰在祖国广袤的大地上。""复兴号高速列车迈出从追赶到领跑的关键一步。""我国自主创新的一个成功范例就是高铁,从无到有,从引进、消化、吸收再创新到自主创新,现在已经领跑世界。要总结经验,继续努力,争取在'十四五'期间有更大发展。""时速600公里高速磁浮试验样车成功试跑。"

顺应改革潮流而生的中国中车,在国企改革三年行动的深入实践中深刻认识和体会到,习近平总书记关于国有企业改革发展和党的建设的重要论述是新时代国企改革的根本遵循。习近平总书记关于发展国有经济作出的一系列重要论述,提出的一系列新理念新思想新战略,关于国有企业改革发展和党的建设的重要论述,指明了国企改革的前进方向,指引着国企改革的实施路径,是指导国企改革的科学方法,博大精深、立意高远、思想深刻、内涵丰富,是新时代国企改革的根本遵循,必须在学懂弄通做实上下真功夫、硬功夫,必须长期坚持、全面贯彻。系统集成设计、整体协同推进、务求改革实效,是新时代国企改革的策略方法。习近平总书记指出:"国有企业改革涉及面广、政策性强、社会关注度高、困难挑战多,是一项极其艰巨复杂的系统工程。必须掌握正确的工作方法,营造良好的改革环境,确保改革举措能落地、早见效。""改革越深入,越要注意协同,既抓改革方案协同,也抓改革落实协同,更抓改革效果协同。"中国中车在制定改革方案时注重系

中国中车风力发电整机装备
中国中车／供图

统谋划和顶层设计，在改革推进时注重整体协同，坚持并完善工作推进机制，集团党委会定期听取改革工作汇报、集团推进组定期召开改革专题会重点推进、领导班子成员现场调研实地督导，狠抓方案落实落地。常态化持续深入推进"三类"治理，是新时代中国特色现代国有企业的永恒追求。习近平总书记明确要求，要在已有改革基础上，立足贯彻新发展理念、构建新发展格局，坚持问题导向，围绕增强创新能力、推动平衡发展、改善生态环境、提高开放水平、促进共享发展等重点领域和关键环节，继续把改革推向深入。国企改革三年行动已全面高质量收官，但是国企改革只有进行时，国企改革永远在路上。新技术新产业新模式迭代加速，新情况新挑战新问题层出不穷，需要以"时时放心不下"的责任感，持续把改革推向深入，以改革创新的强大动力，加快建设世界一流中车。

面向未来，中国中车将在党的二十大擘画的蓝图指引下，不忘初心、牢记使命，走好新时代改革之路，朝着建设世界一流企业的目标铿锵迈进。

下篇

地方国企千帆竞发

所处区域不同,规模效益有别,各地方国资国企推进协同攻坚,通过深化国企改革三年行动增强国有经济核心功能,鼓励基层创新,形成了以点带面、"星火燎原"的改革态势。

19

推动产业布局优化提质
坚持国际化发展战略
实现跨越式高质量发展

山东重工集团有限公司

  山东重工紧抓实施国企改革三年行动有利契机，聚焦建设世界一流制造企业目标，用好用活改革"关键一招"。始终坚持心无旁骛攻主业不动摇，以改革推动产业布局优化提质；始终坚持科技自立自强不动摇，以改革促进科技创新提速见效；始终坚持市场化经营机制不动摇，以改革激发企业内生活力动力；始终坚持国际化发展战略不动摇，以改革助力"走出去"转型升级；始终坚持党对国有企业的领导不动摇，以高质量党建为改革提供坚强政治保障，有力推动企业发展质量效益的快速提升，实现了跨越式高质量发展，交出了一份亮丽的改革成绩单。

山东重工集团有限公司（以下简称"山东重工"）是以潍柴控股集团有限公司（以下简称"潍柴集团"）为核心整合组建的一家大型装备制造企业。2018年习近平总书记参加十三届全国人大一次会议山东代表团审议时，对潍柴集团十年发展给予了充分肯定，强调："潍柴十年发展，交出了一份亮丽的成绩单，沉甸甸的！""凡是成功的企业，要攀登到事业顶峰，都要靠心无旁骛攻主业。"近年来，山东重工深入贯彻落实习近平总书记重要指示精神，紧紧抓住实施国企改革三年行动有利契机，用好用活改革"关键一招"，实现改革面上拓展、纵向穿透、质效双优，企业面貌发生了根本性变化，实现了跨越式高质量发展。

在山东重工说到改革，大家会不约而同地提到"潍柴模式"。正是这一模式，使潍柴集团走出了濒临破产的逆境，实现了凤凰涅槃、浴火重生。重组中国重汽等企业后，"潍柴模式"又被成功复制推广，展现出旺盛的生命力。"潍柴模式"最突出的特点在于"五个始终坚持"。

始终坚持心无旁骛攻主业不动摇，以改革推动产业布局优化提质

"发展到今天，我们不为房地产动摇，一分钱不做"，山东重工向习近平总书记的汇报彰显了企业坚守主责主业的决心与行动。一直以来，山东重工始终将做强做优做大主业作为改革的出发点和落脚点，坚定不移聚焦发动机这一立身之本、动力总成这一核心驱动、整车整机这一产业龙头，千方百计推动优质资源向主业集中，实现动力总成、商用车、农业装备、工程机械、智能物流、海洋交通装备六大产业链的集体突围腾飞。

坚持"三不做"，塑强主业核心优势。面对行业起伏跌宕，山东重工始终保持战略定力，坚持"三不做"，即非主营业务不做、低附加值产品不做、重复性规模扩张不做，脚踏实地种好自己的"田"。目前，山东重工已形成中高速并举、传统能源与新能源并重的全系列、全领域发动机产

19 山东重工集团有限公司

下篇
地方国企

中国重汽"黄河"高端重卡智能制造新产线
山东重工／供图

品，柴油发动机连续两年销量突破百万台，并热销西方发达国家和地区，部分产品即使售价比国际知名品牌高 10% 仍供不应求，跑出了高端装备发展"加速度"。

实施"三迈进"，打造现代产业链。立足"补短板、强主业、调结构"，聚焦核心主业，坚定不移优化产品、市场、业务布局。产品向高端化迈进。以"迈向高端、全球一流"为目标，20 多年坚守自主研发，核心产品实现世界领先，2020 年、2022 年先后发布全球首款本体热效率突破 50%、51% 的柴油机，标志着柴油机热效率迈入"百米赛跑"10 秒时代、9 秒时代，成为全球行业标杆。市场向系列化迈进。发动机产品实现了商用车、工程机械、农业机械、发电设备、船舶装备等全领域细分市场应用，成为全球中高速发动机领域产品型谱最全的企业，建立了领先优

255

势。产业链向一体化迈进。聚焦产业链关键环节,加大重组整合力度,实现从全系列、全领域发动机,到多元动力总成系统,再到整车整机的产业链延伸。近年来,山东重工积极发展商用车新能源三大核心技术,加大智能化、新能源产品的前瞻性布局力度,可持续发展能力进一步提升。

聚焦"三剥离",实现轻装上阵。山东重工围绕发展主业,不断加大瘦身健体工作力度。剥离低附加值业务。改革伊始就将占潍柴集团资产规模和职工总数近1/3的低附加值业务全部剥离,13家零部件企业全部退出,推向市场。剥离企业办社会职能。坚决退出医院、学校等企业办社会职能,卸下历史包袱,独立市场主体地位更加巩固,以全身心投入推动了主营业务全面发展。剥离非主营业务。重组中国重汽后,抵住房地产业务高回报诱惑,以壮士断腕的决心,历时7个月、历经3次挂牌坚决退出。同时,全面剥离中国重汽各类非主业业务,累计退出企业89家,资产负债率下降10个百分点,大幅提升了核心产品竞争力,中重卡市场占有率跃升至国内首位。

始终坚持科技自立自强不动摇,以改革促进科技创新提速见效

2008年,时任国家副主席习近平在视察潍柴集团时作出重要指示:"你们的成绩很振奋人心,打造了民族品牌,为建设创新型国家作出了贡献,希望你们再接再厉,再创佳绩。"面对激烈的市场竞争,山东重工深知科技创新的重要性,坚持以改革赋能创新,持续加大科研投入、培育创新团队、营造创新生态,走出一条独具特色的民族品牌自主创新之路。目前,山东重工拥有授权专利18667项,发明专利3389项,主持或参与国际、国家、行业标准制定455项,累计获得国家级科技奖励8项。

以高强度投入夯实科技创新根基。始终坚持以研发"大投入"撬动科技成果"大产出"。近十年来,山东重工累计投入研发资金超500亿元,

年复合增长率达 23.8%，2022 年上半年研发投入强度超过 4%。目前，山东重工拥有内燃机可靠性国家重点实验室、国家燃料电池技术创新中心、国家内燃机产业计量测试中心等国家级创新平台 23 个，省级平台 49 个，在美国、德国、日本等国家和地区建设前沿技术创新中心 10 个，推动企业科技创新不断取得新突破。

以高层次人才提升科技创新实力。秉承"买设备不如买技术，买技术不如买人才"理念，依托海外研发创新中心和产业平台，面向全球招才纳智。目前，山东重工科研人员数量已达 2 万多人，其中全球高端人才 400 余人，28 人先后入选泰山学者、泰山产业领军人才，2 人入选国家百千万人才工程，1 人入选"大国工匠年度人物"。德国亚琛研发中心团队实现大吨位挖掘机液压动力总成重大突破，性能指标达到国际领先水平。

以高水平激励点燃科技创新动能。建立以产值为核心、以目标为导向的考核激励机制，根据重大研发项目完成进度、质量等奖励科研人员。2017 年、2019 年分别拿出 1 亿元科技奖金，个人奖金最高达 1000 万元，2022 年又拿出近 6500 万元奖金。聚焦关键核心技术和重大攻关项目，实施"立军令状+揭榜挂帅"机制，张榜公示科技创新项目，人人均可竞标，最高竞榜比例达 8∶1，单一项目最高奖励达 700 万元。中国重汽 2021 年确定军令状项目 14 项、揭榜挂帅项目 74 项，奖励总额达 1.5 亿元。硬核的创新激励有效转化为硬核的创新产品，"重型商用车动力总成关键技术及应用项目"荣获国家科技进步一等奖，国内首辆具有完全自主知识产权雪蜡车成功服务 2022 年北京冬奥会。

始终坚持市场化经营机制不动摇，以改革激发企业内生活力动力

国企改革最难啃的"硬骨头"就是三项制度改革，"触动利益比触动灵魂还难"。山东重工坚持大刀阔斧、铁腕推进三项制度改革，在企业内

潍柴集团"三高"试验队在零下41℃的海拉尔开展高寒试验
山东重工／供图

部真正砸掉了"铁饭碗"、搬掉了"铁交椅"、破除了"铁工资"。

推动领导干部身份"改变"。率先从领导干部这一"关键少数"入手，实现"干部身份"向"市场身份"转变。推行任期制和契约化管理，建立以"工作业绩、能力评价、价值观和战略导向"为核心的"3+1"干部考评体系，考评结果强制分布为S、A、B、C、D五级，对考评优秀（S、A）的上调薪级、提拔重用，对考评不称职（D）的予以第一年诫勉或降职、第二年降职或免职、第三年免职安排，实现干部"下"的常态化。创新领导干部竞争"PK"机制，采取"公开竞聘＋挑战现任"方式，公开发布挑战岗位，符合条件人员均可发起挑战，通过同台打擂、现场打分，实现能者上、平者让、庸者下、劣者汰。

推动薪酬分配体系"嬗变"。构建"业绩导向＋精准考核＋刚性兑现"的差异化薪酬分配体系，加大业绩挂钩力度和浮动薪酬占比。分类优化员工激励机制，对生产工人实行班产量日工资机制，对采购人员实行降成本奖励机制，对营销人员实行增量奖励机制，同岗位人员薪酬差距最高达 8 倍。建立经理层成员"特别奖励 + 一票否决"激励体系，对超额完成业绩的给予"特别奖励"，对完不成关键业绩指标的"一票否决"，发放保底工资。2021 年，集团公司及二级企业层面共"一票否决"366 人次。加大中长期激励力度，在所属上市公司开展核心人员股权激励，在非上市公司推行超额利润分享，有效发挥薪酬分配导向和激励作用。

推动员工选用机制"质变"。由过去的"大锅饭"变为"四不养"，即不养闲人、不养懒人、不养享受型的人、不养能力差的人，营造干事创业良好生态。严格执行全员绩效考核制度，将考核结果与岗位调整紧密挂钩。对标全球标杆企业，建立技术、生产、营销、管理等各序列职业发展通道和岗位任职资格体系，形成以劳动生产率和人工成本投入产出率为核心的发展评价体系。

推动职工思想观念"转变"。通过一系列动真碰硬举措，山东重工内部真正建立了"干部能上能下、员工能进能出、薪酬能增能减"常态化机制，极大改变了员工精神面貌，"混日子"的人没了出路，"有干劲"的人更添动力，改革激发了人的斗志，"遇到困难找方法、能力不足抓学习、干劲不够想担当"的观念普遍形成，驱动着山东重工改革发展扬帆远航。

始终坚持国际化发展战略不动摇，以改革助力"走出去"转型升级

打造国际化企业，强化国际竞争力，是建设世界一流企业的应有之意。山东重工坚持面向全球市场，将国际化发展理念融入改革全过程，通过改革带动国际竞争力提升，实现由本土企业向国际化企业的华丽转身。2022 年，潍柴集团位列中国跨国公司 100 强第 18 位，跨国指数达 39.1%。

瞄准国外头部企业，加快资源整合。累计投入资金 442 亿元，先后战略重组法国博杜安、德国凯傲、美国德马泰克等 11 家欧美高科技企业，

意大利法拉帝集团香港上市仪式
山东重工／供图

完成了海外并购的"欧洲三部曲"和"北美二重奏",掌握了一批关键技术,完善了产业链布局。通过并购德国林德液压,攻克了液压核心技术,形成高端液压动力总成、CVT动力总成产品,改变了我国工程机械、农业装备行业高端液压设备长期依赖进口的局面。通过并购法国博杜安、意大利法拉帝集团等企业,填补了高速大功率发动机空白,掌握了高端船舶动力总成技术。重组后的法拉帝集团于2022年3月在香港联交所上市,成为近十年唯一在香港上市的意大利企业。

聚焦"一带一路"沿线,加快市场开拓。以共建"一带一路"为契机,重点开拓"家门口市场"。印度浦那发动机生产厂实现当年投产、次年盈利,白俄罗斯潍柴-马兹发动机工厂于2019年底在中白"巨石"工业园正式投产,缅甸、埃塞俄比亚发动机技术输出项目成功实施。通过健全海外市场布局,山东重工重卡出口量占到了全国行业出口总量的70%以上。

立足自身优秀基因,加快文化融合。商业界的"七七定律"指出,70%的并购没有实现期望的商业价值,而其中的70%失败于并购后的文化整合。山东重工在海外并购过程中，针对海外企业遵循"战略统一、资源共享、独立运营"原则，奉行"责任、沟通、包容"文化，给予当地管理层充分尊重和信任，用优秀企业文化感染激励海外员工。意大利法拉帝集团加入山东重工后，高度认同"不争第一就是在混"的理念，员工打破西方传统观念，在工作中积极作为，主动提升。

始终坚持党对国有企业的领导不动摇，为改革提供坚强政治保障

"党政军民学，东西南北中，党是领导一切的。"山东重工秉承"党建工作做实了就是生产力、做强了就是竞争力、做细了就是凝聚力"理念，始终把坚持党的领导、加强党的建设贯穿于企业改革发展全过程。

强化党建统领。突出政治建设，不折不扣落实习近平总书记视察潍柴集团重要指示精神，各级党组织全面建立"第一议题"制度。落实"两个一以贯之"，旗下168家企业全部实现党建入章，集团公司和重要子企业全部制定党委研究决定、前置研究讨论和负面事项清单，确保党委"把方向、管大局、保落实"领导作用得到有效发挥，保障改革沿正确方向前进。

铸就坚强堡垒。将绩效考核理念导入党建工作，把党建任务纳入党员领导干部绩效指标，发挥考核"指挥棒"作用，支部战斗堡垒作用和党员先锋模范作用得到充分发挥。中国重汽党委、潍柴集团党委先后获评"全国先进基层党组织"，潍柴青年科技创新团队荣获"中国青年五四奖章集体"，潍柴"三高"试验队在50℃高温、零下41℃低温、海拔5200米高原等各种极险、极限环境下采集标定发动机数据几十万组，建立了行业独一无二的数据库。

锤炼过硬作风。从抓作风建设入手，构建科学高效的内部监督体系。2020年，山东重工开展作风转型管理提升变革、干部懒政变革等"三大管理革命"，历时3个多月，参加人员超5万人，累计对近200名领导干部进行问责，显著提升了干部作风。目前，山东重工已初步形成纪检监察监

潍柴动力发布全球首款本体热效率52.28%商业化柴油机
山东重工／供图

督、巡察监督、组织监督、审计监督、员工民主监督等相互协同的大监督格局，为深化改革拧紧了作风开关。

塑造特色文化。为推动改革，山东重工对领导干部"约法三章"，即"坚持原则，敢抓敢管，不做老好人，不当太平官；扑下身子，真抓实干，为企业干实事，为职工办好事；以身作则，清正廉洁，要求职工做到的我们首先做到，不允许职工做的我们坚决不做"，此后又先后提出"五做五不做""四个永葆""不争第一就是在混"等理念，并逐步渗透影响广大职工，形成了独具特色的企业文化，为深化改革凝聚了精神力量。

山东重工的改革实践，充分发挥了党的领导这一国有企业独特优势，聚焦建设世界一流企业、推动高质量发展这一目标，把握企业与职工互利共赢这一原则，有力推动了企业发展质量效益的快速提升。2021年，山东重工实现营业收入超5000亿元，利润总额超200亿元，重型卡车、重型发动机销量均居全球第一，成为中国装备制造业的一张亮丽名片。

20

以改革创新为"首"
以"农"粮安全为本
改革助力打造世界一流食品企业

北京首农食品集团有限公司

    首农食品集团聚焦服务国家战略、保障食品安全等核心功能，通过深化国企改革三年行动解难题、破坚冰、聚合力，为企业实现高质量发展提供了强大动力。以改革强链条，坚持瘦身健体与优化布局相统一，为建设一流现代食品企业提供产业支撑；以改革优生态，强化企业科技创新主体地位，实施"高端科技人才托举"计划，为扛稳国家粮食安全责任提供科技支撑；以改革增活力，大刀阔斧推进三项制度改革，确保"能下""能出"刚性兑现，为全面提升企业核心竞争力提供动力支撑；以改革强保障，把深化改革根植于服务国家、服务民生的丰富实践，为助力国家战略落实落地提供服务支撑；以改革强党建，把坚持党的领导、加强党的建设贯穿企业改革发展全过程，为企业高质量发展提供坚强组织支撑。

北京首农食品集团有限公司（以下简称"首农食品集团"）是2017年底由原首农集团、京粮集团、二商集团三家北京大型市属企业联合重组而成。2022年3月6日，习近平总书记看望全国政协十三届五次会议农业界委员时，听取了首农食品集团关于种业创新情况的汇报，评价首农"是全产业链"。首农食品集团坚决贯彻落实习近平总书记重要指示批示精神，深入实施国企改革三年行动，聚焦"五改革"解难题、破坚冰、聚合力，推动企业不断做强做优做大，向"具有国际竞争力、引领健康美好生活的现代食品集团"企业愿景迈进。截至2021年底，首农食品集团资产总额达到1648.6亿元，年度营业收入突破1800亿元、利润总额51.3亿元，同比分别增长5.1%、16.6%、12.1%，比联合重组之初分别增长47%、60%、51%，创造重组四年"四连增"的优良业绩，位列中国农业企业500强第4位。

以改革强链条，为建设一流现代食品企业提供产业支撑

"从更好满足人民美好生活需要出发，掌握人民群众食物结构变化趋势，在确保粮食供给的同时，保障肉类、蔬菜、水果、水产品等各类食物有效供给，缺了哪样也不行。"习近平总书记的殷切期盼，激励着首农食品集团坚定不移聚焦老百姓的"菜篮子、米袋子、奶瓶子、肉案子"，以改革为突破口，加快产业布局的进、退、整、合，推动优势资源向食品主业集中，培育了9家规模超百亿元、品牌影响力强的"单打冠军"，锻造了从田间到餐桌的食品全产业链。

合而有力锻长板。"攥起拳头，才能有力出击"。针对产业散而不专、多而不强的痛点，首农食品集团聚焦主业加大专业化整合力度，二级企业由76家大幅减少到29家，组建了18家专业子集团。整合过程中，牢牢秉持三项原则：对于资产性质相近、业务基本同类的企业，合并资产同类项；对于具有业务协同关系、处于同一产业链上下游的企业，合并经营同类项；对于消费群体相近、销售渠道重合的企业，合并渠道同类项，主业

20 北京首农食品集团有限公司

下篇
地方国企

首农食品集团北京鲜活农产品流通中心
首农食品集团／供图

集中度和资源配置效率明显提升。通过系统性重塑，原有的15家粮食企业重组为三个子集团，有效减少了重复投资和同质化竞争，粮食贸易规模突破3500万吨，跃居全国第二；原有的三家肉类企业重组整合后成为全产业链条的专业化肉类子集团，跃居该行业全国前三。

进而有为补短板。作为北京国有资本投资公司试点，首农食品集团积极组建财务公司、基金管理公司等专业化平台，利用多层次资本市场，加大对国内外优质企业的并购力度，大力补链、稳链、强链、固链。聚焦补强关键产业。与中信农业联手收购英国樱桃谷农场有限公司100%股权，成为我国动物育种行业的第一次跨国收购，推动流失海外一个多世纪的北京鸭品种重返家园，极大丰富了我国种鸭的战略性资源储备。聚焦补强高端产业。紧扣绿色低碳发展要求，以玉米精深加工为方向，向大健康和大环保产业延伸，在可降解生物材料原料领域取得重大技术突破，一举拿下国内 15% 的市场份额，有效改善进口依赖状况。集团生物科技板块成为行业领先企业。聚焦补强全球布局。围绕优质农副产品生产产地和加工产能，在全球范围内配置资源，投资项目遍及 13 个国家，业务往来遍布全球 50 余个国家，以区域空间的拓展打开产业发展空间、稳固产业链供应链。

退而有序固底板。重组以来，首农食品集团以壮士断腕的勇气，建立常态化法人退出机制，对不符合集团公司战略定位和主业范围的企业坚决退出；对不符合首都城市战略功能定位、属于非首都核心功能需要疏解的企业坚决退出；对扭亏无望长期亏损企业、效益低下高负债企业、长期不分红的参股企业和低效无效资产坚决退出。将企业压减与亏损企业治理、"两非""两资"企业清理一体化推进，退出各类企业 500 余家，法人户数减少 40%，实现外减"包袱"内减"脂肪"，止住了"出血点"，夯实了高质量发展的基础。

以改革优生态，为扛稳国家粮食安全责任提供科技支撑

粮安天下，农稳社稷。种业是农业产业的"芯片"，是农业科技的制高点，是事关国家粮食安全的战略性核心产业。首农食品集团自觉扛起"打好种业翻身仗"的职责使命，加快自主创新步伐，重构创新格局，培育创新生态，建成覆盖种类全、产业规模大、综合实力强的世界级种业，成为我国畜禽种业的"领头雁"，把农业"芯片"牢牢掌握在中国人自己手中。

"托举计划"激活创新创造力。首农食品集团坚持创新支持政策"应给尽给""能给尽给"，通过大力实施"高端科技人才托举"计划，有效激活了"第一动力"。给舞台。以集团 16 个国家级、省部级科研中心、重点实验室为平台，引入一批博士、硕士等高学历人才，实施 15 个专项科技行动和 55 个重点项目，有组织、高效率地破解科技难题，形成专利超 900 件，获得国家级和省部级科技奖 40 余项，培养了北京学者、国家"万人计划"科技创业领军人才等一批学科带头人。给资金。每年设立 1 亿元

自立课题专项资金，大力支持产业发展的共性技术和关键领域重大项目。2021年研发投入同比增长46%。在两家科技型企业开展股权激励，留住关键人才，加快成果转化。给课题研究自主权。选拔集团首批29名首席专家、资深专家、青年科技拔尖人才，给予自主选择研究方向、自主组建科研团队、自主支配科研经费的权利，集团首席专家主持攻关的"生物培育肉"项目，荣获国家科技进步二等奖，取得国内领先、比肩国际的突破性成果，打破了发达国家技术垄断。

"协同创新"聚力种业翻身仗。持续强化企业科技创新主体地位，搭建多种形式的种业协同攻关平台。构建"1+N"模式。以首农食品集团为主体，汇集行业优势企业、顶尖科研机构，组建北京生物种业创新联合体，集中攻关分子育种、种质资源保护等关键核心技术，打造生物种业国家战略科技力量。构建"金三角"模式。发挥"政府＋企业＋科研机构"作用，与平谷区政府、瓦赫宁根大学、中国农业大学合作建设"国家畜禽种业示范区"，助力平谷建成具有全球影响力的"农业中关村"，打造硬核"农业中国芯"。构建"联盟"模式。聚合行业科技力量，牵头组建"奶牛育种""乳品健康科技"等一系列创新联盟，优势互补、成果共享，带动种业行业科技创新能力的整体提升。经过内外资源的协同创新，首农食品集团所属猪、牛、鸡、鸭育种企业悉数入选国家种业阵型企业，为我国实现种源自主可控贡献力量。

"揭榜挂帅"攻关"卡脖子"技术。充分发挥"企业出题者"作用，在"卡脖子"关键核心技术攻关中实施"揭榜挂帅"机制。张榜求解。面向企业高质量发展、行业科技前沿和国家重大需求，第一时间列出科技项目榜单，引导有能力的创新主体承担揭榜任务，已发布揭榜挂帅项目53个。揭榜比拼。围绕生物育种、现代农业等领域攻关课题，征集代表行业较高水平、有能力组织"大兵团作战"的团队揭榜。北京首个高效设施农业项目——"翠湖智慧农业创新工场"连栋智能温室攻关课题，由院士领衔的专家团队揭榜。评榜问效。签署"军令状"，按年度进行"里程碑"

首农食品集团翠湖智慧农业创新工场
首农食品集团／供图

考核，以应用效果评价任务成果，确保形成的知识产权和科研成果高质量、高效率、高效益。

"产品焕新"提升品牌影响力。强化品牌意识，进一步明晰品牌定位，积极运用品牌管理先进理念方法，打造了一批管理科学、贡献突出、价值领先的先进品牌。首农食品集团启动"保护传承，创新激活"老字号品牌发展规划，从供给端改革发力优化产品结构，每年研发100余种营养健康新产品。"首农""三元""古船""大红门"等品牌影响力不断增强，品牌价值合计超2000亿元。

以改革增活力，为全面提升企业核心竞争力提供动力支撑

首农食品集团按下市场化改革"加速键"，紧紧牵住三项制度改革这个"牛鼻子"，以刀刃向内的决心破除体制机制障碍、利益固化藩篱，点燃干事创业激情。

能下能出"硬起来"。坚持管理人员市场化选聘，开辟干部轮岗交流和能上能下的多通道，全部502家企业近1400名经理层成员实现任期制和契约化管理，900余名管理人员竞争上岗，在1/5的二级企业试点选聘职业经理人，真正打破干部"终身制"，优者进、能者上、劣者退、庸者下。同时，实行"红黄牌"机制，因业绩考核不达标，任期内连续两年得黄牌或得一次红牌则实施解聘。已有4名职业经理人被亮黄牌，4人因业绩不佳退出职业经理人队伍。

激励机制"实起来"。坚持企业薪酬与业绩直接联动挂钩，根据岗位价值、目标难度、考核结果等因素合理拉开薪酬差距，二级企业100%实现差异化薪酬，同一家二级企业副职之间最大薪酬差距达1.6倍，真正体现"业绩升、薪酬升，业绩降、薪酬降"。实行业绩考核"摸高机制"，设立富有挑战性的经营目标和薪酬体系。要拿到更高奖励，就要挑战更高目标、创造超额价值。糖酒集团实施市场化激励后，2021年利润总额达到9.96亿元，较2017年增长12.5倍，其子公司华都酒业成为北京市首批十家全员持股试点企业之一。

上市公司"强起来"。对三元食品、京粮控股2家上市公司实施差异化管控，授予投融资管理等14项权利，注入奶牛养殖、休闲食品等产业链上优质资产，支持上市公司收购法国、加拿大知名乳企，公司规模效益不断提升，2021年营业收入、利润总额分别同比增长20%、60%。加速推进种业、酒业、调味品、肉食、生物科技板块上市工作，种业板块预计2023年实现上交所主板上市，努力实现"到'十四五'末，再增加1～2家上市公司"目标。

全员绩效"动起来"。制定"能进能出、能增能减"27项改革举措。凡进必考。对标行业生产率，核定全员岗位编制，新入职员工严格考核流程，公开平等，择优录用。横向流动。建立内部人才市场，分层分类设定胜任力模型，匹配岗位"精准画像"，引导员工有序流动、人尽其才。纵向晋升。建立以管理、技术、技能为主的多序列岗位管理体系，科技人员最高职级可享受公司总经理级待遇,变"千军万马挤独木桥"为"条条大路通罗马"。全员考核。发挥绩效考核"指挥棒"作用。开展全员绩效考核,打破"大锅饭",员工市场化退出率在 3.5% 以上,管理人员末等调整或不胜任退出率在 4.5% 以上,实现从"身份管理"向"岗位管理"转变。

以改革强保障,为助力国家战略落实落地提供服务支撑

首农食品集团把深化改革根植于服务国家、服务民生的丰富实践,以改革创新之"为"巩固服务保障之"位",勇做国家战略的践行者、转型发展的带动者、人民美好生活的创造者,打造让党放心、让人民满意的模范国企。

以新模式服务"乡村振兴"。作为"三农"领域的主力军,首农食品集团以改革探索服务乡村振兴的新路子。利用自身种、养、加、销等全产业链优势,与北京市扶贫支援的 7 个省区近 1600 家基地、合作社、供应商"结对子",因地制宜,双向接轨,形成独具特色的"产业推动、科技驱动、渠道联动、品牌互动、就业带动"精准帮扶新模式,带动建档立卡贫困人口近 29 万人增收致富,让老乡收获实实在在的获得感、幸福感。

以新业态服务"首都发展"。首农食品集团以产业形态的大调整服务于首都发展的大规划,一手抓疏解腾退,完成京西北钢材市场、中央农批等 216 项重点疏解任务,同时在津冀地区投资超 110 亿元,建设一批农业生产、食品加工新项目,确保企业疏得出去、落得下来;一手抓产业转型,推动老旧厂房变身城市创意空间、工业大院成为高精尖产业聚集地,首农上地·元中心、塞隆国际等产业园成为城市新地标、网红打卡地。

以新理念服务"城市运行"。以信息化、智能化为枢纽,链接采、销两端,共享客户、渠道、物流资源,构建"控两端、带一链、三共享"新型供应链体系。营销模式变"单打独斗"为"组团出海",整合集团 13 个物流园区资源搭建综合性平台,为客户提供一站式、全品类服务;物流体

系变"点状布局"为"集结成网",打造广泛覆盖城市配送末端的三级物流供应节点,助力打通首都农产品流通的"大动脉"和"微循环"。

以新机制服务"保供稳价"。建立突发情况下农产品食品应急保供新机制,深化产业链供应链紧密衔接、合理布局,打造沿北京六环1小时、沿京津冀3小时、沿环渤海6小时"三道应急保障圈",构建"24小时生产供应保障体系"。在新冠疫情下,沿环京省际交界处建设3个生活必需品进京中转站,做好货源组织、物资中转、物流保障各项工作,确保特殊时期首都市民"菜篮子"供得上、供得好。

以改革活党建,为企业高质量发展提供组织支撑

首农食品集团坚决贯彻全国国有企业党建工作会议精神,把坚持党的领导、加强党的建设贯穿企业改革发展全过程,以高水平党建引领企业高质量发展。

党建统领,做好"融合"文章。将"两个一以贯之"全面贯穿到"顶层设计+决策机制+党建实践"中,推动党的领导与公司治理、生产经营深度融合。将党建战略与发展战略、文化战略一体设计、一体实施,全面实践党建统领、战略统领、文化引领"三位一体"治理模式;集团各级次企业全部完成党建入章程,推动党委会、董事会、经理层责权清单化,明确党委会研究决定事项7项负面清单,集中精力把方向、管大局、保落实;将每年7月固定为集团的先进性教育月,每年结合形势任务设计开展一个实践主题,将党的领导力、先进性转化为集团改革攻坚、共同抗疫的强大政治保障。

建强组织,做好"激活"文章。牢牢把握"党的力量来自组织",以解决党组织发挥作用的"梗阻"为目标,推动党组织从上到下全链条发挥作用。让组织全通达。与组织结构调整同步健全京内、京外、境外多种形态的党组织,命名表彰200个规范化党支部示范点,带动集团572个基层党组织全面过硬。让责任竖到边。建立集团党委、二级党委、基层支部"三线贯通"责任体系,将党建任务纳入绩效指标,层层签订个性化"责

京粮天津粮油基地
首农食品集团／供图

任状",确保责任链条一个不落、一环不松。让行为有规范。创新"党员定责赋值"机制,明晰党员的岗位职责和行为考核,让每一名党员知道该干什么、怎么干、干成什么样,以党员"个体战斗力"的增强提升党组织的"整体战斗力"。

全员励志,做好"聚合"文章。为营造积极向上、干事创业良好氛围,首农食品集团坚持唱好"四重奏"。思想先行。深入开展"解放思想、转型发展"大讨论,编制首农企业文化体系和《首农食品故事集》系列丛书,以文化人、同频共振。激励跟上。构建涵盖10类奖项的职工荣誉体系,每年召开一次先进表彰大会,让生动鲜活的身边典型成为激励职工的标杆样板。暖心聚力。构建集团与企业两级帮扶体系,全面推进"为职工办实事工程",落实5个方面、28件实事,服务职工"向前一步"。纪律保障。推动全面从严治党党委主体责任、书记第一责任、领导一岗双责、纪委监督责任四责联动、一体落实。紧盯"关键少数"建立多部门联动的大监督体系,完成12轮全覆盖内部巡察,以高压态势处理一批违规违纪党员干部,形成正气充盈、休戚与共的企业发展共同体。

实施"融入式"党建工程 构建港口物流供应链体系 实现数字化智能化绿色化变革

天津港(集团)有限公司

天津港集团始终牢记习近平总书记"要志在万里,努力打造世界一流的智慧港口、绿色港口"殷切嘱托,紧紧抓住国企改革三年行动重要窗口期,通过深化改革带动企业转型升级发展,推动企业实现数字化智能化绿色化变革;着力推进布局优化和功能调整,构建后疫情时代强韧性、高协同、可持续的港口物流供应链体系;创新实施"融入式"党建工程,实现党建和业务工作从"两张皮"向"一盘棋"转变,探索出一条世界一流智慧绿色港口的高质量发展之路。

天津港（集团）有限公司（以下简称"天津港集团"）是国家重要战略核心资源天津港的经营主体。2019年1月17日，习近平总书记视察天津港时，作出"要志在万里，努力打造世界一流的智慧港口、绿色港口，更好服务京津冀协同发展和共建'一带一路'"的重要指示，为天津港高质量发展把舵定向。在2020年新年贺词中，习近平总书记点赞"天津港蓬勃兴盛"，对天津港发展寄予厚望。近年来，天津港集团始终牢记习近平总书记殷切嘱托，牢牢把握实施国企改革三年行动有利契机，提出"一二三四"强港兴企新战略，坚持问题导向和结果导向，以强烈的历史主动精神积极服务国家战略，着力破解创新力不强、绿色度不足、布局结构不优、产业能级不高等问题，全力推进世界一流港口营运集团建设，用志在万里的改革赢得企业鹏程万里的升级发展。国企改革三年行动以来，天津港集团效益持续稳健增长，集装箱业务年均增长率位居世界十大港口前列，集装箱在泊船时效率多次打破世界纪录，探索出一条世界一流智慧绿色港口的高质量发展之路。

改出创新转型之路——为科技赋能智慧绿色港口贡献"天津港方案"

"智慧""绿色"是港口企业高质量发展的"底色"，也是世界港口航运产业转型发展的方向，更是天津港集团迈向世界一流企业的必由之路。"路漫漫其修远兮"，这条道路并非一片坦途，发展模式粗放、发展动力不足、关键技术受制于人等现实问题是天津港建设世界一流智慧港口绿色港口必须跨越的"雄关漫道"。站在企业转型发展的"十字路口"，天津港集团坚持科技自立自强，实施改革与创新"双轮驱动"，不断提高自主创新能力，开辟港口发展新领域新赛道新模式，形成智慧绿色港口的"天津样本"。

突出创新驱动发展战略，变"技术跟跑"为"技术领跑"

围绕智慧升级、绿色转型，天津港集团积极落实创新驱动发展战略，

21 天津港（集团）有限公司

蓬勃兴盛的天津港，更好服务京津冀协同发展和共建"一带一路"
天津港集团／供图

结合"十四五"规划，出台《天津港集团公司科技创新工作三年行动计划（2020—2022年）》，配套科技创新重点任务清单，开展天津港集团"创新年"工作，着力补短板、锻长板，推进集团向数字化、智能化、绿色化转型升级。目前，天津港集团拥有发明专利92项、实用新型专利768项，起草国家标准10项。

聚焦管理转型推进数字化变革。面对装卸、物流、多经三大主要业态发展不均衡、协同不足、管理效率不高、服务质量不优等问题短板，以对标世界一流管理提升为抓手，从业务、流程、技术、数据等方面谋划数字化变革场景，打造港口智能管控平台，推进对各领域、各板块指标实时预警、追踪与纠偏，实现生产经营管理数字赋能。天津港集团股权全生命周期数字化管理系统入选国务院国资委"三个标杆"创建工作的"标杆项目"。

聚焦模式转型推进智能化变革。直面制约集装箱业务发展的自动化集装箱码头垂直堆场工艺布局难、建设成本高、能源消耗大等痛点问题,以"智慧零碳"引领码头建设新理念,突破西方国家既有建设方案,整合企业内外部创新资源打造智慧港口科技创新基地,加大技术集成和装备智能化改造力度,集装箱码头平均作业效率提升20%以上,平均单箱能耗和综合运营成本分别下降20%和10%,在"堆场水平布置边装卸+单小车地面集中解锁""智能水平运输系统"等多个领域实现全球首创,引领全球港口智能升级新模式。

聚焦低碳转型推进绿色化变革。以落实国家"双碳"部署为目标,实施零碳码头、零碳港区、零碳港口建设"三步走"战略,建立完善的能源管理体系和环境管理体系,着力推进能源技术重点科研项目和"卡脖子"技术攻关,以科技创新手段解决企业能源、运输"绿色化"问题,做到减排不减企业生产力、降耗不降发展加速度。建设"风光储荷一体化"智慧绿色能源项目,码头生产用电和绿电供应使用实现"两个100%",项目运行一年来减排二氧化碳超过1万吨。

强化创新能力提升,变"单打独斗"为"协同联动"

天津港集团牢固树立"创新是第一动力"的理念,充分发挥市场在创新资源配置中的决定性作用,加强创新主体协同、形成整体合力,实现从"关起门来"的科技创新"内循环"到自主创新与借智借力相结合,形成创新新生态,抢占港口产业科技创新"制高点"。目前,天津港集团拥有8个国家高新技术企业、5个国家和行业重点实验室、2个国家级企业技术中心、3个天津市企业技术中心、1个天津市工程技术中心。

坚持"好钢用在'刀刃'上",提高科技资金投入效率。以持续提升企业创新驱动力为目标,围绕基础设施高端化、企业管理信息化、码头生产自动化、服务平台智能化等方面加大科技资金投入力度,建成全国沿海港口首家"业财资税"一体化财务共享服务中心,提高资金统筹和归集使用效率,全面提升新技术研发、科技成果推广应用能力和水平。近5年来,天津港集团累计投入研发资金超 7 亿元。其中,2021 年研发投入资金同比增长 5.1%,科技创新经济效益同比增长 24.6%。

坚持"打铁还需自身硬",做实做强企业技术中心。把集团本部技术中心作为企业技术创新体系中的最高层次创新主体,紧紧围绕科技组织范式变革,制定实施《天津港(集团)有限公司加强技术中心建设实施方案》,着力建设"决策层+执行层"双层组织架构的集团技术中心,同时下设技术委员会、专家委员会及若干重点项目研发组,着力解决科技资源分散、职能交叉重叠和技术重复开发等问题。充分发挥技术中心在构建企业创新生态圈中的主导作用,对外加强技术交流,主动对接服务政府、行业协会、龙头企业、科研院所,取长补短强化创新集成;对内强化政策供给,积极培育各类创新主体、营造企业良好创新环境。

坚持"众人拾柴火焰高",强化"产学研用"创新协同。把加强协同创新作为打造港口创新链的重要环节,以重大项目为牵引"筑巢引凤",搭建常态化创新平台,在全国港口企业中率先建成院士专家工作站和博士后科研工作站,与华为海关和港口军团、多家知名高校、科研院所和行业头部企业等单位联合成立智慧港口全球创新实验室,打通创新链和产业链之间的"绿色通道",初步建立起需求引领、任务绑定、资源互补、技术协同的产学研用合作创新机制。在天津港北疆港区 C 段智能化集装箱码头水平运输系统和太平洋 RTG 自动化改造关键技术等重大技术攻关难题中,实施"赛马机制",通过搭建竞赛平台,引入多家攻关团队,以业绩论英雄,以结果论能力,降低创新试错成本,提升攻克难题的速度和效率。

加大创新政策供给力度,变"要我创新"为"我要创新"

天津港集团着力健全鼓励创新的制度体系,制/修订了科技项目管理、成果管理、科技进步奖励办法、创新激励办法、创新管理办法等一系列制度文件,强化创新激励引导,激发全员创新活力,促进集团上下崇尚创新、勇于创新,形成鼓励创新创造的浓厚氛围。

加大事业发展的价值激励力度。营造事业为上的创新激励导向,设立

天津港全球首个"智慧零碳"码头,在行业中率先实现"碳中和"
天津港集团／供图

创新成果奖、"五小"(小发明、小创造、小革新、小设计、小建议)创新奖、技术发明奖,对获得创新成果奖特等奖、一等奖且排名第一位的员工优先推荐评选集团公司级先进生产者等各类荣誉称号,并选拔德才兼备的优秀员工充实到各级领导岗位;对获得创新成果奖、"五小"创新奖一等奖且排名第一位的员工,在评选首席专家、首席工匠等技能荣誉称号时优先推荐。2022年评出创新成果奖240项、"五小"创新奖290项、技术发明奖8项、标准创立奖6项,将员工创新业绩记入个人档案,与职称晋级评聘和干部选拔任用挂钩。

强化结果导向的物质激励。搭建短期与长期浮动激励相结合、现金与股权激励相结合的内外部激励体系,以合理的激励机制回报科技人才,让人才体会到研发与创新的成就感。2022年,投入近400万元奖励资金,从国家级、省部级、集团公司级三个层次,加大对创新成果和创新活动的一次性物质奖励和补充奖励力度,奖励对象覆盖创新个体和创新团队。加强科技人才中长期激励，对集团所属科技型企业实施岗位分红激励，累计激励134人。

完善创新容错的保障激励。出台《天津港集团公司激励干部改革创新勇于担当容错免责实施办法（试行）》，规定了10种容错免责的情形和相应操作程序，按照"三个区分开来"、遵循科技研发一般规律客观判断是非，区分科技研发失败与一般性工作失误，以较长周期综合评价功过，原则上对科技创新岗位人员的薪酬管理以"做加法"为主，营造宽松包容、鼓励创新、百折不挠、勇于探索的创新氛围。

改出布局优化之路——为更好发挥智慧绿色港口的功能提供有力支撑

服务国家战略是天津港的重要职责使命，也是建设蓬勃兴盛天津港的时代要求，更是天津港集团实现高质量发展的根本出路。立足服务国家战略发展大局，面对全球供应链不稳、港口功能不强、布局结构不优等难题，天津港集团始终牢记"国之大者"，坚持立足港口服务本质，把发展的着力点放在服务实体经济上，着力推动布局优化和功能调整，切实增强国有资本配置效率和整体功能，构建后疫情时代强韧性、高协同、可持续的港口物流供应链体系，更好发挥国有经济战略支撑作用。

"三维布局"强化服务国家战略功能

深化资本业务合作，打造京津冀"海上门户"。立足天津港作为京津冀"海上门户"和雄安新区最近出海口的区位优势，天津港集团坚定自觉扛起服务京津冀协同发展的重大责任，坚决打破"一亩三分地"思维，持续深化津冀港口合作，推动资本、业务等多种合作模式，与河北港口集团等签署全面战略合作协议，合资组建津冀集装箱码头、津唐集装箱码头2家码头运营合作实体，进一步推动区域港口一体化发展。优化环渤海港航资源配置，携手环渤海13家港口企业共同发布服务倡议，推出环渤

天津港集团与华为海关和港口集团、多家知名高校、科研院所和行业头部企业等单位联合成立智慧港口全球创新实验室

天津港集团／供图

海"天天班""两点一航"服务新模式,三年平均增长率达到37.5%,实现津冀港口从竞争向竞合发展转变。在北京朝阳、平谷,河北石家庄、张家口、保定等地布局10家无水港,组建雄安新区服务中心,畅通绿色物流通道,打造京津冀最佳"海上门户",增强京津冀城市群整体竞争力。

优化全球资源配置,拓展"一带一路"服务网络。天津港集团深度融入共建"一带一路"大格局,持续优化全球航线布局,"一带一路"航线覆盖100多个国家和地区,有力保证外贸产业链供应链稳定运转。发挥天津港作为中蒙俄经济走廊东部起点、新亚欧大陆桥重要节点和21世纪海上丝绸之路战略支点的区位优势,打通满洲里、二连浩特、阿拉山口(霍尔果斯)3条陆桥运输通道,健全国际班列合作机制,深化中蒙俄经济走廊集装箱多式联运示范工程,开创"东北亚—天津港—大陆桥—中亚、西亚和欧洲"双向多式联运模式,跨境陆桥运输规模稳居沿海港口首位。

构建港口生态圈,主动融入服务新发展格局。充分发挥港口在构建新发展格局中的支撑和先行作用,积极服务国内统一大市场,发起组建中国内贸集装箱港航服务联盟,推出"海上高速-FAST"品牌,打造"定点定班""准到准离"的精品航线。加强与浙江海港、厦门港务、北部湾港等全面战略合作，开通天津至南沙、厦门、钦州等"两港一航"精品航线，促进大宗商品快速流通和国内产业链供应链高效运转。整合内陆腹地市场开发资源，在内陆腹地布局"三线十区"营销网点120余家，把港口服务搬到内陆"家门口"。建立港口、海关、铁路等多方联动机制，打通40余条海铁联运通道，创新"一单到底"全程物流模式，打通"津海晋门"、长春"北粮南调"等多条绿色快速大通道，海铁联运量三年平均增长率达到26.7%。

"四链提升"促进发挥"链长"功能

围绕"强链"做优装卸业务。针对客户服务痛点，天津港集团变"坐商"为"行商"，志在万里"走出去"，优化提升服务资源，深入开展以想尽千方百计、走遍千山万水、倾听千言万语、服务千家万户为主题的"四千行动"，近三年累计走访客户7000余家次，"四千品牌"成为全国港口行业唯一入选的国务院国资委品牌建设典型案例。针对港口市场主体多、收费不公开不透明等难点，对标新加坡等世界一流口岸，以刀刃向内的自我革命精神，主动推广"上限封顶，总额控制"和"明码标价，公开透明"的"一站式阳光价格"清单，构建"一单到底、全程无忧"的全流程服务。针对后疫情时代港口拥堵堵点，深化与海事、海关、边检、铁路等口岸部门常态化合作，优化改革通关流程和物流流程，着力打造"五保五即"服务，船舶准班率名列全球前茅，重点外贸集装箱船舶直靠率100%，三年来先后70余次刷新各货类作业效率纪录，"津港效率、全球领先"品牌得到客户高度认可。

围绕"延链"做大物流业务。依托港口核心节点优势，构建综合物流、仓储物流、冷链物流、危险品物流、汽车物流、供应链服务等十五大类专业化物流服务体系，做大基于津津网的港口数据业务，努力打造基于天津港口，服务天津市、京津冀及"三北"地区腹地的物流生态网络，为港口生态圈提供业务办理、电子订舱、支付结算、保险等个性化服务。

围绕"辅链"重塑多元业务。搭建系统经营管控体系，强化分类统

引领示范
国企改革三年行动综合典型案例集

2022年,天津港中欧(中亚)班列运量突破9万标准箱,陆桥国际班列运量持续位居全国沿海港口首位
天津港集团／供图

筹、"一企一策"管控,将50家企业整合为区域经营、地产开发、工程建设、运营保障、综合服务等8个单元,打破垄断、鼓励竞争、优胜劣汰、有进有退,推进多元业务协同增效。

围绕"补链"培育新兴业务。围绕港口主业,找准港口与国家战略新兴产业的契合点,积极谋划发展港口经济,投资拓展新能源、新科技、新经济等新产业,新组建两家风电新能源公司,打造新的增长点和明星企业。

"四箭齐发"放大主业功能

抓整合"重构资源"。针对单体码头规模小、资源配置不协同等问题,分板块整合同质内部资源,先后实施北疆杂货码头、北疆东突堤3家集装箱码头、南疆3家矿石码头股权整合,提升运营效率、减少同质竞争、降低经营成本,实现规模化、集约化发展。坚持政府引导、企业主体、市场运作相结合,整合天津市"一港六区"资源,以"先管理整合,再资产整合"为主线,实现产业及港口空间布局、调度指挥、公共服务、商务管理、组织人事"五统一",推动全市港口资源统筹高效利用。

清不良"腾笼换鸟"。下决心做好"退"的文章,坚持"一把手"负责制,通过清算注销、股权转让、吸收合并、减资退出等多种方式,实现多元化板块低效无效企业的股权退出。深化"四个分类"改革,形成做优做强、谋划发展、救死扶伤、关停并转共137家"一企一策"改革方案,出清出让企业25家,减亏超3000万元。

剥职能"轻装上阵"。针对企业负担大、包袱重等老国企通病,着力剥离企业办社会职能,按照"成熟一家、移交一家、接收一家"思路,推动职工家属区"三供一业"分离移交,完成公安、消防、医院等剥离,实现退休人员社会化。政企"同船划桨"推进非经营性资产移交,成立工作专班,做好顶层谋划,建立定期例会工作制度,按照"应交尽交,先交后议、分步实施"原则,完成全部非经营性资产移交协议签署,涉及移交资产1343项,资产价值约347.5亿元,促进更加聚焦港口主业发展。创新"资产+金融"新模式,以相关非经营性资产为标的,创新引入 REITs 和TOT 模式,推动以资本市场盘活公共资产的新实践。

调管控"契合适配"。推行扁平化管理和卓越绩效管理,按照"精总部、强产业"原则,构建"集团总部—产业平台—生产单位"三级管控架构,做实板块运营平台,推动集团公司由"管资产"向"管资本"进行转变。加强"大部制管理、板块化经营、规范化运行",集团总部部室由原有的21个压缩为10个,加大授权放权力度,总部审批备案事项压降20%。创新推出"牵头统管制、首问负责制、限时通过制",加强自我约束、自我监督,切实转变总部作风,打造"服务型"总部。

走好党建引领之路——为打造世界一流的智慧绿色港口护航领航

破解国有企业党建和业务工作"两张皮"是坚持"两个一以贯之"重

要要求、落实新时代党的建设总要求的一道"必答题",是国企深化改革高质量发展的根本保障。天津港集团牢固树立"抓党建就是抓生产力"的价值理念,通过创新实施"融入式"党建工程,更好发挥党的领导作用,实现从"两张皮"向"一盘棋"转变,以高质量党建引领智慧绿色港口建设高质量发展。

融入企业重大决策把关定向

推动党的领导与公司治理融合互促。在完善公司治理中加强党的领导,集团公司及所属100余家独立法人企业全部完成党建工作要求写入公司章程,完善"双向进入、交叉任职"领导体制,实行党委书记和董事长"一肩挑",全面实现"党建入章程、程序进制度、责任到岗位"。

健全公司治理制度体系。落实国企改革三年行动要求,完善以集团章程为"1",以集团公司党委议事规则、董事会议事规则、经理层议事规则为"3"的基本制度,编制《法人治理主体"1+3"权责表》,梳理人事权、财权、事权三类共154条事项,形成系统的公司治理制度体系,推动集团形成"上下贯通、纵深推进"的治理体系新局面,持续把制度优势转化为公司治理效能。

坚持党委前置研究讨论机制。充分发挥党组织领导作用,规范党组织对"三重一大"决策和重点改革事项的前置研究,明确"三重一大"前置事项清单,在流程设计、运作机制等方面全面规范,在制度机制上将党的意志体现在企业改革发展的具体行为中,在执行层面把党的领导融入公司决策、执行、监督等各环节,确保党组织发挥作用的组织化、制度化、具体化,切实发挥党组织把方向、管大局、促落实作用,确保党组织在公司治理体系中不越位、不缺位、不错位。

融入改革创新实施凝心聚力

加强思想引领。坚持把思想政治工作作为经常性、基础性工作,加强形势任务教育和企业重大改革发展方案宣讲,引导干部职工拥护、支持、参与改革发展,增强搞好国有企业的志气、骨气、底气。广大党员全面进入"六员网格",充分发挥指战员、宣传员、联络员、服务员、监督员、示范员"六员"作用,在科技创新、改革攻坚等中"精准滴灌"做好群众思想工作,打通基层治理"最后一公里",实现党建工作和生产经营同向发力、同频共振。

建强融合机制。在改革创新主战场积极搭建"红色载体",挖掘"红色典型",培养好"红色细胞",建好"红色阵地",用好"红色网络",争创"红色品牌",持续推进"党建+""一企业一品牌""一支部一品牌"创建活动,鼓励党组织和广大党员干部争当"创新创业标兵""改革创效尖兵",在集团的改革发展、解决历史遗留问题、智慧绿色港口建设等工作中发挥支部战斗堡垒作用和党员先锋模范作用,让"党旗在改革创新发展一线高高飘扬"。

激发人才改革创新活力。坚持党管干部、党管人才原则,创新选人用人模式,把组织配置的"严"和市场选择的"活"有机结合,让优秀人才"出得来""用得活""长得快""留得住"。对中层领导人员实行职业经理人、目标化选聘、聘任制、委任制四种模式改革,建立市场化薪酬激励机制和任期制契约化管理;深入实施人才强港战略,启动实施青年马克思主义者培养工程,构建基础人才、青年储备人才、优秀年轻人才和领军人才的四级培养模式,遴选储备各级人才1500余名。

融入关键风险领域强化监督

深化政治监督防风险。聚焦党中央重大决策部署、习近平总书记视察天津港重要指示精神及党的二十大精神的贯彻落实等加强监督检查,将政治监督融入世界一流港口建设全过程,聚焦改革创新重点内容持续发力,制定政治监督任务清单,逐一研究细化监督任务目标和具体监督措施,建立工作台账,做到定位精准、靶向精准、内容精准、方式精准。

深化嵌入监督防风险。建立集团党委与驻集团公司纪检监察组的沟通会商机制,发挥"派驻+"大监督体系优势,健全完善基层监督、生产经营管理部门业务监督、内控财务部门专业监督、党委工作部门职能监督、

天津港北疆南疆大景,蓬勃兴盛
天津港集团/供图

内设纪检组织专责监督、党委全面监督、外部监督、派驻监督"八道防线",实施"全覆盖""全过程""全时域"嵌入式监督,持续在"两个责任"监督协同、同向发力上下功夫,推动监督制度优势转化为治理效能。

压实责任防风险。围绕"明责、考责、问责",健全完善全面从严治党责任落实机制,从党委、党支部、党员三个维度压实党建工作责任和岗位业绩责任,创新实施"三评一体"新模式。坚持全面从严治党主体责任考核、党组织书记抓基层党建述职评议考核及经营业绩考核相统一,高质量发展考核内容占比30%,推动党建责任制与生产经营责任制有效联动。

22

以"混股权"促"改机制"
坚持"双轮驱动"科技创新
打造东北地区国企改革典范

沈阳鼓风机集团有限公司

　　沈鼓集团聚焦打造世界一流装备制造企业,以深入实施国企改革三年行动为契机,着力完善中国特色现代企业制度,把党的领导与公司治理融合实打实地落到制度规则、决策程序等各环节;以"混股权"促"改机制",牢牢牵住经理层成员任期制和契约化管理"牛鼻子",实施员工持股、超额利润分享机制,充分激发关键核心岗位员工动力活力;坚持自主研发和联合研发"双轮驱动"的科技创新战略,建设一流创新体系,培育一流研发队伍,重大技术装备研制能力跻身世界先进行列,产品连续打破国际垄断,成为东北地区国企改革典范。

沈阳鼓风机集团有限公司（以下简称"沈鼓集团"）成立于 1952 年，是我国第一家风机专业制造厂，担负着为我国大型能源化工工程提供核心动力设备的重任，在能源化工核心动力设备领域长久深耕，在国内被称作"没有备份的企业"。2013 年 8 月，习近平总书记考察沈鼓集团时对企业创新发展给予了肯定，强调："老企业要敢于搞新技术、创新品牌、闯新市场，要志存高远，更上一层楼。"近年来，沈鼓集团牢记习近平总书记殷切嘱托，紧紧抓住国企改革三年行动和沈阳市区域性国资国企综合改革试验有利契机，通过混改转机制增效益，有效放大国有资本功能，企业创新能力不断提升，产品连续打破国际垄断，为西气东输、石油化工、核电装置等装上"中国芯"，为服务制造强国战略作出积极贡献。2021 年，沈鼓集团工业总产值同比增长 8.2%，营业收入同比增长 11.5%，利润同比增长 14.8%，改革发展取得突破性成效。

以混促改建章立制，脚踏实地贯彻"两个一以贯之"

习近平总书记强调："坚持党对国有企业的领导是重大政治原则，必须一以贯之；建立现代企业制度是国有企业改革的方向，也必须一以贯之。"沈鼓集团以混合所有制改革为契机，以混促改，着力完善中国特色现代企业制度，把加强党的领导和完善公司治理统一起来，构建了权责法定、权责透明、协调运转、有效制衡的公司治理机制。

以"混股权"促"改机制"，夯实现代企业治理制度之基

沈鼓集团创新性采取"一企一策""自下而上"方式，积极稳妥深化混合所有制改革，完善公司法人治理结构，打造现代企业。

"一企一策"，子公司差异化混改投石问路。坚持"一企一策"原则，在集团所属 4 家子公司探索实施差异化混改。对于经营状况好但发展动力不足的子公司，如往复机公司和容器公司，引入民营资本和员工持股，重点搞活体制机制；对于严重亏损、丧失竞争优势的子公司，如通风公司和

沈鼓集团厂区外景
沈鼓集团党委宣传部／供图

石化泵公司，实行国有资本有序退出，由全资或绝对控股转变为国资参股。仅用三年时间，集团所属4家子公司涅槃重生，全部扭亏为盈，总体经济运行质量和效率相比混改前提升150%。

"自下而上"，集团层面高质量混改一锤定音。2019年，沈鼓集团坚持股东结构比股权结构更重要的理念，着力引入高匹配度、高认同感、高协同性的战略投资方。2022年初，沈鼓集团与国投招商基金开展战略合作，国投招商旗下先进制造基金二期以增资扩股方式持股39.13%，沈鼓集团由国有绝对控股76.03%转变为相对控股44.08%，多元股东有效制衡，股权结构得到优化。国投招商基金作为积极股东委派2名董事参与公司治理，混改后共计出席董事会9次，股东大会3次，审议相关议案27项，并在6次董事会上针对董事会授权、职业经理人选聘与考核、选人用人机制改革等事项发表专业意见及建议，全面参与高管选聘与薪酬激励机制改革，有力推动了重大技术研发攻关和产业转型升级，有效解决了体制机制弊端，并积极研究推动沈鼓集团整体上市，实现资本证券化和国有资产保值增值。

党的领导与公司治理相统一，实现规范化、制度化、程序化

党的领导与公司治理融合实打实地落到制度规则、决策程序等各环节、各方面，党委把方向、管大局、保落实作用充分发挥，公司治理水平有效提升。实现制度融合，从集团到各子公司，全部实现党建工作要求进章程，党的领导的法定地位进一步明确。实现人事融合，落实"双向进入、交叉任职"工作机制，集团及子企业全部实现党委书记与董事长"一肩挑"，党员总经理进入公司党委。实现程序融合，将党委前置研究讨论作为董事会/股东会决策重大经营管理事项的前置程序，集团按照政策要求并结合实际梳理党委前置研究讨论重大经营管理清单131条，标准明确、具体细化，确保可操作、可落地、可实现。

董事会配齐建强，有效发挥"定战略、作决策、防风险"作用

规范董事会配置，国资股东、战略投资方及员工持股平台按出资比例配备董事会席位，形成了国有、非国有、员工比例为2∶2∶1的董事会构成，其中外部董事3人，占比60%，实现外部董事占多数。同时，按照公司章程修订完善董事会议事规则，配套形成管理制度10项，依法落实董事会在选人用人、重大决策、收入分配等方面的6项职权。

经理层转变身份，切实发挥经营管理作用

制定首席执行官办公会会议制度和首席执行官办公会授权清单，董事会依法对经理层授予内部机构设置及一定额度内的资产处置、投融资、担保等9项职权，支持经理层全力以赴"谋经营、抓落实、强管理"。加强经理层能力素质建设，形成差异化的岗位胜任特征模型、三梯队的继任者成长计划。建立健全分层教育培训机制，精心组织干部尤其是中青年领导干部参加各类专题培训，推进从人才培养向人才成长的思维转变，持续推动职业化经营管理团队履职能力建设。建立首席执行官、总裁向董事会报告工作机制，不断完善以岗位履职为基本线、以政治标准为高压线、以依法合规为底线、以作风建设为红线的经理层作用发挥评价机制，确保授权"接得住"。

灵活制定激励政策，深度变革市场化经营机制

习近平总书记指出，随着改革进入"施工高峰期、落实攻坚期"，一定要敢于涉"险滩"、敢啃"硬骨头"。三项制度改革是国有企业改革的重点和难点，要真正解决好国有企业"干部能下、员工能出、工资能少"的问题，就要动真碰硬，推动企业三项制度实现根本性变革，让市场在企业干部人事、劳动用工、收入分配中发挥决定性作用。沈鼓集团深知，一个研发投入高、社会责任重的国企，最怕"大锅饭""铁交椅"让企业失去活力，始终通过改革增强企业活力，在企业内部大力推动"三能"机制改革，真正砸掉了"铁饭碗"、搬掉了"铁交椅"、破除了"铁工资"。

压减层级扁平化，干部队伍精干化

持续推进组织机构改革，按照"小总部、大业务"模式，坚持"三级以内是常态、四级是例外"和"务正业"原则，通过撤销、合并、新设等方式，推进瘦身健体，实现组织机构和管理层级的大幅精简。结合集团组织机构改革开展中层经营管理岗位的市场化机制改革，建立"充分竞争、双向选择"的竞聘上岗机制，中层管理人员"全体起立"，重新竞聘上岗，共有41名中层管理人员退出原有岗位、9人通过竞聘上岗，中层管理人员数量由190人精减至158人。

凭借能力任职务，依靠成绩定去留

沈鼓集团把"抓住关键少数，带动大多数干部的思想与能力创新"列为市场化机制改革的头等大事，牢牢牵住经理层成员任期制和契约化管理这个"牛鼻子"，推动管理人员"能上能下"真正落到实处。原班子成员全部辞去市管干部身份，统一转为董事会选聘和管理的职业经理人，实现由"国企干部"到"市场化经营人才"的转变。完成职业经理人队伍组建，选聘首席执行官（CEO）、总裁（President）、首席技术官（CTO）、首席营销官（CMO）等10名高级职业经理人。集团及各级子企业董事会与

经理层签订年度和任期经营责任书,压实经营管理责任。构建薪酬与经营业绩考核结果紧密挂钩的强激励和硬约束机制,实现薪酬系数 0～2.5 倍的宽幅区间应用,干得好就重奖,干不好就坚决调整并市场化退出。凭能力任职务、靠成绩定去留,自职业经理人制度实施以来,沈鼓集团按考核结果共降职降级管理人员 9 名、诫勉谈话 24 名。

破除束缚拓通道,实现市场化用工

采用"一破一立一托底"的改革思路,有效建立市场化用工机制,员工"能进能出"成为常态。

破除传统岗位束缚。根据市场需要,精简优化岗位和员工数量,从根本上解决企业冗员问题,集团总部岗位由原来的 1094 个减少到 604 个,从业人数减少 438 人,员工主动走出"舒适区",工作动力和压力同时倍增,2022 年上半年全员劳动生产率同比增长 29.8%。

建立职业发展通道。在企业内部挖掘、培养人才,是沈鼓集团的老传统。在近 60 年里,沈鼓集团仅换过五位"一把手",都是由企业内部成长起来的工人或技术人员。目前,沈鼓集团已形成包括技术、营销、技能、管理等在内的六大职业发展晋升通道,员工考核优秀并达到任职资格要求,不分年龄和资历都有发展成为资深或首席专家的机会,确保每名员工都享有建功立业的舞台、人生出彩的机会。制定改革托底政策。成立再就业培训中心,制定员工安置工作权益保障办法,在实现市场化选人用人的同时,积极承担企业社会责任,合理安置分流人员,有效处理好改革、发展、稳定的关系。

市场价值定薪酬,刚性兑现激活力

建立"以岗定薪、因能差异、按绩取酬"的市场化薪酬体系,员工收入"能增能减"全面深化。

坚持推行一岗一薪、易岗易薪。取消职务工资制,开展组织与岗位的市场化价值评估,重新设计岗位体系,并采用国际先进的岗位评估工具,以专家小组的形式对操作类与非操作类岗位进行评价,确定不同组织与岗位的工作标准及市场化价值系数,根据分值划分岗级。通过岗位评估,集团内部建立起操作序列与非操作序列两大类岗级图,结束了论资排辈的局面,实现了以岗定薪、岗变薪变。

强化薪酬与绩效考核的紧密挂钩、刚性兑现。制定《沈鼓集团职业经理人薪酬绩效办法》《沈鼓集团组织绩效管理办法》等制度,集团对各子公司的工资总额实施预算审批、过程监控、年底结算的全周期管理,真正实现各子公司薪酬总额与经济效益同向联动。员工收入与公司、部门和个人绩效紧密相连,合理拉开了收入分配差距,破除平均主义、"高水平大锅饭",员工的思想从"为企业干"彻底转向了"为企业干就是为自己干"。以产品设计人员为例,同一岗位员工,能力工资遵循因能差异的原则,最低档与最高档差距约 8 倍;绩效工资遵循以按绩取薪的原则,年度绩效工资收入差距最高可达 60 倍左右。

用好政策工具箱,中长激励留人才

通过员工持股,吸引和留住关键核心岗位员工,充分激发员工主人翁意识。严格落实相关政策要求,制订集团员工持股计划,以持股平台持股 2.9%,并进行规范管理和动态化调整。按照与战略投资者同股同价标准,251 名高管、核心管理和技术骨干员工持股,其中技术人员占持股总人数的 30% 以上。探索建立子公司超额利润分享机制,将子公司超出利润指标的 20% 作为干部员工额外嘉奖,实施以来,70 名管理人员绩效年薪上浮 10%;59 名管理人员绩效年薪下浮 20%～70%;15 家子企业中的核心业务骨干获得超额利润奖励;2727 名员工获得十三薪嘉奖。

瞄准高端装备市场,走出高水平自主创新之路

科技创新是企业高质量发展的第一动力。沈鼓集团着眼于突破"卡脖子"核心技术,坚持面向世界科技前沿、面向国家重大需求、瞄准世界一流,以改革赋能创新,持续加大科研投入、搭建创新平台、变革管理模

式、培育创新人才，走出一条高水平的自主创新之路。

建设一流创新体系，有效提升研发效能

强化创新平台建设。坚持自主研发和联合研发"双轮驱动"的科技创新战略，成立沈鼓博士后工作站和院士工作站，建立沈鼓研究院和大连理工大学、西安交通大学、东北大学研究分院，在浙江大学、大连理工大学、西安交通大学、东北大学、哈尔滨工程大学设立5个技术分中心，形成"两站四院五中心"的产学研联合研发体系。五年来，借助"外脑"完成短跨距、高马赫数、宽范围模型级开发及试验研究等各类科研项目600余项。建设了国家级技术中心、国家能源大型透平压缩机组研发（实验）中心等国家和省级科技创新平台22个，极大地提升了企业的创新效能。

加大研发经费投入。沈鼓集团常年保持不低于6%的研发投入强度用于自主创新，十年来累计投入研发费用33亿元、技改费用26.6亿元，培育了12家高新技术企业、1家辽宁省瞪羚企业。

推进组织模式变革。采取"揭榜挂帅"方式，与11名项目负责人签订任务书、军令状。将科研项目指南引入企业科研立项工作，科技创新更加精准聚焦市场需求和客户需求。借助信息化手段建立全流程科研项目管理流程，确保高效的科技投入产出。探索科技创新激励机制，设置突出贡献奖、科研项目奖等六大奖项，激发创新热情。

培育世界一流的研发队伍，充分激发创新活力

沈鼓集团将高层次技术人才培养作为提升创新核心能力的重要环节，通过深化改革打通高层次人才职业发展通道。联合高校和科研院所进行人才培养，有针对性地选拔优秀人才进修深造并承担重大科技项目。对科研人员给荣誉、给待遇、给舞台，促进聪明才智充分涌动，创新创造竞相迸发。秉承"激发潜能、人事相宜"的理念，建立了"培训—评价—发展TED"精益数字化人才培育方式，打通人才培训到效果评价到人才发展全过程，形成精益数字化人才螺旋式上升的培育机制。目前，沈鼓集团共拥有工程技术人员1380人，占员工总数的26%。其中，教授级高级工程师

71 人，高级工程师 401 人，工程师 930 人，享受国务院政府特殊津贴的突出贡献专家 46 人，强大稳定的人才队伍为企业技术创新提供了坚强保障。

打造高端装备，融入产业链核心

沈鼓集团牢记习近平总书记"只争朝夕突破'卡脖子'问题，努力把关键核心技术和装备制造业掌握在我们自己手里"的嘱托，时刻怀着"不迈向高端，就没有出路"的紧迫感，紧盯 176 项核心技术，开展十八大类、114 种新产品的研发工作。围绕发展先进制造业，研发 150 万吨乙烯三机、10 万等级空分压缩机、超大型风洞压缩机、海洋工程用大型压缩机、三代核电主泵等高端装备和服务型制造业务；围绕实现"双碳"目标，发展 7～30MW 天然气管线压缩机、30MPa 等级高压储气库用离心压缩机、5MW 等级 ORC 透平机组、60MW 储能压缩机等一批高端环保装备；围绕补链强链要求，充分发挥"链主"作用，携手配套商与合作伙伴开展压缩机关键配套件国产化攻关，拉动我国压缩机产供链整体进步。

拥抱数字技术，建设智慧链生态

敏锐捕捉大数据、物联网等新一代信息技术给传统制造业带来的根本性变革，在行业内率先启动数字化转型，推进以工业互联网、智能制造为主体的数字沈鼓、智慧沈鼓建设，信息化建设水平较同行业企业高 47.9%。

推进产品创新数字化。应用仿真设计、快速设计等多种设计分析软件，有效完成大量复杂精密的运算和试验，实现产品数字化设计、数字化交付，使产品能够更加紧密地融入客户整体工程建设，更好地满足用户需求。

推进生产制造智能化。建设了车间制造执行系统（MES）、设备联网与数据采集系统（DNC/MDC）、设备维修管理系统（EAM），实现了生产运营线上管控和生产过程数字化管理，极大提升了企业生产运营效率和智能制造水平。

推进运营管理信息化。应用 OA、SRM、ERP 等多种管理信息系统，覆盖财务管理、供应链管理、项目管理等多种业务，以信息化、数字化手段和平台全面改造管理流程，赋能管控模式，提升全要素配置率、生产率。

推进用户服务敏捷化。建设"沈鼓云"服务平台和远程监测与故障诊断中心，线上服务用户387家，监测机组4000余台，在线消除故障108台次，有效保障用户的机组安全和经济利益，荣获"2019中国智能制造十大实践案例"荣誉称号。

创新驱动发展成效显著，有力支撑大国博弈

沈鼓集团70年来始终坚持走创新路、吃技术饭，累计拥有1255项自主知识产权的专有技术，承担国家省市科研项目182项，其中国家级项目25项；获得国家省市级科技荣誉700余项，获得各类科技奖励466项，其中国家级15项。20年来累计开发新产品6732种12524台。承担我国能源与化工领域所有大型压缩机组国产化首台（套）的研制任务并获得100%成功，实现了近百个首台（套）突破，累计为能源与化工行业提供重大装备3000余台（套）。在国家能源局公布的75项首台（套）重大技术装备示范应用中，沈鼓集团3个项目上榜。沈鼓集团的重大技术装备研制能力跻身世界先进行列，填补了100多项国内空白，彻底结束了我国能源化工核心动力设备长期受制于人的历史，有力捍卫了我国战略安全，为我国参与国际竞争提供了有力的装备支撑。

通过持续深化改革，沈鼓集团彻底激活了企业的发展活力和增长动力，科研能力、装备试验能力跻身世界领先行列，主要经济指标呈现强劲增长态势，经营效率和效益显著改善。相比开展国企改革三年行动之前的2019年，沈鼓集团2021年的工业总产值增长39.8%，工业增加值增长15.6%，营业收入增长28.7%，利税增长1.1倍，全员劳动生产率提高25.4%，实现了企业的高质量发展，成为中国装备制造业当之无愧的"国家砝码""大国重器"。

23

聚焦治理强化、机制升级、技术创新 以深化改革开拓大型国有企业转型升级之路

上海汽车集团股份有限公司

上汽牢牢把握国企改革三年行动机遇，通过治理强化、机制升级、技术创新，开创出一条"由治理强机制，由机制带创新，由创新促转型"的改革发展之路。着力完善公司治理，推进董事会构成多元化，积极引入战略投资者，以股权混合带动公司治理优化；推进干部管理与绩效目标"强挂钩"，后备梯队与业务发展"共谋划"，薪酬激励实现核心人才与企业"贴身经营"，激发企业转型动力；构建"157X"技术创新体系架构，打造新能源汽车、下一代汽车和"产融结合"三个创新链，系统推动各个类别产品的整体技术创新迭代，集团海外出口量连续6年位居国内行业第一。

上海汽车集团股份有限公司（以下简称"上汽"）是目前国内整车产销规模最大的汽车集团，销量连续 16 年位居全国行业第一。2022 年 8 月，上汽第 18 次入围《财富》世界 500 强企业榜单，排名第 68 位，连续 9 年进入百强榜单。近年来，因受电动化、网联化、智能化、共享化趋势冲击，汽车行业进入"市场调整期、技术升级期、行业转型期"三期叠加的发展新阶段。面对新赛道，面对造车新势力，上汽牢牢把握新一轮国企改革机遇，深入学习贯彻习近平总书记关于国有企业改革发展和党的建设重要论述精神，高标准实施国企改革三年行动，主动作为、真抓实干，通过"三个着力"，开创了一条"由治理强机制，由机制带创新，由创新促转型"的改革发展之路，在高起点上加快实现高质量发展。

着力完善公司治理，强化战略引领，保障企业行稳致远

上汽坚定不移全面贯彻"两个一以贯之"，落实国企改革三年行动部署，坚持把党的领导融入公司治理各环节，通过推动混合所有制改革促进法人治理结构的完善，从内在治理机制上寻求根本性的转变突破，由内而外推动企业整体转型发展，助力加快建设世界一流企业。

党的领导融入公司治理常态化

坚持发挥党委把方向、管大局、促落实的领导作用，持续推进党的领导和公司治理有机融合，把中国特色现代企业制度优势转化为治理效能。

一是全面落实党建入章。对于符合"应进"党建入章范围的 75 家子企业，已全面完成"党建入章"，落实党组织在公司法人治理结构中的法定地位，夯实改革根基。对于其他子企业，鼓励把党的建设写入公司章程，以企业大法的形式固化党对国有企业的领导。

二是全面推进"双向进入、交叉任职"。集团层面，由党委书记兼任董事长、党委副书记兼任总裁，工会主席进入董事会，充分体现党组织在国有上市公司治理中的领导地位，党的建设在国企改革中不断加强。子企

上汽"高端豪华智能电动车"智己品牌首款产品 L7 在上汽临港智能工厂下线
上汽／供图

业层面,有计划、分步骤地实现班子成员交叉任职,推动党的领导在基层有效落地,党建工作与生产经营融合互促。

三是全面实施决策前置程序。集团层面持续修订细化"前置清单",推动前置决策程序规范落实,提高科学民主决策质量。制定所属企业党委前置研究讨论清单的示范文本,指导不同层级、不同类别子企业结合实际制定前置清单,进一步厘清各治理主体的决策事项和权责边界。通过强化党的领导在公司治理中的关键性作用,有效增强上汽作为行业龙头企业的责任担当意识,在推动转型发展过程中看得更远、走得更稳。

股权混合带动公司治理优化

面对行业变局,上汽积极探索战略合作新途径,并通过股权混合提速企业活力激发，推动公司治理结构优化。

一是集团层面，积极引入战略投资者。在保持国有控股地位不变的前提下，推进集团层面的股权结构多元化，通过开展一系列战略合作，国有股比例下降约9个百分点。与中远海运集团实现股权置换，为后续进一步优化上市公司治理结构、促进公司市场估值提升创造了重要的基础条件。在积极探索央地国企围绕产业、资本、业务战略开展合作的同时，进一步优化治理结构，持续提升企业的市场竞争力、协同创新力和资源整合力。

二是所属企业层面，稳妥推进混合所有制改革。对具有中性化、平台化特征的创新业务，上汽坚持"三因三宜三不"原则，采用混改方式，与市场强者联手，引入专业、高效、成熟的管理方式，助力企业更好发展。上汽安吉物流通过与知名物流企业合作，推动整车物流业务的数字化转型、运输网络重构，加强了行业覆盖、提升了快运城配、增强了国际物流能力、优化了梯队建设。捷氢科技成为上汽首家也是国有汽车集团中首家启动分拆上市的案例，推动新一代燃料电池电堆平台实现完全自主设计开发，不但一级零部件达到100%国产化，而且整体达到国际领先水平。目前，上汽已拥有市场化"小巨人"企业20家。通过混改，在为企业注入资金的同时，优化了治理体系，完善了经营机制，促进了企业增强活力动力、提高效益效率。

配强董事会促进公司治理强化

上汽着力从体制上完善董事会构成，有效发挥董事会"定战略、作决策、防风险"作用，实现增强公司治理的实际效果。

一是推进董事会构成多元化。上汽集团的7人董事会包括4名外部董事，其中有3名独立董事分别为财务、战略、法律专业领域资深专家；内部董事中，有1名职工董事由集团职工代表大会选举产生。董事会成员的多元化配置和专业化背景，有效促进了董事会的规范运行和科学决策。

二是发挥董事会专委会作用。上汽集团董事会下设战略委员会、审计委员会、提名薪酬与考核委员会三个专门委员会。其中，战略委员会由董事长担任主任委员，其他专门委员会由独立董事担任主任委员。各专门委员会对相关议题严格履行预先审核职责，切实提高了董事会的决策质量和效率。

三是促进外部董事履职尽责。强化履职监督，股东大会每年审议外部董事履职情况，外部董事每年向上海市国资委述职。董事会鼓励外部董事在会前开展调研了解情况，尊重外部董事在会上参与讨论、提出建议，促进外部董事跟踪相关决议执行情况。外部董事定期赴一线调研，了解企业实际经营状况。通过外部督促和内部协助，上汽董事会职能得到有效落实和增强，也为所属企业董事会建设做出了示范。在强化董事会职能的基础上，上汽面对新形势、新挑战、新机遇有了底气和把握，清晰提出了四大汽车品牌、五大业务板块的发展构想，明确提出了向自主品牌转型、向电动智能化转型、向海外市场拓展转型的战略方向，在新赛道上开启了新征程。

着力健全市场化机制，激发转型动力，促进企业健康发展

三年来，上汽牢牢守住"市场化"基因，持续深度转换市场化经营机制，大力推进干部任用、人才引育和薪酬激励同市场环境接轨，努力激活上汽"狼性文化"，为企业面对剧烈市场变化、参与激烈市场竞争注入活力动力。

干部任用市场化，干部管理与绩效目标"强挂钩"

上汽紧紧牵住经理层任期制和契约化管理"牛鼻子"，以干部任用作为关键点，强化市场化机制，进一步提振干部干事创业的精气神。

一是任期契约建基础。对集团经营班子全部实行职业经理人聘任管理，对集团中层干部和 300 余家各级企业的经理层成员，全面推行任期制契约化管理，不断强化岗位意识、契约意识和权责意识。将任期制和契约化有机嵌入集团战略管理体系，实现集团战略、三年任期、年度计划指标的逐级分解，并落实到各家子企业和各级干部的契约目标，突出量化指标占比，切实绑定干部岗位目标与企业发展战略，实现任期制契约化管理全

上汽整车出口已连续多年保持国内行业第一,销往全球90多个国家和地区
上汽／供图

覆盖,显著提高战略管控效率。

二是业绩导向树依据。坚持"绩效优先、价值创造"导向,差异化确定不同类别子企业经营业绩考核目标,设置"摸高"指标,鼓励经理层挑战行业最优和历史最优,引导干部主动挑战更高经营目标。上汽国际在营业收入指标增长60%的目标压力下,经理层带领干部职工持续加大市场开拓力度,取得突出成绩。2021年整车出口量较上年增长46.4%,营业收入较上年大幅增长98%(超目标值的23.6%),归母净利润较上年增长60%,海外出口连续六年位居国内行业第一,占全国出口总量的1/3。不断优化绩效管理,完善绩效指标体系,加强绩效过程评价和反馈辅导,以绩效管理带动干部队伍的成长,促进企业经营绩效的提升。

三是考核奖惩重兑现。将绩效考核结果作为薪酬兑现、岗位聘任、职务升降的依据,坚决落实干部任用与绩效考核"强挂钩"、薪酬分配与绩效考核"强挂钩"。三年来,近 60 名集团中层干部和总部员工,因年度考核结果不佳,被退岗、免职、降职、降薪。"能上能下、能进能出、能增能减"的理念已经形成广泛共识。

人才引育市场化,后备梯队与业务发展"共谋划"

上汽紧紧围绕业务发展需要,扎实抓好人才队伍的梯队建设,为转型发展提供强有力支撑保障。

一是市场化招募引进高素质人才。上汽全面推进用工市场化,在集团及所属企业均建立了公开、透明的人才招聘与录用机制,公开招聘比例保持 100%。同时,根据汽车产业发展趋势,着重在新能源汽车、移动出行服务、金融业务、国际经营等领域储备人才,持续优化员工队伍学历、专业结构。三年来累计公开招聘近 3.2 万人,其中本科及以上学历应届毕业生近 1.4 万人。

二是多岗位挂职锤炼复合型人才。面对业务延伸融合和产业转型拓展的大趋势,上汽下大力气着重培养跨业务领域的复合型人才。连续多年开展挂职工作,近三年累计选拔近 200 名优秀青年人才到上海市级机关、其他国有企业及集团内的创新业务、重点项目进行挂职和实践锻炼,在集团内部不同岗位上挑重担子、啃"硬骨头"。通过岗位挂职、举办青干班、清华班等集中培训,交流一批、培养一批,使用一批后备人才,目前已形成超过 1400 人的后备人才梯队。

三是开放式实训培育国际化人才。针对不断增加的国际业务,上汽着力打造国际化人才队伍。定期开展国际经营实战培训,普及海外生产体系流程、当地法律法规、营销方法经验等,安排学员赴海外一线参加历时两年的岗位实践,挂实职、担实责、求实效。通过任职、培训、实践,目前上汽已拥有 1500 多名国际化经营人才,其中有 200 多名干部常驻海外。

薪酬激励市场化,实现核心人才与企业"贴身经营"

上汽坚持将核心关键人才激励机制建设作为市场化经营机制改革的重要内容,全面实行业绩与薪酬"双对标",进一步构筑企业与员工利益共享、风险共担、责任共当、事业共创的激励约束长效机制，有效激发人才的活力动力。

一是以增量激励促进人才成长。坚持价值创造导向，实施差异化薪酬分配机制，从企业年度的净利润增量中拿出一定比例资金，按员工的贡献度给予激励，合理拉开收入差距，激发员工活力和干劲，推动人才在干事创业中脱颖而出。上汽集团总部员工8档考核等级对应8档奖金系数，最高为1.8，最低为0。

二是以精准激励激发研发动力。对核心研发技术人员，在激励机制的设计上更加关注产品交付质量和市场销量表现，形成基于价值创造的虚拟股权和技术孵化激励。从技术的高新程度、与上汽转型战略匹配度、技术要素贡献度、营收来源的外向程度4个维度，确定激励对象，将研发人员动力与技术进步所带来的实际贡献牢牢捆绑，精准引导核心技术人员向提升产品质量效益的方向冲刺突破。

三是以项目激励推动关键技术提升。结合业务的不同类型、不同阶段，探索实施团队成员股权激励，陆续在集团所属10余家创新企业中综合运用股权出售、期权及"股权出售+期权"组合等方式开展激励，推动团队在创新中提升。积极采用项目合伙人创业机制，激发项目团队以创业精神推动技术突破。

着力强化创新驱动，实现价值赋能，助推企业换道超车

上汽在传统汽车领域，是最早通过中外合资方式引入国外先进技术不断成长壮大起来的。但是面向未来，只有掌握自主技术，才能真正掌握未来发展的主动权。原创技术的自主开发能力已经成为上汽的核心竞争力。三年来，上汽把实施创新驱动发展战略放在首要位置，瞄准产业发展和科技创新前沿，从综合支撑、产业协同、体系架构等方面开展了有益探索，在产业变革中成功拓宽赛道，保持行业领先地位。

强化创新综合支撑，筑牢创新基础

上汽坚持政策应给尽给，积极采用多种手段，大力支持创新团队的支撑培养，努力从机制层面为激发企业科技创新提供动力活力。

一是全力构建创新平台支撑。投入6.5亿元建成五大实训基地74个实验室，年平均培训量达7万余人日，并建设了3个国家级和8个市级"技能大师工作室"。开展校企合作联合培养模式，上汽员工连续在世界技能大赛上摘金夺银；积极探索技能人才向工程技术人才身份转变的路径，鼓励更多技能人才投身技术研发工作。

二是全力加大创新投入支撑。上汽加快打造原创技术策源地，近三年每年用于自主研发的资金投入约100亿元，努力抢占新一轮产业变革的技术制高点。鼓励员工参与前沿技术"揭榜挂帅"，投入1亿元设立"种子基金"，为员工开展创新研究提供资金支持。截至目前，已吸引56家单位的近5100名员工参与，实施创意项目近1100个。其中，145个项目进入培育阶段，80多个项目已完成验收，申请知识产权95项，制定标准14项，并形成了"企业内部转化、对外转化、业内分享、自主创业"等成果转化运用路径，孵化出多家创新企业。

三是全力提供创新激励支撑。加大创新激励力度，设立专项奖励资金，对取得重大技术创新成果的团队给予奖励，三年来累计1300余名员工分享超过3300万元的奖励资金，有力激发员工创新活力。构建容错机制，制定《创新项目容错管理办法》并将相关内容纳入公司章程，明确只要是符合公司战略方向、符合内控流程、未牟取私利的，即使未能实现预期目标，在审计、考核等方面也不作负面评价。上汽成为国内第一家把容错机制写入公司章程的上市公司，激励广大干部员工勇于创新、敢于突破。

推进技术产业协同，拓展创新格局

上汽充分发挥金融板块的资本运作能力，通过市场化投融资手段，借助自身"链长"地位，推动延链强链，带动产业链上下游整体创新能力提升。

一是打造新能源汽车发展创新链。上汽围绕推动新能源汽车发展，在

上汽乘用车临港智能工厂全自动机器人流水线
上汽／供图

电池电芯、IGBT 电驱动核心部件、电驱系统等领域，与宁德时代、英飞凌、麦格纳分别成立合资公司，对相关核心技术实现了全球布局；与中石化、中石油等合作，共同开展"车电分离"换电业务；与清陶、QuantumScape 等企业合作，积极布局固态电池领域；在内蒙古建设全球首个万辆级氢能重卡产业链项目。

二是打造下一代汽车创新链。上汽围绕打造下一代汽车，与Momenta共同开发全栈智驾算法；与腾讯成立网络安全联合实验室；与中兴通讯成立联合创新中心。与上海集成电路研发中心合作，新建一条28nm芯片完整中试线；与晶晨等10余家人工智能芯片企业深化合作，共同打造车规级高性能"中国芯"和智驾计算平台。

三是打造"产融结合"创新链。上汽围绕推进"产融结合"，开展战略直投，更好发挥金融服务实体产业的作用，推动各类资本取长补短、相互促进、共同发展。目前，已有地平线、清陶、华大半导体等40余家被投企业同上汽所属整车、零部件等企业建立了多领域、全方位的合作关系。通过创新链的布局优化，夯实产业链供应链自主创新能力基础。

搭建创新体系架构，助推技术迭代

经过近几年的探索和优化，上汽初步形成了"157X"的技术创新体系架构，以"1"个创新研究开发总院为统领，以"5"大基础技术中心为支撑，以"7"个共性生产技术底座为基础，全面系统推动上汽各个类别产品的整体技术创新迭代。

一是抓好创新体系架构顶层牵引。建强创新研究开发总院，融合"技术创新、团队创业、个人成长"的定位目标，整合上汽旗下各类专项基础技术研发资源，发挥统筹协调作用，集中优势力量实施关键核心技术的统一开发。设立创新研究开发总院，有效推动了前瞻性技术的攻关突破，带动智己、飞凡等自主品牌在电动技术和智能网联技术等方面获得差异化竞争优势。

二是抓好创新体系架构技术基础。设立五大技术中心，围绕软件开发、人工智能、云计算、大数据、网络安全5项未来产业发展的基础技术，开展专业深化研究，为产品的功能性开发创新提供强大技术支持，也成为上汽技术自主创新的源泉。在五大技术中心的支撑下，上汽在智能网联和未来无人驾驶等前瞻性技术方面保持了行业领先，牢牢占据新赛道有利位置。以人工智能为支撑的L4级智能驾驶Robotaxi项目已在上海、苏州两地投放 60 辆无人出租车；以云计算和大数据支撑的"5G+L4"智能重卡项目在上海洋山港实现准商业化运营，已累计完成超 13 万标准箱的运输任务。

三是抓好创新体系架构应用落地。打造七大技术底座，围绕纯电系统、混动系统、燃料电池系统三条整车技术平台，以及动力电池、动力总成、电驱系统、软件架构四大关键系统技术，架构生产应用功能平台。其中，纯电系统"上汽星云"整车技术平台作为纯电动专属平台，有别于原来的"油改电"平台，能更好地适配纯电车的设计需求，使整车的运动性和安全性得到提升。该系统还能灵活兼容未来科技、不断完成自我进化，技术水平国际顶尖。预计到 2023 年，上汽计划在该平台上设计生产的电动车将超过 16 款，到 2025 年将有 92 万辆上汽自主智能电动车在这个平台上诞生。

通过治理强化、机制升级、技术创新，上汽战略管控能力有效增强，经营市场化水平显著提升，技术创新迭代能力快速跃升，实现了转型升级的战略目标，自主品牌、新能源智能汽车、海外经营成为驱动增长的新"三驾马车"。

在自主品牌方面，2021 年自主品牌整车销量达到 285.7 万辆，同比增长 10%，占公司总销量的比重首次突破 50%，达到 52.3%，告别了以合资品牌汽车为主的发展阶段；在新能源汽车方面，2021 年在新冠疫情对全行业的负面影响下，新能源智能汽车销售强势逆袭，销量达到 73.3 万辆，同比增长 129%；在海外市场方面，出口销量达到 69.7 万辆，同比增长 78.9%，整车出口连续 6 年保持国内行业第一，并在欧洲、澳新、美洲、中东、东盟、南亚形成 6 个"五万辆级"区域市场，MG 品牌已在全球 17 个国家跻身单一品牌销量前十。三年艰辛探索，上汽在全面深化改革中始终坚持习近平新时代中国特色社会主义思想，贯彻落实习近平经济思想和对国资国企改革发展的重要指示精神，为新时代深化国有企业改革特别是大型国有制造型企业以改革促进转型升级探索了一条可行路径。

24

破解五大难题　集聚发展动能
打造新时代交通强国示范区建设主力军

江苏交通控股有限公司

江苏交控坚持交通强国使命引领，深入实施国企改革三年行动，通过完善中国特色现代企业制度"优治理"，聚焦主业优化产业布局结构"强支撑"，强化科技创新超前布局智慧交通"闯新路"，健全市场化化经营机制"增活力"，以体系建设扎紧篱笆"防风险"，进一步集聚发展强劲动能，形成了战略支撑、经济效益、员工福祉多赢互促的生动局面，发展质效连续多年位居全国同行业第一，探索出一条交通企业抓改革、攻难关、建强企的高质量发展之路。

江苏交通控股有限公司（以下简称"江苏交控"）是一家大型交通基础设施投资与运营企业，业务涵盖交通基础设施运营管理、以融促产金融投资和交通资源综合开发与利用（"交通+"），运营管理高速公路4450千米，旗下拥有宁沪高速、江苏租赁、通行宝3家上市公司，职工2.8万人。实施国企改革三年行动以来，江苏交控深入学习贯彻习近平总书记关于国有企业改革发展和党的建设重要论述，围绕"人民满意、保障有力、世界前列"交通强国建设要求，坚持问题导向、强化进取意识、勇于攻坚克难，积极破解省级交通集团普遍面临的"治理怎么优、支撑怎么强、新路怎么闯、活力怎么增、风险怎么防"五大难题，实现重点交通基础设施投资年均两位数增长及高速公路安全保畅、道路高质量管养、服务区提档升级，有力支撑了江苏省现代化综合交通运输体系构建，充分彰显了国企担当。2021年，江苏交控净资产收益率、人均创利、经济增加值均位居全国同行业第一，成为国内省级交通集团中唯一一家年利润总额超200亿元的企业。

治理怎么优：管好放活，以制度优势提升治理效能

江苏交控坚持以党建为统领，将学习贯彻习近平总书记关于国有企业改革发展和党的建设重要论述作为首要任务，各级党组织全面建立"第一议题"制度，深入落实"两个一以贯之"，积极探索完善中国特色现代企业制度，形成权责法定、权责透明、协调运转、有效制衡的公司治理机制，加快实现治理体系和治理能力现代化。

明确权责抓决策。"清单化"厘清权责。集团及26家重要子企业全部制定党委前置研究讨论重大经营管理事项清单和工作规程，"一企一策"细化党委研究决定和前置研究讨论的具体事项，党组织把方向、管大局、促落实的领导作用得到有效发挥。修订"三重一大"决策事项清单，进一步明确了党委会、董事会、经理层五大类106项决策、审议事项，厘清了

24 江苏交通控股有限公司

润扬长江公路大桥全景航拍
江苏交控／供图

各治理主体权责边界。

"体系化"落实职权。完善加强董事会建设制度体系，制定出台《进一步加强董事会规范运行管理办法》《重要子企业落实董事会职权工作方案》等，在巩固落实董事会重大投资发展决策权、职工工资分配管理权、重大财务事项管理权的基础上，将董事会对经理层的业绩考核权和薪酬管理权作为全面落实董事会职权的重点，分层、分类、分批推进26家重要子企业全面落实董事会职权，并在董事会议事规则或《公司章程》中予以明确。

"系统化"强化监管。建成集团"三重一大"决策信息系统，全面融合6项决策制度、11个事项清单和10项工作流程，实现对集团公司及各级子企业决策事项的汇总分析和全过程管控，在大幅提升决策质量和效率的同时，显著增强了从业人员科学决策、合规决策意识。

完善制度强规范。科学建章立制确保上下贯通。建立涵盖全部业务条线的16篇、42类、354项制度的规章制度体系，把集团引领与基层探索有机结合，组织子企业同步修订完善，实现统一制度规范、统一工作体系。

动态授权放权确保放活管好。根据交通行业特点和市场发展情况，对子企业实行"一企一策"分类授权放权,建立定期评估和动态调整机制,确保授权放权事项接得住、用得好。保障经理层依法行权履职,集团层面及51家各级子企业全部制定董事会向经理层授权管理办法和授权清单,充分保障经营层谋经营、抓落实、强管理。

双重法律审核确保依法合规。建立"内外结合、重要事项双审"的法律合规审核机制,三年来共对520项重要决策、重要规章制度、重大经济合同实施双重法律审核,有效防范了法律风险。

变革组织增活力。加大"去行政化"力度。坚持精简高效原则,优化集团总部机构设置,构建"大集团、小总部、强产业"的集约化管理格局。严控内设机构数量,在任务增加的情况下,集团总部部门始终控制在15个以内;坚持人员力量动态调配,在总部保持100人以内的基础上,适度压减后台管理部门人员,加强发展改革事业部、营运事业部等产业板块部门力量配备。

实施区域化、集约化管控。完成6家高速公路企业重组整合,高速公路企业由18家精简为14家,压减管理人员35%,年均减少管理成本1.5亿元。创新路桥企业一体化、区域化运营,实现苏南"两桥三路"集约管理,让路桥项目形成协同优势。

支撑怎么强:深耕主业,厚植根基提升服务保障大局能力

"十四五"期间是江苏交通投资的爆发期,与其他同行业企业一样,江苏交控面临着投资任务重、筹资困难大的"双重压力"。公司集中精力深耕交通基础设施投资运营这一主业,着力稳增长、强产业、调结构,开拓资本金多元化筹措体系,探索资金可持续保障路径,在助力全省经济发展的同时让企业效益增长更具持续性。

稳投资——融入发展大格局。作为江苏交通基础设施投资建设的主力军,江苏交控与江苏经济大盘休戚与共。守牢高速公路主阵地。全

力保障重点高速公路项目建设资金需求，聚焦补强过江通道、打通省际"断头路"和主通道扩容，布局"十五射六纵十横"江苏高速公路路网，2016—2021年投资高速公路1181亿元，完成新建及改扩建高速里程565千米。勇担促进经济增长重任，"十四五"期间主动承担高速公路投资任务3400亿元，是"十三五"期间的4倍，预计带动全省综合大交通投资6700亿元。下活综合交通整盘棋。积极出资组建东部机场集团、省港口集团、省铁路集团，完成铁路、机场、港口建设投资570亿元。五峰山长江大桥、沪苏通长江公铁大桥等一批重点项目顺利通车，让江苏省隔江相望的城市之间均实现过江通道直通。弹好央地合作协奏曲。联合全省13个地市，与10余家中央企业签订战略合作协议，先后建成300兆瓦如东H5海上风电、江苏高速公路建设沥青材料保障基地等一批标志性项目。大力度、超常规的基础设施建设投入，有力发挥了对当地经济发展的战略支撑作用。

强产业——壮大企业筋骨皮。主业协同发展。立足基建为本、金融支撑、数字先行，推动交通基础设施、金融投资、"交通+"三大主业联动互促，提升主业经营质态。2021年，江苏交控路桥业务收入利润率从28%提高至35%，"交通+"延伸产业净资产收益率提高到12%。产业集群发展。着力破解产业基础弱、底子薄、资源散的先天不足，推动资源归集、产业归类，培育了一批细分领域龙头企业和单项冠军。所属通沙集团从传统渡运企业转型升级为交通建材供应商，3年内实现资产规模翻番；所属现代路桥公司从内部保障型养护施工企业，实施市场化改革，近三年人均产值和人均利润分别增长94.6%、51.2%。产融融合发展。推动资本运作"四个一批"，即优势企业上市一批、上市平台注入一批、二级市场收购一批、投资平台转化一批，依托产业发展的金融业务有力反哺主业实业发展，近三年通过IPO、REITs等形式募集资金41.8亿元，引入央企、社会资本54亿元，撬动各类投资300多亿元，全部用于交通基础设施建设。所属江苏租赁公司成为A股唯一金融租赁企业，通行宝公司成为全国首家

沪苏通长江公铁大桥
江苏交控／供图

ETC发行服务行业上市企业。

深挖潜——瘦身健体提效益。通过清理注销、挖潜增效等方式，江苏交控全面完成"两非""两资"企业清理63家，回收资金5亿元；完成5家亏损企业治理，减少亏损额3668万元。积极稳妥推进8家子企业实施混合所有制改革，不断优化股权结构，实现以混改转机制、增活力、提效率。所属江苏租赁公司引入法巴租赁、国际金融公司、中信产业基金等战略投资者，依托股东资源优势做大厂商租赁业务，总资产收益率、净资产利润率名列行业前三；所属通行宝公司引入中国银联、上汽集团、腾讯云等战略投资者打造ETC生态圈，实现国有资产增值10倍以上。

新路怎么闯：决战科创，超前一步布局领跑智慧交通

江苏交控把科技创新作为发展的核心动力，布局完善创新体系，牵头开展交通领域核心技术攻关，研发实用、管用、好用的数字化转型解决方案，积极打造智慧交通原创技术策源地，努力成为交通智慧化的领跑者。

构建开放协同创新体系。完善创新体制。因企制宜出台"科技强企10条"，优先支持所属科技型企业通过增资扩股、引进战略投资者等方式优化股权结构；用好考核"指挥棒"，将研发投入、科技成果产出和转化等指标纳入经营绩效考核，增强科技创新刚性约束。

搭建创新平台。集团搭建科研开发、实践运用和人才培养的省部级以上创新平台25个，长大桥国家中心江苏分中心等一批重点科研基地纷纷落地江苏交控。柔性引入"两院"院士和长江学者，共建公路养护技术国家工程研究中心等高水平研发基地。

建立协同机制。成立产业发展、数字交通、工程技术、营运管理、绿色双碳5个专业研究院，形成科技创新协同模式；与交通运输部公路科学研究院、同济大学等70余家科研院校建立合作机制；与中国移动、联通、电信三大运营商及华为、腾讯等联合成立数字交通联合实验室，数字赋能交通产业发展。

集成激励创新政策举措。加大创新研发投入力度。建立研发投入动态增长机制，对企业当期研发费用发生额，考核时视同利润予以加回。近三年，集团研发投入达7.1亿元，年均增长超50%。

健全创新激励体系。指导子企业建立具有市场竞争优势的核心关键人才薪酬制度，推动薪酬分配向作出突出贡献的行业领军人才、"高精尖缺"人才倾斜。明确对子企业引进高层次人才产生的费用，经审核确认后视同企业利润，高层次人才所需工资总额作为工资总额特殊事项单列，激发科

芳茂山恐龙主题服务区外景
江苏交控／供图

研人员创新动力。

探索创新组织模式。探索实施"业主制""首席科学家"等管理机制，增强了项目负责人决定研究方向路线的话语权。聚焦关键核心技术和重大攻关项目，实行"揭榜挂帅""赛马制"等创新组织机制，以科研项目聚人才，让年轻骨干"挑大梁"，近三年实施军令状项目18个、揭榜挂帅项目41个，集团内涌现出省部级科技领军人才、行业拔尖人才等超过200人。

攻坚行业领先关键技术。聚焦产业链堵点、痛点、断点，开展行业关键核心技术攻关。2020年以来，先后承担省部级以上科技攻关项目34项，自行立项攻关81项，形成了一批具有自主知识产权的创新型成果，陆续攻克"路面快速无损检测"等行业性技术难题和"超饱和路段主动管控"等前沿性课题，"高速公路路面结构长期保存技术及智能养护"等课题被列为省部级重大科技项目。五峰山长江大桥、沪苏通长江公铁大桥等重大工程屡创世界纪录，被誉为"世界长大桥看中国，中国长大桥看江苏"。打造"智慧路网云控平台"交通强国江苏样板工程，研发上线"江苏高速风险地区车辆预警系统",实现疫情风险地区来苏车辆实时预警。目前,江苏交控数字化产品已覆盖全国公路网近5万千米,在18个省份高速路网推广应用,涵盖综合交通、行政管理、国资监管等领域,创造直接经济效益超6亿元。

活力怎么增:多管齐下,市场化经营机制激发人才潜力

江苏交控着力落实党管干部、党管人才原则,将三项制度改革作为建立市场化经营机制的重要抓手,采取市场化用工、差异化薪酬、多样化激励等举措,激发人才活力潜力,为高质量发展注入源头活水。

岗位上下凭能力。一方面,对新招聘人员逢进必考,设置"高门槛",2020年以来新进职工946人,均为专业对口、综合能力强的优秀人才,其中研究生及以上学历人员占比达64%;另一方面,每年对基层员工进行严考,设立考核"高标准",明确员工不胜任退出的8条标准,打破"铁饭碗",破除"躺平"心态,确立"凭素质立身、靠能力吃饭"的鲜明导向。三年来,因考核不称职调整岗位、解除劳动合同共计270人,淘汰率超1%。针对国家公路体制改革后收费人员转岗问题,江苏交控坚持因地施策、因岗施策、因人施策,加大岗位培训力度,根据转岗考核结果,采取"留用一批、提升一批、退出一批"的方式,灵活安置收费岗位人员1098人,一部分原本"只会收钱"的收费员变身"网红"服务区物业经理,成长为公司业务管理的"多面手"。

职务升降靠贡献。全面推行经理层成员任期制和契约化管理,逐人逐岗制定考核目标,紧扣结果刚性兑现,打破干部身份"铁交椅"。对中层管理人员,参照任期制和契约化管理要求,分层分类制定考核标准。在具备条件的江苏租赁公司等6家子企业推行职业经理人制度,全面引入市场化机制。各级管理人员主动走出"舒适区","虽然压力大了,但干事创业的动力更足了"成为普遍心态。树立科学选人用人的导向,按照先定目

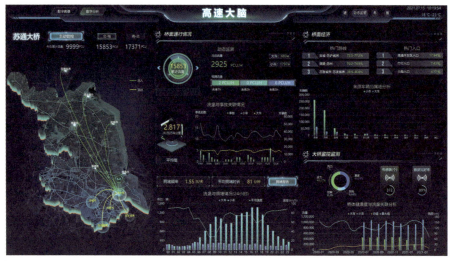

江苏交控"高速大脑"数字驾驶舱界面
江苏交控／供图

标再选人的思路,对中层管理人员采用竞标揭榜方式实施公开竞聘,竞聘上岗比例达 69.3%。近三年,各级子企业经理层职务调整 297 人次,其中提拔和重用 79 人次、岗位轮换 91 人次、末等调整和不胜任退出 60 人次,实现人岗相适、人尽其才、才尽其用。

薪酬高低看业绩。不搞"高水平大锅饭",薪酬高低以业绩论英雄,实现"一企一策""一岗一薪""一人一考",管理人员浮动工资占比达 62%,收入差距倍数达 1.5 倍。对高层次、高技能人才采取特殊政策,以"一事一议""一人一议"的方式协商全年薪酬水平。在所属通行宝公司、现代路桥公司 2 家子企业探索实施超额利润分享,建立了多劳多得、优劳优得的考核导向。所属江苏租赁公司在江苏省属上市公司中第一家实施股权激励,将执行董事和高管、中层人员、入职满 2 年的业务骨干共 146 人作为激励对象,占比超过公司员工总数的 50%。2020 年以来,江苏租赁资产规模、营业总收入、净利润年均复合增长率保持 15% 以上。

风险怎么防：扎紧篱笆，以体系建设筑牢风险防火墙

随着投资项目增多、经营规模扩大、债务规模膨胀，企业在改革进程中面临的整体风险管控压力不断增加，江苏交控努力构建全方位、多层次、高质量的风险管理体系，不断提升企业在复杂形势下的防控风险能力。

严守金融底线。建立全面风险管理体系，划定"资产负债率控制在60%以下、新增融资成本控制在3.3%以内"的底线。利用并购融资、永续债券、优先股、债转股等多种金融方式积极策划资本金融资方案，在放大直接融资规模的同时，降低了融资渠道单一带来的风险。为应对基础设施项目还款和投资"双高峰"压力，江苏交控通过整合、置换、延长期限等措施，优化债务结构，动态调控杠杆率水平。对"通行费收入变化幅度""资产负债率增幅""季度资金归集度"等25项具体指标的管控情况进行常态化监测，推动风险管理由定性分析向定量监控转变、由标准化向精准化升级，进一步增强了金融风险防范的前瞻性和针对性。

强化巡察审计。按照全面从严治党要求，秉持"依法治企、风控护企、监督立企"理念，加强常态化公司内部巡察和审计。近三年，共完成常规巡察、专项巡察、巡察"回头看"等9轮（次），以自主审计为主、任中审计和离任审计相结合的模式开展经济责任审计28项，实现全集团党委巡察、审计全覆盖。针对巡察审计中发现的所属单位在公司治理、合同管理、重大决策、内部控制、纠纷处理、招投采购等方面存在的问题，加强巡察审计发现问题整改闭环，做到"一对一反馈、跟进式督办、销号式整改"，问题整改完成率达100%；注重举一反三、惩防并举，修订完善集团40项、子企业522项制度，全力"治已病、防未病"，有效防范重大风险。

实行阳光采购。建立覆盖集团和子企业两级的"归口统一、管办分离"采购管理组织架构，构建从分散采购到集中、分散相结合，从线下采

2021年，江苏交控在全国率先引入并成功应用高速公路路面养护"无人集群碾压"技术
江苏交控／供图

购到线上、线下相结合，从多级分散监管到集中统一监管的采购模式。围绕统一采购计划、统一采购流程、统一采购监督、统一供应商管理、统一专家管理"五统一"原则，建立电子采购平台，通过网上开标、电子评标、远程监控，实现采购业务全流程在线实时监控，形成采购管控闭环。平台上线三年来，累计实施各类采购项目7074个，采购金额267亿元，有效避免了"暗箱操作"、利益输送等违法违纪行为的发生，增强了廉洁风险防控能力。

江苏交控坚持交通强国使命引领，通过完善治理、精强主业、自主创新、激发活力、风险防控五大改革举措，集聚发展强劲动能，形成了战略支撑、经济效益、员工福祉多赢互促的生动局面，发展质效连续多年位居全国同行业第一。通过改革实践，走出了一条抓改革、攻难关、建强企的高质量发展之路，探索形成了一批可复制可推广的经验，为创建世界一流企业提供了强劲动力。

以治理变革引领企业发展
以产业变革推动转型升级
以机制变革激发全新活力

杭州钢铁集团有限公司

　　杭钢集团面对传统产业转型发展的"瓶颈"与"阵痛",大力实施国企改革三年行动,以壮士断腕的勇气深入推进治理、产业、机制"三大变革",以治理变革引领企业走出困境、重获新生,以产业变革推动企业转型升级、换道超车,以机制变革激发企业活力、提升发展动能,历经改革洗礼重新焕发勃勃生机,实现脱胎换骨、浴火重生,迈向高质量发展的"快车道",闯出了一条传统城市钢厂全面深化改革实现转型发展之路。

杭州钢铁集团有限公司（以下简称"杭钢集团"）创建于 1957 年，是浙江历史上第一个现代化钢铁企业。习近平同志在浙江工作期间曾先后两次视察杭钢集团，充分肯定杭钢集团是一个与时俱进、开拓进取的国有企业。站在转型发展的十字路口，杭钢集团始终牢记习近平总书记殷殷嘱托，开拓创新，锐意改革，从 2015 年响应供给侧结构性改革号召，以壮士断腕的勇气全面关停杭州钢铁基地，到深入实施国企改革三年行动，扎实推进治理变革、产业变革、机制变革，一系列动真碰硬的改革举措，让杭钢集团这个老国企历经改革洗礼重新焕发出勃勃生机，闯出了一条传统城市钢厂全面深化改革实现转型发展之路。2021 年，杭钢集团实现营业收入 2653.9 亿元、利润总额 40.1 亿元，较国企改革三年行动实施前分别增长 150% 和 97%，成功跻身《财富》世界 500 强行列。

聚焦完善中国特色国有企业现代公司治理，以治理变革引领企业走出困境、重获新生

杭钢集团主动适应经济发展新常态及企业转型发展新形势、新要求，围绕建立健全中国特色现代企业制度这一主线，将转型发展关键因素融入治理新架构，努力克服老工业企业治理理念陈旧、重生产轻管理等问题，加快推进企业治理体系和治理能力现代化建设。

落实"两个一以贯之"，构建现代治理体系。牢牢把握改革正确方向，构建界面清晰的党委会、股东会、董事会和经理层权责关系和运行机制，推动企业决策更加科学高效。加强党的领导。坚持将加强党的领导与完善公司治理相统一，杭钢集团各级次企业全部完成党建入章，按照"定"和"议"两条脉络，集团层面确定两大类 24 项党委会前置研究讨论重大经营管理事项，所属各级子企业全部结合自身实际制定前置事项清单，党委把方向、管大局、促落实的领导作用切实发挥。规范治理架构。厘清权责边界，健全以公司章程为基础的内部制度体系，三年内

25 杭州钢铁集团有限公司

下篇
地方国企

杭钢集团正门
杭钢集团／供图

三次修订"三重一大"决策管理制度，梳理形成22类130条"三会"决策事项清单，横向厘清"党委会—董事会—经理层"权责边界，纵向厘清"出资人—集团本级—所属企业"权责边界，不断规范决策范围、决策程序，推动决策事项管理清单化、网格化。实现科学决策。各级子企业全部实现董事会应建尽建和外部董事占多数。在近三年退休和在职人员中遴选31名专业人员纳入外部董事人才库，选优配强子企业外部董事队伍。同步建立外部董事决策信息支撑、内外结合调研、多层面会前沟通、决议跟踪落实与后评价、课题研究及成果转化5项机制，为外部董事发挥作用和董事会规范运行提供有力保障。

深化授权放权管理，不断提高治理效能。持续深化授权放权体制改革，充分激发各治理主体活力，确保在激烈市场竞争中脱颖而出。强化依规授放权。坚持"依法合规、逐步放权、动态调整"的原则，分类明确董事会授权经理层决策事项清单、授权事项负面清单，突出董事会战略引领作用。国企改革三年行动以来，杭钢集团董事会决策事项减少25%，逐步实现从经营型董事会向战略型董事会转型。探索差异化授放权。改变生产型总部管控模式，根据业务特点和发展阶段，对各产业板块、各级子企业开展分级分类授权。在不同级别、不同类型企业之间，同类项目的投资授权额度最高相差5亿元；对产业规模较大和科技创新事项较多单位，部分事项授权最高额度与最低额度相差3倍，既促进成熟板块聚焦主业发展，又加强一般企业经营风险管控。对列入"双百行动"及实施混改的子企业，将原需集团总经理办公会决策事项授权下放，实行备案制，进一步提高企业决策效率。动态调整授放权。坚持对各类授放权事项"可授可收"，以三年为一个周期，对授放权事项开展后评价管理，从治理能力、战略执行、经营成效、风险防控等多方面评估效果，确保"放得下""接得住""管得好"。2022年，杭钢集团动态调整或收回授放权事项31项、新增授放权事项7项，企业整体决策效率提升30%以上。

强化内部督办考核，确保决策落地实施。建立健全督查督办机制，确保重大决策有效落实。狠抓"一体化"重大决策落实。杭钢集团董事会专门建立决策执行督查委员会，负责董事会决策任务的分解落实；健全职能部门条线分级责任体系，坚持"决策、部署、落实"三位一体，明确任务目标、责任单位和完成时限；定期开展决策跟踪、现场督查、专题报告，有力推动重大决策事项落地实施。构建"数字化"监管闭环。建设集1个智能化大数据管控平台、4个产业智慧管理平台、集成"三重一大"决策和运行监管等多个信息系统于一体的"1+4+X"数字化动态监管体系，对集团决策事项进行全过程跟踪，系统主动发现问题占监督过程中发现问题总数的85%以上，实现各类运营监管信息采集、处理、分析和反馈闭环，推动经营管理更加高效、透明、智能。开展"靶向"考核评价。聚焦董事会重大决策事项，结合"机制转型""数字+"等阶段性重点任务开展动态考评，考评结果纳入企业领导人员年度绩效考核，做到"件件有落实、事事有回音"，近三年董事会决策事项完成率达99.7%。

聚焦主责主业优化产业布局，以产业变革推动企业转型升级、换道超车

随着传统钢铁产业产能大幅压减和外部环境变化，杭钢集团进入转型发展的阵痛期。面对困境和挑战，杭钢集团确立了"聚焦主责主业，对产业结构进行大调整大布局大跨越"的发展思路，推动核心业务和优势产业做大增量、提升质量，有序淘汰劣势产业，通过兼并收购等方式快速发展壮大新产业，跑出产业升级发展的"加速度"。

推动传统产业提档升级。杭钢集团原有大大小小7个传统产业板块，除钢铁主业外，分布在贸易、房地产、酒店、环保、医院等多个领域，资源分散、产业关联度低、竞争力不强。为此，杭钢集团进一步聚焦核心优势产业，着力补短板、锻长板、强弱项。对标一流发展钢铁主业。因钢而生、以钢为本，钢铁产业始终是杭钢集团的核心主业。在杭州钢铁基地关停后，杭钢集团聚焦主责主业，迅速将优秀人才和先进技术向宁波临港钢铁基地转移，瞄准"制造业高质量发展"目标，全方位开展对标世界一流行动。三年间，累计外出开展对标考察46批次、形成对标考察报告43份，不断从对标中发现问题、寻找对策、改进提升，短期内迅速扭转了核心主业青黄不接、难以为继的状况。2022年，宁波临港钢铁基地优质特色产品比例比三年前提升了15%，热轧板带生产全流程智能管控达到国际先进水平，铁水成本重回全国钢铁行业第一方阵。重组整合塑造发展优势。坚持把传统分散产业"攥指成拳"，打造全产业链新优势。杭钢集团成立重组整合工作领导小组，通过资产打包、投资并购等手段，组建浙江省环保集团，打造省级环保产业投资运营主体，并灵活运用增资扩股、定向增发等资本手段，使优质环保资产不断向上市公司集中，构建起集"研设制建维服"于一体，覆盖"水、固、气、再生资源、技术服务"的节能环保生态产业链。瘦身健体提高发展成色。坚持产业发展有进有退，推动非主

杭钢云计算数据中心
杭钢集团／供图

业、非优势资产清理退出。不为房地产高收益所诱惑，通过公开挂牌转让持有的 4 个房地产项目，回笼资金 41.7 亿元，转让收益超过 15 亿元，彻底退出房地产市场。将持有的 1 家医院股权、4 家酒店资产全部剥离，彻底退出医院和酒店产业。加大"小散弱"清零力度，先后退出 9 家低效参股企业股权，完成 13 家重点亏损子企业治理，出清 8 项低效无效资产，处置回收资金超 1.3 亿元，为主业发展腾出了空间、提供了支撑。

完善新兴产业战略布局。新产业培育是转型升级的关键所在，杭钢集团通过解放思想大讨论、反复调研论证，植根杭州数字经济土壤，把握产业数字化改革新机遇，加速布局战略性新兴产业，构建起梯队式产业发展体系。盘活存量资源实现"腾笼换鸟"。充分运用存量资源培育产业发展后备力量，在杭州钢铁基地关停后的 1743 亩"自留地"上，深化与属地政府在项目引进、人才引入、园区建设等方面的合作，用好用足土地、能耗、大型工业厂房等资源政策，推进"产城融合"，全力打造数字经济特色小镇，重点发展云计算、云服务、云智造三大产业集群，打造国家级特大型数据存储中心、超级计算中心和省级数字科技创新应用示范基地。如今，冰冷的生产车间已变成火热的创客基地，一批大数据、云计算、智能机器人项目先后入驻。2022年4月，由杭钢集团与阿里巴巴联合投资158亿元建设的浙江云计算中心在数字小镇正式投入运行，成为全国单体规模最大、最节能的数据中心，为长三角地区工业互联网、智能制造、智慧城市等项目提供智能服务。培育特色产业开拓"数字赛道"。着力打造数字经济新基建的"浙江队"，先后投资成立浙江省云计算公司、数据安全公司、产业大数据公司等6家"省字头"国有骨干科技企业，布局产业涵盖云计算、大数据、数字安全等数字经济新基建重点领域。目前，省产业大数据公司已接入行业产业大脑41个、重大应用40个、上架能力组件2424个、服务企业超4万家，帮助更多企业更好更快实现数字化转型。发挥战略优势实现"筑巢引凤"。充分发挥数字经济产业基地新优势，与中国电信、中国联通、华为、阿里巴巴、工信部电子一所等头部企业和权威机构成立产业联盟，开展战略投资、股权投资、技术创新、创业孵化等多种形式的互惠合作，先后引入5个新基建重点项目。引入每日互动、安恒信息等领域内顶尖科研机构，联合研发"大数据计算平台"，打造政务数据开放和企业数据流通安全基座。

强化创新点燃发展动力。大力实施创新驱动发展战略，将建设"创新高地"理念融入企业改革发展全过程，以科技创新促进产业转型升级，激发国企改革发展强劲动能。完善创新体制机制。出台"科技杭钢"建设纲要，按照战略支撑创新、产业板块协同创新、子企业实践创新的模式，建立"集团、产业板块、子企业"三级科研创新体系。针对实用性先进性新技术研发、重大技术成果转化等创新成效，杭钢集团内开展创新成果和先进技术评审与奖励，建立健全科技政策情报普及推广机制，强化年度薪酬激励考核，引导子公司以"高投入"撬动创新成果"高产出"，2021年研发投入费用同比增长34.5%。强化科技创新协同。建立"为我所用"的创新模式，对外组建企业共同体、创新联合体等产业技术创新联盟，开展行业关键技术联合攻

| 宁波钢铁厂区
| 杭钢集团／供图

关，推动构建科技与产业、市场、资本高效对接的协同创新生态圈，先后建成省级以上高能级科创平台载体30个，新布局省级创新平台载体10个。与之江实验室、浙江大学、清华大学长三角研究院等高能级科研院所开展创新合作项目20余个，与哈尔滨工业大学合作研发的专用合金粉体新产品已达到国内领先、国际先进水平。攻关关键核心技术。围绕重点培育产业，制订技术攻关计划，大力支持科研单位申报参与国家重大科技计划项目，近年来科技创新成果竞相涌现。在3D打印、碳捕集利用与封存、大数据存储与管理等重点前沿领域实现多项关键性技术突破，先后获得国家、省级科技进步奖6项，其中"钎料无害化与高效钎焊技术及应用项目"获得国家科技进步

二等奖。数字经济领域"杭钢信创云"成为全国第一个通过国家评审、以信创为基础的全国产化云平台,有效填补云服务全国产化信创领域空白。

聚焦市场化经营机制落深落细,以机制变革激发企业活力、提升发展动能

杭钢集团紧紧围绕增强动力、激发活力、提高效率,以机制变革破解转型发展中思想解放不够、改革动力不强、人才储备不足等"老大难"问题,通过加快完善市场化经营机制,推动实现机制"活"、人才"优"、产业"强",激活企业转型发展"一池春水"。

刚性约束,确保"能下能出"。把三项制度改革作为实现市场化经营机制的关键,坚决打破"铁饭碗""铁交椅""铁工资",破除利益固化藩篱,提升干部职工的市场化意识。刀刃向内应减则减。率先从集团总部开刀,按照"全体起立、翻篇归零、双推双考、双向选择"原则,将集团总部职能部门从20个减至10个、在岗员工从422人减至89人,以内外部人才市场方式妥善安排人员"转、调、离",总部"机构缩编、人员消肿、结构优化、职能转换",形成"大集团、小总部、专业化、服务型"的总部架构,为全集团做出改革示范。契约管理应签尽签。全面推进经理层成员任期制和契约化管理,建立以"经营业绩+党建+综合评价"为核心的考评体系,39家一级子企业和60家二、三级子企业实现签约率100%,经理层成员年度综合考评结果与年薪标准挂钩、等次评定与干部任免挂钩,企业管理人员的契约精神、争先意识得到极大调动。拉开差距应下必下。实行全员绩效考核,按照"业绩升、薪酬升,业绩降、薪酬降"原则合理拉开收入差距,同类岗位人员收入差距最大超4倍。设置约束性指标,触碰底线直接扣款并在履职评定中执行"一票否决"。对同一岗位累计3次或连续两年被评为"不称职"的员工进行岗位调整、坚决退出。国企改革三年行动实施以来,管理人员末等调整、不胜任退出人数占比达到4.2%,

2022年11月30日,浙江云计算数据中心正式开服。这是浙江省数字新基建重大标志性项目之一
杭钢集团／供图

实现了从"身份管理"向"岗位管理"的转变。

分类施治,强化正向激励。以完善员工激励约束为突破口,杭钢集团专门成立中长期激励领导小组,统筹用足用好各类改革政策,灵活开展多种方式中长期激励,实现从"要我干"向"我要干"的转变。运用"综改"政策,开展试点激励。用好杭州区域性国资国企综合改革试验各项"政策包"和"工具箱",积极探索建立符合行业特色和企业实际的试点激励措施。针对现代流通板块市场化程度高的特点,开展超额利润分享激励;结合境外子企业实际情况,开展模拟期股激励。试点以来,骨干员工干事创业热情和主人翁意识明显提升,"以业绩论英雄"的激励效果不断显现,2021年现代流通板块利润同比增长90%。运用"双百"政策,推进分层激励。紧抓改革试点契机,推进"双百企业"深层次改革探索,积极打造转型升级"试验田"。所属"双百企业"紫光环保公司自2020年起实施激励机制分层分类改革,一方面,新设"轻资产"专业运营平台,实施骨干员工持股,推动市场化开拓运维业务;另一方面,对新增的"重资产"环保基础设施投资项目,实施投资团队项目跟投捆绑机制,进一步提高新投项目质量。通过"轻重分离",从投、运两端充分激发活力,企业主要经营指标创历史最好水平,2021年营业收入和利润较改革前分别增长95%、122%。运用"科改"政策,实现精准激励。杭钢集团不断发挥科改企业先行先试优势,以点带面激发科技型企业创新动力。所属亚通新材料公司是科研院所改制企业,一直受老股退不出、重资产改不动影响,经营陷入困境。2021年入选科改企业后,确立了"以精准激励为核心、以科创板上市为目标"的改革思路,大刀阔斧攻克资产整合、战投引进、员工持股、股份制改造等难题,实现员工利益与企业效益的深度绑定,员工创业热情高涨,目前公司已顺利进入上市辅导期。

优化政策,激发人才效能。牢牢把握人才这个"关键变量",大力实施人才强企战略,集团层面建立"1套人才新政+2张人才清单+N个配套制度"的"1+2+N"人才工作体系,实现"引育用留"全链条发力。刚柔并济"引才"。围绕产业高质量发展,坚持国际视野、灵活机制,以专班运作、精准引才、团队引进等多种方式引入人才,市场化引进国内行业领军人才7人,柔性聘请乌克兰院士、中国500强高管、国家和地方学会协会负责人、省万人才、非物质文化遗产传承人等专家学者近100人,建成企业发展"智囊团"。与浙江10余所高校(院系)深度合作,以党建共建、实习基地等多种方式实现招聘前移,近三年引进数字科技、节能环保等方面优秀人才850余名。多管齐下"育才"。大力推进创新平台提能升级,以平台吸引专家、增强交流,建成博士后工作站5个、省级技能大师工作室7个,培养享受国务院特殊津贴人才2人,浙江工匠、技术能手等技能人才30余人,市级高层次分类认定人才200余人。大力开展人才培训历练,近年来共开设高级管理和专技人才国外专研班2期、国内中青班3期,开展集团内外岗位交流、边远山区艰苦历练,组建形成200人的优秀青年人才库,在"扛重担、打硬仗"磨炼中发现和提拔年轻干部人才。目前,杭钢集团40岁以下中层管理人员占比较5年前提升了8个百分点。

冶金研究院微通公司生产及回收基地项目投入生产
杭钢集团／供图

不拘一格"用才"。革除论资排辈、隐形台阶、部门壁垒等弊端，逐年扩容"管培生计划"，管培生团队已成为企业专家骨干人才。设立董事长奖励基金，对勇于克难攻坚、重点任务等完成出色的个人、团体予以专项奖励，进一步激发干事创业热情。

杭钢集团牢牢把握国企改革三年行动契机，在传统产业转型升级的大潮中，始终坚持以习近平总书记关于国有企业改革发展和党的建设的重要论述为指引，切实加强党的领导，用全面深化改革的举措、办法和成效解决"成长的烦恼"和"转型的阵痛"，不断释放潜力、激发活力、提升动力，实现企业脱胎换骨、浴火重生，重新迈向高质量发展的"快车道"，交出了一份"干在实处、走在前列、勇立潮头"的传统国企转型发展亮丽答卷。

26

以改革实现
布局之变、创新之变、治理之变、活力之变
推动企业实现新跨越

安徽海螺集团有限责任公司

　　海螺集团以"产业立身、实业报国"为己任,将国企改革贯穿于企业发展全过程,立足传统产业实现高质量发展,聚焦主责主业持续优化调整,以改革实现布局之变;坚定不移实施创新驱动发展,以改革实现创新之变;健全中国特色现代企业制度,以改革实现治理之变;不断完善市场化经营机制,以改革推动活力之变。不断推动企业在高起点上实现新跨越,确保了产业规模、技术创新、经营业绩、环保效益长期位于世界水泥行业前列,走出了一条从小到大、由弱转强的快速崛起之路。

安徽海螺集团有限责任公司（以下简称"海螺集团"）成立于1996年，前身宁国水泥厂为我国"六五"计划的重点建设项目。2003年4月，时任浙江省委书记习近平调研海螺集团下属建德工厂时勉励企业发展目标要远、起点要高，切实造福于人类。海螺集团坚决贯彻落实习近平总书记重要指示精神，落实党中央、国务院关于深入实施国企改革三年行动的部署，将国企改革贯穿于企业发展的全过程，不断推动企业在高起点上实现新跨越，目前已发展成为全球最大的水泥建材企业集团之一。截至2021年底，海螺集团资产总额超2800亿元、营业收入2561亿元、利润总额450亿元，分别较成立之初增长70倍、509倍和280倍。2022年，海螺集团连续4年入选《财富》世界500强，居353位，连续18年入选中国企业500强，控股上市公司海螺水泥被《福布斯》评为亚洲最佳上市公司，CONCH商标水泥销量居世界单一品牌首位，在业内享有"世界水泥看中国、中国水泥看海螺"的美誉。

聚焦主责主业持续优化调整，以改革实现布局之变

海螺集团牢记习近平总书记2020年在安徽考察时关于"坚持把做实做强做优实体经济作为主攻方向"的嘱托，以"产业立身、以实业报国"为己任，数十年如一日聚焦主业主责发展实体经济，无论产业形势如何起伏波动，对不符合企业发展战略和主业方向的领域都坚决退出，再大的诱惑也不涉足，集中精力发展壮大主业，持续优化产业布局结构，大胆探索适应企业高质量发展的改革之路，走出了一条从小到大、由弱转强的快速崛起之路。

乘势而"上"，做强做优做大主业实业。超前进行战略规划和市场布局，提高国有资本配置效率，推动海螺集团主业实现跨越性发展。大力优化产业布局。在全国水泥行业率先打破"全能工厂"建设模式，首创业界瞩目的"T"型发展战略，即在长江沿岸石灰石资源丰富的地区兴建、扩建熟料生产基地，在沿海无资源但水泥需求旺盛的发达地区并购重组水泥产能，发挥长江水路运输的成本优势，完成了在华东市场的产业布局。接

26 安徽海螺集团有限责任公司　下篇

地方国企

海螺水泥"零外购电"水泥工厂
海螺水泥／供图

续实施"立足省内、巩固华东、拓展华南""开发西部、面向全国"等发展战略，全面完成市场的战略整合和布局优化。兼并重组壮大主业。紧紧抓住国家产业结构调整、供给侧结构性改革等政策性机遇，大力实施战略性重组，先后并购重组88家生产型企业，将落后产能全部升级为先进产能，实现了企业产能规模的快速扩张，同时解决了12000多人的就业问题，盘活了100多亿元银行坏账。"走出去"全球布局。蹄疾步稳实施国际化发展战略，统筹国内国际两个市场，推进高水平对外开放，在全球20多个国家和地区拥有40多家境外企业，建成12家大型实体工厂，境外员工达4500多人，成为国内同行业境外投资规模和产能规模"双料冠军"。

蓄势而"转"，延伸上下游产业链。近年来，海螺集团抓住国企改革三年行动窗口期，推动国有资本向上下游产业链、新兴产业集中，构建了"水泥主业树大根深、新兴产业枝繁叶茂"的多元化发展格局。强化"产业互补"。战略性重组安徽国贸集团，推动强强联合，经营范围拓展到供应链建设、房地产及建筑施工等领域，实现了资源优化，为推动多元产业的融合发展做出了有益探索。推动"产业延伸"。引入民营资本成立海螺科技公司，大力发展新材料产业，一跃成为建筑建材外加剂、能源助燃剂和缓蚀阻垢剂行业龙头企业，并于2022年3月入选国务院国资委"科改企业"。实现"产业换道"。成功并购工业固危废处置龙头上市公司海螺环保、河北天河环境、河南嵩基新材料，布局新型烟气分解催化剂等新兴产业，推进新型节能建材向绿色生态装饰建材、节能门窗等领域拓展，进一步增强企业发展后劲。

顺势而"退"，瘦身健体提质增效。聚焦主业精干辅业，持续推进瘦身健体、清退"两非""两资"，助力企业轻装上阵。做强主业。推动资源向主业集中，明确二级企业主责主业方向，加大差异化授权放权力度，建立重大投资事项综合审核机制，前移投前管理、下沉投中管理、强化投后管理，确保投资始终围绕主业开展，健全投资管理闭环体系，提高国有资本配置效率。优化存量。大刀阔斧解决企业办社会、主辅分离等问题，将下属设计院、包装公司、建筑安装公司、信息公司等辅业培育成为新的市场竞争主体，变"脂肪"为"肌肉"。甩掉余量。系统梳理不具备竞争优势、缺乏发展潜力的非主营业务和低效无效资产，按照"一类一方""一企一策"进行治理，对重点亏损子企业逐户督导，坚决止住"出血点"，减少"亏损源"，助力企业提质增效。

坚定不移实施创新驱动发展，以改革实现创新之变

习近平总书记指出，企业是创新的主体，是推动创新创造的主力军。要推动企业成为技术创新决策、研发投入、科研组织和成果转化的主体，培育一批核心技术能力突出、集成创新能力强的创新型领军企业。海螺集团坚持走"创新驱动、数字赋能、绿色转型"的发展之路，坚持创新是第一动力，以科技创新推动企业技术迭代、转型升级，推动产业从"灰色制

造"向绿色"智"造转型。

高投入,厚植科技创新能力。加大研发投入力度。2020年以来,海螺集团研发投入累计达102亿元,其中2021年研发投入达38.3亿元,同比增长19%,为增强科技创新能力打下坚实基础。搭建创新平台。深化科技体制机制改革,搭建了胶凝材料研究中心、高分子材料研究所等17个高水平创新联合体、产业技术创新联盟和公共研发平台,形成了"一中心多平台"的科技创新管理架构。加强人才引育。大力实施"52551高层次人才引进工程""高层次人才智力柔性引进工程""积极推进产学研合作工程""领军人才、青年科技人才、卓越工程师培育工程"四大人才招引工程,面向五湖四海选拔人才,通过高层次人才柔性引进模式将大批知名专家纳入麾下,近三年引育各类高层次人才4000余名,加速集聚一流科技领军人才和创新团队,不断厚植科技创新人才优势。

强攻关,推动科技自立自强。创新攻关机制。实施"揭榜挂帅""定向委托"、重大科技创新项目管理机制和奖励机制,加速关键核心技术攻关。累计取得852项专利,2021年首次跻身"中国大企业创新100强",2022年荣获中国制造业最高奖项"中国工业大奖"。强化联合攻关。构建以企业为主体、市场为导向、产学研相结合的技术创新体系,与国内外一流科研机构和高等院校开展合作,设计建造出新型悬浮预热器、第四代篦冷机、节能立磨等大型水泥环保装备,并形成产业化规模,产品反向出口到发达国家,年大型节能环保装备出口额达20亿元。坚持自主研发。瞄准国际先进水平,加快技术迭代升级,通过引进消化吸收、自主攻关、集成创新,建成了我国第一条日产5000吨新型干法国产化示范线、第一条日产万吨新型干法线、第一个千万吨级熟料生产基地,开辟了我国水泥行业重大技术装备低投资、国产化的先河,推动我国水泥重大技术装备水平实现质的跃升,实现由"追赶者"到"领跑者"转变。

推"三化",创新驱动转型升级。深度融合"四新"技术,加快推进高端化、智能化、绿色化,建成全球第一个水泥窑尾烟气碳捕集纯化项目、全

海螺集团深耕"一带一路"建设——柬埔寨马德望海螺水泥有限公司
海螺水泥／供图

球第一个水泥全流程智能工厂、全球第一个零外购电水泥工厂，以创新驱动引领产业升级。打造"双跨平台"。投入 20 亿元进行智能工厂升级改造，快速推进工业互联网平台建设，孵化 20 余个优秀行业 App，接入各类物联网设备和工艺流程数据 45 余万个，初步建成了水泥智能工厂集群，形成了水泥智能工厂系统解决方案，劳动生产率提升 20%，年增效逾 10 亿元，减排二氧化碳 750 多万吨。推进"两化融合"。统一架构、统一平台、统一入口，促成五级智能生产体系和智慧管理体系有效融合，积极构建"水泥工业大脑"，实时反馈经营决策，快速指导生产，促进信息化与工业化全面融合。完善转化机制。深化数字转型，加快推动 5G、人工智能、物联网、大数据、区块链等创新技术与实体产业融合应用，孵化众多数字产业项目，行业内首个露天水泥矿山无人驾驶矿车、包装机器人、智能质量控制、智慧供应链等新技术项目已初具产业化运作规模，赋能企业高质量发展。

健全中国特色现代企业制度，以改革实现治理之变

海螺集团始终坚持以习近平总书记关于国有企业改革发展和党的建设的重要论述为根本遵循，全面落实"两个一以贯之"，牢牢把握正确改革方向，构建权责法定、权责透明、协调运转、有效制衡的法人治理体系，大力推进治理体系和治理能力现代化，为企业高质量发展提供根本保障。

完善企业法人治理结构，提升治理效能。在完善公司治理中加强党的领导。修订完善集团公司章程，全面完成"党建入章"工作，健全"双向进入、交叉任职"领导体制，集团及 31 家公司级党委均制定党委前置研究讨论重大经营管理事项清单，有效发挥党委把方向、管大局、保落实作用。保障董事会规范高效运行。按照董事会应建尽建、配齐建强要求，推动 323 家子企业实现董事会应建尽建；建立健全董事会专门委员会，为董事会集体决策提供专业意见和建议；全面落实重要子企业董事会职权，建立董事会向经理层授权及经理层向董事会报告制度，强化董事会"定战略、作决策、防风险"功能。充分发挥外部董事作用。参照上市公司独立董事选聘标准，采取组织推荐、个人自荐、委托推荐、公开招聘等办法，遴选出一批理论扎实、经验丰富、专业互补、素质优良的外部董事，组建外部董事人才库，制定出台《所属企业外部董事选聘和管理办法》《外派董事管理办法》，充分发挥外部董事作用，提升公司治理效能。

明确治理主体权责边界，提升决策效能。修订完善"三会"议事规则、"三重一大"决策制度，厘清党委、董事会、经理层等各治理主体权责边界和议事清单，明确决策范围和流程，提升决策效率。分类开展授权放权。围绕产权交易、投资管理、资产评估、境外投资管理、干部选拔任用及薪酬激励 6 个方面，结合不同行业特点及企业规模，分类开展授权放权，二级公司的主业投资金额授权最高相差 300 多倍，决策效率显著提升。实施差异化管控。建立有别于国有全资、绝对控股企业的管控模式，

制定对相对控股上市公司海螺环保差异化管控方案，在投资、人事、分配、用工等方面赋予其更大的经营自主权，进一步释放效率和活力。

持之以恒推进精益管理，提升管理效能。一流的企业必须匹配一流的管理。海螺集团紧抓管理不放松，"向管理要效率，向管理要效益"，持续开展对标管理提升行动，助力世界一流企业建设。革新组织模式。针对经营规模和管理幅度扩大的需要，海螺集团构建了水泥行业内独一无二的部室、区域、子公司"三位一体、相互交叉"的扁平管理架构，通过强大的信息管理网络覆盖所有企业，企业发展到哪里，统一而先进的信息管理和技术就"复刻"到哪里，管理效率和效能大幅提升，目前已在国内外相继组建14个管理区域，统筹各子公司的管理。革新生产模式。在工厂内部，深度运用"新技术、新工艺、新材料、新设备"四新改造，塑造精细化管理模式，海螺水泥被国务院国资委选树为管理提升"标杆企业"。一体化打通生产管控、设备管理、安全环保和营销物流等所有核心区块，将智能技术全面覆盖所有生产经营环节，实现"一键输入、全程智控"的生产模式，建成全球首个水泥全流程智能制造工厂，并在全国100多家水泥工厂推广应用。建立行业领先的智能工厂集群，自动控制投运率保持在98%以上，生产运行周期提升近50%。革新营销模式。针对市场面广、客户散、管控难的痛点，海螺集团在行业率先实施统一销售、统一结算，推行熟料基地、粉磨站、市场部"三位一体"销售模式，实现了自上而下的品牌统一和质量标准统一，特别是实施"款到发货"的结算政策，打破了行业内长期垫资模式，有效压降了"两金"占用，企业资产负债率从高位时的90%下降到20%。

不断完善市场化经营机制，以改革推动活力之变

多年来，海螺集团始终坚持市场化改革方向，聚焦不同发展阶段的体制机制障碍，大胆改革，勇于突破，实现"三能"机制常态化、长效化，极大激发了企业的内生活力动力。

扭住干部人事改革"牛鼻子"。打破干部"铁交椅",全面推行经理层成员任期制和契约化管理,制定《干部选拔任用管理办法》等11项制度,签订经理层"两书一协议",制定科学化、个性化的考核评价指标,突出差异化和可量化,并实现刚性兑现。大力推进管理人员竞争上岗、末等调整和不胜任退出,实行"能者上、庸者下、劣者汰"的选人用人机制,增强竞争意识和担当精神,积极营造想干事、能干事、干成事氛围。进一步优化企业干部队伍结构,三年来选拔调整干部820人次,40岁以下优秀年轻干部占提拔干部人数的58%,激发干部队伍"一池活水"。

构建市场化劳动用工机制。坚持"精准化、补短板、高质量"人才引进新理念,打造校园招聘、社会招聘、内部招聘"三位一体"引才用才体系,搭建数字化招聘平台,实现招聘全流程信息公开,新进员工全部实现公开招聘。深化新时代产业工人队伍建设,畅通"行政序列+技术序列"双成长通道,近三年取得工程师及以上职称2684人,评选"海螺工匠"42人,建立28个省市级劳模(工匠)工作室。创新共享用工、共享服务等新型用工方式,优化生产辅助性岗位,全面提升用工效率,"十三五"期间劳动生产率提升280%。

实施差异化薪酬分配制度。全面构建"业绩导向+精准考核+刚性兑现"的差异化薪酬分配体系,结合集团不同企业的行业周期、产业属性、岗位序列,"量身定制"差异化工资薪酬体系,全员绩效考核实现100%覆盖。构建具有市场竞争优势的薪酬制度,推动薪资待遇向关键技术岗位、突出贡献人员、市场开拓岗位倾斜,完善薪资、科研经费等待遇及科研领头人住房、子女教育等各种保障性激励。

施展中长期激励"组合拳"。用好用实改革"工具箱"和"政策包",分不同条件、不同对象,健全短中长期相结合的激励体系,激活"一池春水"。持续发挥持股平台激励作用,累计激励14000多名员工。积极推进上市公司海螺水泥实行限制性股票计划,实施技术进出口公司等5家企业骨干员工持股,安粮国际等4家企业建立超额利润分享机制。强化业绩考核与激励水平"双对标",打造"共创、共担、共享"的事业共同体,充

全国工业旅游示范点
海螺水泥／供图

分激发企业活力与员工干事创业热情。

建立人才培训赋能新模式。强调理论和实践的融合，实行以"战略为导向、项目为载体、产学研相结合"的联合高校培养研究生模式，以国家级企业技术中心和专业分中心为依托，建立博士后科研工作站。借助一流高校培训资源，开展"线上＋线下"多方位、立体化培训，定期组织干部赴中国科技大学、复旦大学、浙江大学等高校参加高管培训班，举办"海螺大讲堂——创新引领"高端系列讲座，通过"海螺大学"智慧学习平台进行定期培训，多方式多渠道拓展人才培训方式，全方位提升员工素质和能力。

通过实施国企改革三年行动，海螺集团体制机制更加完备、企业活力更加充沛、发展质量更加稳固，确保了产业规模、技术创新、经营业绩、环保效益长期位于世界水泥行业前列。下一步，海螺集团将深入学习贯彻落实党的二十大精神，全面贯彻落实习近平总书记关于国有企业改革发展和党的建设的重要论述，持续深化国企改革，加快推动产业布局优化调整，持续提升企业核心竞争力，加快建设世界一流企业，在高质量发展中展现国有企业新担当新作为。

27

建立"1+9"现代治理体系
坚持"人才至上"工作导向
创新驱动打造全球核心竞争力

江西铜业集团有限公司

  江铜集团以改革的"百谋千计",推动创新的"百花齐放",为实现高质量、超常规、跨越式发展提供了强大的改革攻坚力、制度保障力和创新推动力。坚持加强党的全面领导,打造具有江铜特色的"1+9"现代化治理体系,探索形成以"二不、五专、四心"为核心的法人治理运管方式,更好发挥党组织"把方向、管大局、保落实"作用;坚持"人才至上"工作导向,建立"3416"职级体系、优化经理层成员选用机制、创新薪酬激励政策,推动人才发展体制机制改革全面提速,促进员工活力竞相迸发;坚持"创新驱动"战略,通过攻克关键技术、推动产业升级、打造绿色产业,为打造具有全球核心竞争力的世界一流企业提供强大推动力。

江西铜业集团有限公司（以下简称"江铜集团"）成立于1979年，是中国有色金属行业国际化特大型集团公司，连续10年跻身《财富》世界500强，2022年首次跨入前200强。近年来，江铜集团以习近平新时代中国特色社会主义思想为指引，落实党中央、国务院决策部署，高质量推进国企改革三年行动，坚持"全面融入"强引领、"优化效能"强治理、"动能转换"强发展、"人才至上"强激励、"世界一流"强追求，以改革的"百谋千计"，推动创新的"百花齐放"，为实现高质量、超常规、跨越式发展提供了强大的改革攻坚力、制度保障力和创新推动力。2022年全年实现销售收入5035亿元，利润总额90.16亿元，利税总额170.16亿元，同比2019年分别增长97%、186%、148.4%。

坚持党的全面领导，让党组织成为凝聚人心的"磁力场"

"秉纲而目自张，执本而末自从。"奋进征程中，江铜集团始终坚持和加强党的全面领导，推动党的领导与公司治理相统一，把党的建设引领贯穿到企业改革发展全过程，让党组织成为凝聚人心的"磁力场"、改革发展的"红色动能"，推动各项事业取得新进展、获得新成绩、展现新气象，引领产业发展迈入新征程。

强化政治建设，增强党的引领力

一是强根铸魂，以坚定信念增强红色磁力。江铜集团始终坚持党的领导，致力于发挥党建引领力，为企业高质量发展保驾护航。强政治、谋战略。讲政治是第一要求。坚决贯彻落实"第一议题"制度，把政治理论学习作为党员干部培训的"第一课程"，提升各级领导班子和党员领导干部的政治判断力、政治领悟力和政治执行力。打通"第一议题"向发展实践的转化通道，确保落实"双碳"战略、"数字江铜"等重大任务思路清、方向明、措施实。强改革、促发展。发挥党委领导作用，以"打造具有全球核心竞争力的世界一流企业"为发展目标，坚持管理变革、动力变革和效率变革，在

27 江西铜业集团有限公司

江铜研发中心于2021年6月投用，是一栋集学术报告、高端分析检测和办公功能为一体的大楼。楼高7层，建筑面积约9600平方米
江铜集团／供图

改革中求发展、在变局中谋创新，经济效益保持两位数增长，所属上市公司江西铜业连续15次入选《福布斯》全球企业2000强榜单。持续提升核心技术，闪速炉作业率、铜冶炼综合能耗、铜冶炼综合回收率等10余项核心指标达到世界顶尖水平，铜冶炼物质流智能优化关键技术及应用项目整体技术达到国际领先水平，成功掌握4微米极薄锂电铜箔工业化制造关键技术。

二是精培细育，以统一认识激发内生磁力。江铜集团坚持用思想涵养员工，用事业感召员工，用荣誉激励员工，用情怀凝聚员工。以思想认同为出发点。把"不忘初心、牢记使命"作为终身课题，把广大干部员工的思想认识统一到改革发展大局上来。以讲好"江铜故事"为着力点。把"培育共享价值观"作为打造公司文化软实力的核心，深入挖掘来自基层一线各个岗位

345

的先进典型事迹,编写《江铜企业文化故事》,通过用身边的人讲身边的事,极大增强了广大干部职工干事创业的认同力和凝聚力。以树立"先进典型"旗帜为落脚点。开展"江铜工匠""江铜科技标兵"评选,持续深化"双先"评比、劳模先进人物培育和选树,充分发挥党员干部的先锋模范作用。

三是守正创新,以制度强化企业文化内核。以企业文化建设为牵动,在企业各项制度中体现文化价值观要求,提高企业凝聚力。注重文化落地。秉持"用未来思考今天"的企业核心理念,制定并全面实施《江铜集团新时代行动纲领》《江铜风险文化手册》,开创江铜并购重组企业文化融合模式和跨文化管理模式,鼓励支持所属单位开展子文化建设,形成企业文化"一核多元"发展格局。注重品牌传播。建立江铜品牌识别系统,规范品牌类目管理,通过质量提升、服务增值和形象推介,落实品牌保值增值保障措施,把江铜内涵挖掘好、江铜故事宣讲好、江铜形象展示好、江铜声音传递好。

突出深度融合,增强党的领导力

一是在完善公司治理中加强党的领导。落实"两个一以贯之"要求,推动党的领导与公司治理融合互促。完善党委前置研究讨论机制。2021年,江铜集团党委本级进一步完善了党委会前置研讨重大经营管理清单,确定了34类68项"三重一大"决策内容,对涉及董事会、总经理行政会的重大经营管理决策事项,按照"先党内、后提交决策"的原则进行前置研究,确保党委充分发挥把方向、管大局、促落实作用。实施差异化管理。落实《中国共产党国有企业基层组织工作条例（试行）》,在所属企业规范推进完成党建入章工作,参股但不控股的民营股东控股子公司比照非公有制企业开展党建工作,相对控股并具有实际控制力的子公司,以公有制企业党建工作要求为底线,以独资、全资党建工作标准为高线,差异化落实党组织设立、党建工作开展等要求,充分厘清党组织和其他治理主体权责边界,有力确保党组织参与企业重大决策落实落地。在所属企业党组织中推广开展党委稽核工作,及时督促协调解决企业生产经营和改革发展进程中的重点难点焦点问题,使党委的领导作用得到有效发挥。

二是打造具有江铜特色的现代化治理体系。结合江铜生产经营和改革发展实际，按照"废留改立"原则，对"九大类"435项制度进行全面修订完善，形成科学系统完善的制度体系，为不断深入推进企业治理体系和治理能力现代化奠定了坚实制度基础。构建特色模式。不断丰富完善以大党建为引领，大风控、大科创、大监督、大协同、职位体系、全面预算、对标创标、数字赋能、企业文化为支撑的具有江铜特色的"1+9"十位一体科学治理体系，确保企业管理"一盘棋"，实现"大格局"。创新运管方式。建立了以"'二不'原则，'五专'模式，'四心'目标"为核心的法人治理运管方式，确立"对控股子公司控股不自大、对参股子公司参股不自弃"原则，施行"专门增设机构并明确了投资企业法人治理的管理职能、动态聘任专职董事、制定专职董事管理的专门制度、制定专职董事考核办法、专门开发投资企业法人治理运管信息系统"五专模式，锚定"其他股东对江铜'放心'、对投资企业有'信心'、支持发展能'齐心'、与江铜合作感到'舒心'"的四心目标，不断提升投资企业的运管效能，推动治理体系建设成效显著。

三是党内监督和各方面监管有机融合。始终坚持全面从严治党，坚定不移推进党风廉政建设和反腐败斗争，常态化、规范化开展党委巡察工作，不断巩固和发展公司积极向上向好的政治生态，为建设现代化美丽新江铜营造良好干事创业环境。监督方面，坚持以系统思维推动形成各方面监督合力，构建"五位一体贯通"的大监督体系，有力防范了权力失控、管理失职、监督失效，为公司行稳致远保驾护航。风控方面，完善"全覆盖、可监测、有分析、能应对"的大风控体系，在公司的生产经营中发挥了重要"防护罩"作用，有力确保了企业持续稳健经营和良好健康发展。

夯实党建基础，增强党的组织力

一是强体系。坚持以高质量党建引领企业高质量发展，依托"党建试验田"试点，努力打造国企党建"江铜样板"。开展体系建设。创造性探索建立了以"统筹领导、高效协同、资源整合、上下贯通"为主要特征，以"一纲要、两系统、一手册、一平台"为主要内容的新时代江铜大党建

江铜集团贵溪冶炼厂智能转运厂房。江铜"基于大数据的智慧冶炼知识平台"是铜冶炼领域唯一入选国家2021年大数据产业发展试点示范项目
江铜集团／供图

体系,不断增强江铜党建工作的规范性、时代性和引领性。完善党委统筹领导体制机制。搭建党政之间深度融合、党建业务高度融通的协同工作机制,推进党建资源保障标准化规范化建设,厘清各级党组织权力清单和责任清单,促进党建责任体系、考核评价、创新活力上下贯通,推动各级党组织、全体党员及党务工作者为新时代江铜集团党建事业增光添彩,努力打造国企党建"江铜样板"。

二是强示范。不断创新"支部建在连上"方式。领衔开展铜产业链党建试点工作。把"组织链"嵌入产业链,联合江西国泰集团、南京港(集团)、北京大学南昌创新研究院、随锐科技、华北铜业、耐普矿机、南亚新材料7家链上企业组建铜产业链党委,把江西省铜产业创新联合体党委纳入直属党组织,增强铜产业链党建创新活力和特有优势,持续推动铜产业链党建实践创新、模式创新和制度创新,引领推动产业链、供应链、创新链融合发展，构建起链上企业以高质量党建引领高质量发展"生态圈"。链上企业党组织常态化开展党建共建活动，围绕科技创新、人才培育、业务合作等重要合作项目，联合设立党员责任区、党员示范岗、党员突击队、党员服务队等载体近600个，把党组织政治优势有效转化为发展优势和竞争优势，有力提升了产业链上企业的综合竞争力。加强境外党建工作。出台加强境外党组织党建工作实施意见，成立哈萨克斯坦杰特苏钨业公司党支部、墨西哥兴铜公司党支部两个国外党组织和江铜香港公司境外党总支部，做到了国（境）外党组织党建工作标准不减、质量不降。

三是强攻关。持之以恒发挥基层党组织战斗堡垒作用，各单位党支部利用多种平台载体，积极组织党员"揭榜挂帅"，每年落实党支部特色项目300余个。江铜研究院第一党支部党员技术骨干主动认领攻坚任务，2021年研发出世界首台消泡机，研发周期较原计划压缩15个月，创造经济效益超千万元，在煤炭、石油选矿等领域有着广阔的应用前景。

坚持创新驱动，让产业发展成为集聚力量的"黄金台"

创新是第一动力。江铜集团坚持把科技创新摆在发展全局核心位置，以科技自立自强、数字化智能化赋能、绿色生态优先为追求，营造持续向上向好向优的创新氛围。

紧扣创一流，在攻克关键技术上"下苦功"

一是深化创新体系改革，调动创新活力动力。重塑科技创新制度机制，大刀阔斧推进科技创新体系改革。改革科研决策机制。改革和强化总部科技服务管理职能，成立由主要领导亲自挂帅的集团科技创新委员会，建立了主要领导定期督导、分管领导实时协调、科创委办公室日常督办、专家委员会主导科研决策的领导和推进机制。加大政策支撑力度。创新政策能给尽给、应给尽给，建立完善科技开发、揭榜挂帅、成果转化、专利管理等全系列制度，明确各创新主体定位，畅通科研项目全生命周期管理，给予确定性政策预期，为推动创新夯实制度根基。完善创新激励措施。修订完善或制订出台转化收益分成、科技进步奖励、自主科研立项、专项考核等有关激励举措，加大正向激励力度，科研人员积极性大幅提升。2020年以来，累计产生588项科技创新创效成果，年创效超10亿元，对其中55项科技成果转化项目进行表彰奖励，累计奖励金额超过4000万元。

二是强化创新资源投入，释放创新策源能力。不断加大研发投入、完善队伍建设、强化协同创新，营造积极向上的创新生态。加大科技投入力度。遵循"必须"原则，不设投入上限。2020年以来累计完成科技投入超160亿元。投资近4亿元完成9000余平方米研发中心、2万余平方米的中试基地建设及相关科研设备配套，新增尖端检测仪器和先进研发设备600余台（套），基本建成行业一流、国内领先的产业科研基础设施体系。提升平台功能。全面打造国家铜工程中心、"科创中国"江铜创新基地等五大国家级平台，提升江西省院士工作站、江西省铜产业科技创新联合体等六大省级平台能级，富有江铜特色的科创平台体系效能得到充分发挥。广聚科技英才。目前已形成10余名首席科学家领衔、近100名博士专司科研、数千名科技工作者共同组成的科研大军，科技创新策源能力显著提升。

三是面向产业主战场，提升科技攻关实力。始终把产业主战场作为科技创新的攻坚方向，推动实现科研成果落地产业化。明确攻关方向。系统梳理行业共性关键问题，结合自身高质量发展需要，明晰了采选冶绿色升级、数字智能化转型、铜基新材料开发等重点科研发力方向。加强校企联合。坚持开放、包容、共享原则，牵头组建江西铜产业科技创新联合体，全面加强与中科院各专业所、中南大学、矿冶科技集团等一流科研机构战略合作，开展产学研一体化协同攻关。创新成果不断涌现。坚持自主创新和协同攻关紧密结合、齐头并进，近三年来先后在石墨-铜（铝）复合材料、适配5G应用的高频高速铜箔、铜阳极泥高效综合回收、铜冶炼物质流智能优化关键技术及应用等科研领域取得突破性进展，多个成果已成功落地产业化并实现进口替代。累计获得省部级以上科学技术奖励11项，其中一等奖6项。

聚焦转高端,在推动产业升级上"动脑筋"

一是深化改革盘活存量,优势产业升级发展。围绕铜全生命周期,持续优化配置,推进内外部资源整合,退出低效无效资产,持续推进产业集聚和转型升级。推进重点领域的专业化整合。推进铜、黄金、铅锌、硫化工、金融、贸易、新材料、装备制造等业务板块高质协同发展,推进所属工程企业优化整合,实现高度的战略统一、资质集中、资源适配、人才富集、业务归集,全力构建覆盖有色金属采选冶加全流程一流建设施工企业。推进瘦身健体、提质增效。纳入管理层级和法人层级压减方案的23个任务全面完成,公司治理在"轻装上阵"中更加精简、优质、高效。通过剥离清退低效无效资产、剥离企业办社会职能等措施,不断完善产业布局、优化产业链结构,将优质资源、要素集中到主责主业。

二是科学配置管好增量,新动能积蓄增强。面向产业链价值链制高点,不断完善业务布局,优化业务组合,强化业务协同,提高国有资本配置效率。抢抓市场机遇完善战略布局。运用并购投资等手段,规模化协同化开发优质资源。收购"恒邦股份"公司,从此拥有双上市平台;组建"江铜宏源"公司,投入运营当年即实现达标达产;进军墨西哥、哈萨克斯坦铜、钨矿产资源,抓紧为公司接续未来资源。加大战略性新兴产业培育力度。以新能源汽车及5G技术等新型基础设施建设需求为导向,加快新型高端铜基材料加工及新型铜合金研发和产业化。做大高性能半导体热电、光电、耐热合金等新材料领域,推动碲化铋、碲化镉、含铼合金等器件及其应用产品产业化,半导体智能温度调节器生产线顺利投产。组建江铜产融,充分发挥金融服务实体产业作用,助力实体产业不断做强做优做大,同时以股权投资形式布局新材料、新能源、节能环保、新一代信息技术、高端装备、通用器件升级6条主线,发掘一大批产业链优质标的,与成都锦江区政府合作设立白鹭湾产业基金,推进产业链生态圈加速布局、发展。加快核心产业市场化资本化步伐。成立江铜铜箔,引入10家战略投资者,顺利实现从江西铜业的分拆,并成功申报深交所上市,国有资本功能有效放大。铅锌板块以上市为

2022年8月,中共江西省铜产业链委员会正式成立
江铜集团／供图

目标,对5家子公司完成实质性整合,形成母子公司架构,正在加快推进上市,未来资本市场的"江铜红"将越来越闪亮。

三是推进数字化智能化,为企业转型发展赋能。抢抓发展数字经济机遇,强化5G、大数据、人工智能等现代信息技术赋能,着力打造数字江铜,实现跨界融合。强化顶层设计。编制《数字江铜顶层设计》,以提升江铜智能生产能力、资源协同能力、运营协作能力、风控管理能力、党建数字化能力、智慧决策能力六大核心能力为目标,从发展规划、管理机制、试点单位等方面全面部署路线图,带动集团全面、系统、高效实现数字化转型升级,推进关键生产要素、管理要素的全面数字化变革,力争到2024年50%核心企业实施数字化,到2026年在所属企业全面推进数字化。推进数字赋能。着力推动"铜锐"行业工业互联网平台建设;通过云网架构、三网融合、智能系统等10个应用场景,推动江铜全产业、全方位、全链条数字化转型。自主研发世界首条极板无人智能化转运生产线,12道独立而复杂的炼铜工序实现了全流程自动化"一步到位",形成了具有江铜特色的智慧冶炼新模式。构建产业生态。在露天矿山、井下矿山、铜冶炼、铅锌冶炼、铜加工、工业园区、江铜云、数据治理八大方面，全力构建具有江铜内核的产业化数字新生态。"基于大数据的智慧冶炼知识平台"成为铜冶炼领域唯一入选国家 2021 年大数据产业发展试点示范项目。

聚焦谋长远，在打造绿色产业上"出实招"

一是实施绿色战略。发布《江铜集团碳达峰碳中和战略规划》，围绕打造世界有色金属高端产业链、低碳供应链、绿色价值链"三大战略定位"，推进实施九大"双碳"重点行动。推动以"生产运营、能源结构、产品供给"为核心的绿色转型，取得了源源不断的丰硕绿色发展成果。三年来，万元产值能耗从 94.1 千克标煤降低至 68.3 千克标煤，降幅近 1/3，年节约总能耗 1.8 万吨标煤。

二是推动绿色发展。加大环境保护力度，坚定走好绿色发展之路。加大环保投入力度。近三年来，共投入环保运行经费超 96 亿元，生态治理资金近 15 亿元，生态复垦面积累计达到 1100 余公顷，主要生产单位全部完成绿色矿山（工厂）创建，其中 6 家列入国家级绿色矿山名录库，国家级绿色工厂达 10 家。注重资源循环利用。推动所属企业开展废渣选铜、废水提铜、烟气制酸、余热发电等资源循环利用，每年从废石、尾矿和酸性水中回收的铜金属量达 4.87 万吨，产生循环经济效益数十亿元，真正实现绿色健康可持续发展。

三是实现绿色转型。积极践行绿色发展理念，在促进行业绿色转型中发挥带头作用。发展循环经济。契合市场节能、低碳、环保需求，成功研发大螺旋角内螺纹管、新能源线缆等多个"江铜造"高端铜加工产品，广泛应用于家电、医疗、航天等领域。成立环境资源公司、万铜环保公司、鑫铜置地公司，成功控股在矿山生态恢复领域具有雄厚实力的广东桃林公司，积极介入固废处理和综合利用、生态修复改良等绿色环保产业，为公司环境治理能力和综合效益全面提升开拓了广阔新"蓝天"。搭建实践交流平台。联合江西省内 40 余家企业，组建了"江西省企业自愿减污降碳联盟",共同探索实施产业降碳、能源减碳、技术脱碳、制度控碳、生态固碳等举措,主动扛起引领"减污降碳"行动的企业社会责任。

坚持人才至上,以成果共享成为激发活力的"动力源"

人才是第一资源。江铜集团坚持人才发展与企业改革发展同步谋划、同步推进,紧紧围绕"强力建设三个领军、三个领先、三个典范现代化美丽新江铜"战略,加快三项制度改革,推动人才发展体制机制改革全面提速,人才工作的"四梁八柱"已然成型。

以深化人才体制机制改革"破定式"

一是推动人才体制机制改革。加快形成有利于人才成长的培养机制、有利于人尽其才的使用机制、有利于竞相成长各展其能的激励机制、有利于各类人才脱颖而出的竞争机制,形成人人渴望成才、人人努力成才、人人皆可成才、人人尽展其才的良好局面。坚持统筹推进。出台《江铜集团深化人才体制机制综合改革实施方案》,完善社会化招聘机制,员工公开招聘比例达到100%,引才平台由"筑巢引凤"向"为凤筑巢"转变。坚持重点突破。加快培养聚集紧缺高层次人才和战略性储备人才,大力推进科研人才"长家分离",全面打通研发人员技术晋升通道。先后从中科院、北京大学等一流科研单位引进13名领军人才分别担任特聘科学家、首席科学家,组建了由100名博士构成的专职研发团队,铜合金、碳纳米、稀土材料等领域研发实力大幅增强。坚持优化配置。建立内部人力资源市场,针对进入内部人力资源市场的优秀员工、绩效末等员工和岗位富余员工,从制度上优先保障优秀员工跨岗位交流权利,从机制上推动绩效末等员工退出岗位进行培训,打破了内部单位墙、部门墙,并从程序上引导岗位富余员工竞争上岗,有效实现了员工"能进能出""能上能下"的有序流动和人才资源优化配置。

二是构筑人才发展体系。建立健全以岗位管理为基础的市场化用工模式,全面推行市场化薪酬分配机制。建立3416职级体系。为引导广大员工立足岗位勤奉献、成长成才争贡献，系统施策深推"3416"（3个晋升条件、4序列晋升、16级发展）员工职位体系，彻底打破员工固有职位只升不降惯性思维，让每一个努力奋斗的人都能被看见。实行职位动态管理。对员工职位的晋升、保级、下降实行动态管理、定期调整，实现跨部门、跨专业全员大排名。根据大排名，每年至少有3%的末位员工进行职位降级。将员工考核排名前后、职位升降与收入硬挂钩，通过常态化的收入"能增能减"，拉开绩效优秀员工与绩效末等员工的收入差距，激励员工自主提升工作业绩，实现"要我干"到"我要干"的蝶变。

以优化经理层成员选用机制"塑生态"

一是加大经理层成员市场化选聘力度。为进一步提高企业经理层队伍整体素质和专业化水平，加大市场化选聘和选拔力度。加快"试点"推进。出台《职业经理人制度（试行）》及配套考核管理办法，以江铜国贸、深圳控股等市场化程度较高的子企业为重点，推进董事会选聘经理层和职业经理人试点，打通现有经营管理人员与职业经理人的转换通道。抓住"关键少数"。各试点子企业党组织对本级董事会选聘职业经理人的定位为"管原则、管标准、管程序、管纪律"，选聘方案由本级党组织审议，再通过董事会审议，最后报上级党组织批准实施，有效保障了选聘人员的专业能力和政治素质"双过硬"。加大授权放权力度，充分发挥"一把手"抓班子、带队伍作用。

二是推行任期制和契约化管理。全面推行所属企业董事长和经理层任期制和契约化管理，有效激发干部人才队伍创新创业活力，企业改革发展动力持续增强。全面落实经理层成员任期制和契约化管理。制定所属法人企业经理层成员任期制和契约化管理暂行办法及推行方案、所属法人企业经理层经营业绩考核和薪酬管理指导意见，与232名经理层成员签订了岗位聘任协议和年度经营业绩责任书、任期经营业绩责任书，突出了经理层的任职要求、考核目标和工作任务的"三明确"，进一步完善了激励与约束并重的市场化用人机制。实施差异化考核。针对不同单位，按照分工及重点工作设置不同指标，根据指标完成情况，经营业绩考核结果应用于薪酬分配，刚性兑现。

以创新薪酬激励政策"增活力"

一是健全差异化薪酬分配制度。健全完善市场化薪酬分配制度,探索形成多种形式的薪酬体系。实施差异化分配。区分非法人单位和法人单位、主业单位和辅助服务单位,实行差异化绩效考核,实现差异化薪酬分配。对于不同类型的人才队伍。实行灵活多样的薪酬体系,用好协议工资、项目工资等分配方式,构建局部薪酬高地,形成对高层次人才的"磁吸效应"。

二是强化重点人才激励。强化关键人才激励机制,拓展人才职业发展空间,最大限度激发人才创新创造活力。稳步推进中长期激励。推动监管企业建立实施中长期激励机制企业名单,灵活运用国有控股上市公司股权激励、科技型企业股权或分红激励、员工持股、超额利润分享、骨干员工跟投等多种中长期激励方式。目前,有4家混合所有制子企业实施员工持股,核心骨干持股人数占80%以上。加大科技创新人才激励力度。鼓励科技创新人才科技成果转化和收益分成,通过科研项目经理制、优秀人才个性化培养、博硕士破格提拔任用等机制,使参与关键核心技术攻关的科技领军人才和创新团队的薪酬水平具有市场竞争力。江铜研究院以"科研项目经理制"的开放模式,以及灵活的薪酬方式,千方百计引进了宁波材料所的一位行业领军人才,推进铜基新材料研发工作取得重大突破,现已能稳定制备"金刚石-铜"复合材料,其热导率和热膨胀系数性能达到国际先进水平。

改革没有完成时,只有进行时。在改革发展新征程中,江铜集团将始终坚持以习近平新时代中国特色社会主义思想为指引,认真学习宣传贯彻落实党的二十大精神,始终坚持加强党的全面领导,始终坚持全面深化改革,始终坚持实施创新驱动发展战略,始终坚持人才至上的工作导向,更好地肩负起"实业强国、产业兴国、铜业报国"的神圣使命,不断提升公司治理体系和治理能力现代化水平,力争以更强劲的改革攻坚力、更优势的创新增长力和更显著的行业影响力,打造具有全球核心竞争力的世界一流企业,为以中国式现代化全面推进中华民族伟大复兴贡献新的更大力量。

28

狠抓三个"关键" 纵深推进改革 打造世界一流汽车企业集团

广州汽车集团股份有限公司

广汽集团深入贯彻落实国企改革三年行动部署要求，始终坚持以改革创新激发企业活力、引领企业发展。着力构筑权责清晰的治理体系、灵活高效的管控模式、分层分类的管理模式，打造更加适应改革发展要求的决策"中枢"；把创新驱动发展作为核心战略和总抓手，以深化创新体制机制改革加快推动企业自主创新能力提升，关键核心技术掌控力不断强化；狠抓汽车主业实业不放松，聚焦汽车产业链上下游精耕细作，持续加快资源整合、产融结合、转型升级，推动产业链上下游优势资源集聚促进主业创新发展，成为国内首家实现"A+H"股整体上市的国有汽车企业。

广州汽车集团股份有限公司（以下简称"广汽集团"）成立于 1997 年，是广州市国资委直接监管的 A+H 股上市国有大型控股股份制企业集团，业务涵盖研发、整车、零部件、商贸服务、金融和出行六大板块，是国内产业链最为完整的汽车集团之一，拥有数十种知名品牌汽车产品，自主民族汽车品牌广汽传祺和广汽埃安得到国内消费者广泛认可，广汽集团连续十年入围《财富》世界 500 强排行榜，2021 年位居第 176 名。

2012 年 12 月 9 日，习近平总书记在广州主持召开经济座谈会，听取广汽集团汇报后，鼓励广汽集团要大力发展自主品牌。不断改革创新是广汽集团与生俱来的基因。在"广州人能不能搞工业"的质疑声中，广汽集团拿出改革的魄力和勇气，坚持自主研发与自主品牌"双轮驱动"，加快推动集团转型发展。特别是国企改革三年行动以来，广汽集团狠抓改革三个"关键"纵深推进改革攻坚，狠抓规范治理这一关键"中枢"，狠抓主责主业这一关键"命门"，狠抓自主创新这一关键"法宝"，以改革创新激发企业活力、引领企业发展，实现汽车产销规模持续提升，连续三年产销量双双突破 200 万辆，产销规模跃升至全国汽车集团第四位。

狠抓规范治理这一关键"中枢"，高擎科学治理之匙

广汽集团深入贯彻落实国企改革三年行动部署要求，持续完善公司治理，进一步科学界定各治理主体的权责边界，健全权责法定、权责透明、协调运转、有效制衡的现代公司治理机制，不断规范各治理主体参与公司治理的程序和途径，打造更加适应改革发展要求的决策"中枢"。

构筑权责清晰的治理体系。坚持党的领导与公司治理有机统一。广汽集团坚持"两个一以贯之"，积极推进"党建进章程"按要求实现全覆盖，全面落实"双向进入，交叉任职"领导体制，确保党组织内嵌到公司治理结构之中。修订完善党委决定事项清单和党委前置研究讨论重大经营管理事项清单，明晰党委"定"和"议"的具体事项 14 项和 49 项，推进党委

28 广州汽车集团股份有限公司

广汽智能网联新能源产业,打造全球智联新能源汽车创新硅谷
广汽集团／供图

会前置研究重点把关董事会决策,推动前置研究更加聚焦4个"是否"标准和重大事项的把关定向。打造科学高效的决策主体。引入积极股东参与公司治理,广汽集团11名董事中有3名外部董事为小股东提名的汽车行业和金融领域高管,4名独立董事为境内外法律、财务会计、战略管理领域知名专家。建立160人的外部董事队伍,推动110家纳入应建范围的各级子企业全部设立外部董事占多数的董事会。广汽研究院开创性实施模拟法人运作设立董事会,广汽埃安引入战略协同的外部董事,进一步加强自主品牌董事会协同机制,提升自主品牌决策效能。建立系统完备的制度体系。制定完善"三重一大"决策制度、各治理主体议事规则等,明确股东大会、党委会、董事会等治理主体的权责划分及审议决策的具体事项,厘清各治理主体权责边界。健全《董事会议事规则》《独立董事制度》《董事会经费管理办法》等一系列制度,建立董事意见跟踪反馈机制,明确董事会经费的预算、用途及使用规定,为独立董事提供合理津贴,为董事购买

保额达 2000 万美元的董事责任险,强化董事履职风险保障。

构建灵活高效的管控模式。深化总部机构改革。实施"大部"制,整合部分职能相近、交叉不清的部门,广汽集团领导班子成员从最多时的 24 人精减到 11 人,总部从 42 个部室合并成 8 个本部。新成立自主品牌经管会、投资发展部、金融本部、国际业务部、数据信息本部等部门机构,强化在自主品牌、投资布局、产融结合、国际化、数字化发展等领域的管控力度和管控能力。精减内部管理层级。通过股权划转、吸收合并等方式完成 47 家所属企业的压缩精简,由最多的 5 级法人全部压缩至 3 级以内,涉及资产逾 110 亿元。以广汽埃安为试点,开展敏捷组织变革,取消科、系级架构和副部长行政权,形成"总经理—分管领导—部长"三个管理层级,着力打造"横向-扁平"的敏捷组织体系,精减人员 120 多人,实现管理流程优化简化,单环节的平均审批时长从 19 天缩短至 4 天,全流程审批节点从 98 天缩短至 27 天,流程效率提升近 70%。健全风险管理体系。全面推进企业内审管理体系建设,落实内审机构由董事长分管、向董事会报告制度。开展审计管理改革,完善集团总部审计管控方式,充实研发、工程、信息系统等审计专业人才力量。搭建"集团—板块—企业"与"核心指标+辅助指标"相结合的全面风险指标体系,建设全面风险管理平台及数据风险分析模型,提升风险管理管控效果效率。

探索分层分类的管理模式。科学分级授权。制定《分级授权管理办法》,明确股东大会对董事会的 27 项授权,董事会对总经理的 27 项授权及经营层副职行使的 7 项职权,对日常性、持续性事项实行年度授权管理,累计减少"三重一大"党委会决策事项 32 项、董事会决策事项 11 项,有效精简决策流程、提高决策效率。严格落实经营层对董事会负责、向董事会报告机制,经营层每年两次定期向董事会报告经营计划完成情况,重大经营事项按需组织专题报告。实施分类管理。根据企业实际情况,在党的建设、审计管理等领域试点推进"一类一策"差异化管理。党建方面,将投资企业党组织管理模式划分为国有企业模式、共同控制企业模式、非公有制企业模式三种类型，根据不同企业性质提出差异化党建工作要求。审计管理方面，按照股权结构及企业实际，将二级企业划分为直接管理类、督导管理类和指导管理类三类，采取集团审计部直接审计、进行审计指导、提供业务咨询和技术支持等方式分类施策，提升审计监督效能。

狠抓主业实业这一关键"命门"，锚定汽车强企之路

国企改革三年行动以来，广汽集团始终坚持狠抓汽车主业实业不放松，聚焦汽车产业链上下游精耕细作，通过整合资源、瘦身健体，加快产业链上下游优势资源集聚促进主业创新发展，稳扎稳打，实现"后来居上"。

整合资源聚力主业发展。围绕主业实施战略性重组。作为广州市国企改革首批授权的四大板块之一，面对一大堆"散、乱、差"的归口企业，广汽集团围绕汽车主业这一战略定位，通过战略性重组进行内部"消化吸收"，改革重组了百余家企业，其中亏损企业占90%，完成17000名退休人员社会化管理，分流员工22000多名。分板块开展专业化整合。国企改革三年行动开展以来，广汽集团通过股权合作、联合开发、共建产业生态圈等方式，推动开展了近30次专业化整合，涉及整合企业43家。在整合过程中，广汽集团将有用的资金和资产剥离出来，通过人财物的集中，组建形成研发、整车、零部件、商贸服务、金融五大业务板块，打造成为国内拥有完整产业布局的国有汽车企业之一。加快"两非两资"清理退出。成立广悦资产管理公司，专门处置不良资产，对不具备竞争优势、缺乏发展潜力的非主营业务（企业）和低效无效资产进行清单管理，通过工商注销、强制清算等方式全面完成21家存量"两非两资"企业处置。积极处置盘活"僵尸企业"等非正常经营企业，完成32家企业销号、45家"僵尸企业"出清，涉及不良资产上百亿元，解决了许多历史遗留的"老大难"问题，卸下包袱、轻装上阵，更加专注于汽车主业发展。

产融结合助推主业发展。强化融资保障。广汽集团通过并购、换股吸

2022年12月30日,广汽埃安首款纯电超跑——埃安Hyper GT正式亮相,填补了世界纯电超跑无量产的空白
广汽集团／供图

收等方式实现了"A+H"股的整体上市,是国内首家实现"A+H"股整体上市的国有汽车企业,实现了产业资本与金融资本的有机对接,上市以来共获得超474亿元的直接融资额度。基于强大的资本运营平台,广汽集团启动150亿元非公开发行A股项目,大力推进广汽埃安混改上市,已完成A轮融资,投后估值上千亿元,为智能网联新能源汽车核心技术和零部件研发注入强劲资本动力。优化产业布局。先后成立广汽汇理、众诚保险、广汽财务、广汽资本、中隆投资等企业,完善汽车贷款、保险、投资、租赁等金融板块布局,助力解决销售商经销商库存融资、贷款购车和终端客户汽车租赁、购买汽车保险等问题,更好为主业发展服务。通过股权投资、合资合作、战略合作等多种方式,入股禾多科技、粤芯半导体等国内知名的"硬科技"企业,加强与赣锋锂业、遵义能源矿产等产业链上下游企业合作,进一步优化汽车产业布局。

数字化赋能主业发展。坚持体制先行。加强集团层面统筹推进,因企制宜设计"统一组织、两级架构"的数字化转型体制,确立统一规划、统一团队、统一建设、统一标准和统一投入的"五统一"原则，将数字化转型职责赋予下属企业大圣科技，负责数字化项目具体落地执行和数字化人才集中管理。加强规划引领。结合广汽集团"十四五"规划，由集团总部统筹启动"数字化转型加速器"行动计划，通过"广覆盖"和"强聚焦"，开展全局性的规划部署，制定数字化转型愿景目标，打造全价值链智能运营体系，为数字化转型描绘三年滚动实施路径，助力各板块业务提质、管理提效、创新提速、技术提强。强化项目驱动。在财审领域，建立财务核算一体化平台，实现 250 家以上投资企业凭证级别数据透明化。在自主品牌营销领域，通过打造直连用户的全域流量用户运营体系和统一的客户端平台，实现线上成交比例达 60%。在主机厂端领域，围绕供需业务打造智能供需平台，平均库龄降低 40%，大大缩短用户交车周期。数字化转型实施三年以来，广汽集团形成了一支近 400 人的数字化核心队伍，实现财务月报周期缩短 50%、自动化率达 98% 以上，各项业务运行效率不断提升。

狠抓自主创新这一关键"法宝"，勇添转型升级之翼

广汽人深知"核心技术靠化缘是要不来的"，必须要把核心技术牢牢掌握在自己手中。借助国企改革三年行动的春风，广汽集团始终把创新驱动发展作为核心战略和总抓手，把人才作为企业创新发展的生命线，不断加快改革步伐，科技创新对企业高质量发展的支撑与驱动作用日益凸显。

构建研产销柔性协同机制。设立自主品牌经营管理委员会。广汽集团主动适应汽车产业快速变革形势，设立自主品牌经营管理委员会，负责协调自主品牌产品规划、商品企划、生产研发销售等职能。经管会下设产品、质量、采购等 7 个专业委员会，建立定期会机制，协调解决自主品牌研发、生产过程中的问题，统筹自主品牌开发前端的产品规划、用户研究、市场分析工作，使技术创新规划、产品设计开发、产品结构迭代等更加贴近市场变化和用户需求。推行车型项目大总监体制。搭建大总监团

队组织架构,纵向以车型为单位,每个项目设立一名车型总监,为车型开发的总负责人,对车型的整体成败负责;横向设置市场、开发、生产、综合、海外5名专业领域总监,对各车型专业领域负责。明确大总监团队车型开发责权利关系,拉通企划、开发、生产、销售等各领域工作。大总监通过自主报名、择优选聘和组织认定的方式选聘,目前已累计任命17名车型大总监,基本实现自主品牌车型全覆盖。整合新能源汽车研产销资源。广汽埃安借助混合所有制改革契机,整合新能源汽车研产销职能,将广汽研究院新能源技术中心的新能源三电系统相关的研发人员成建制转入广汽埃安,将同时服务新能源汽车和传统汽车的科技人员仍保留在广汽集团,广汽埃安通过委托研发等模式使用广汽研究院的相关研发设备和技术,在行业内首次打破传统车企在研发、智造、销售等环节的内部分包模式,实现了新能源汽车公司内部研发、生产、销售一体化协同,进一步提升了整体决策效率和市场反应速度。

打造创新人才高地。加大人才引进力度。在硅谷、洛杉矶等设立海外研发中心,拥有海外高层次人才创新创业基地、国家引才引智示范基地、博士后科研工作站等国家级创新平台,先后从美国、德国、日本等15个国家引进了50余名行业顶级专家、120名高层次专家,其中国家级特聘专家5人。加快汽车人才培育。与清华大学、中山大学等多所国内重点院校开展人才战略合作、科教协同融合,搭建校企联合培养基地,强化专业设置和产业需求、课程内容与职业标准、教学过程与生产过程的"三对接",加快打造汽车科技人才。目前,广汽集团拥有一支由海内外高端专家团队领军的超5000人的技术研发团队。加强人才动态管理。以"建设规划+通道设计"加强研发人才队伍顶层设计,定期开展研发人才盘点,了解人才数量和结构信息,识别科技人才队伍缺口,建立人才队伍总量动态管理机制。在研发中心筹划实施"328工程",即构建一个含30个领军层、200个精英层、800个骨干层的核心技术人才金字塔,通过开展"专家推荐制+评委会审核制",准入更严格、人才识别更精准。畅通人才发展通道。建立纵向晋升机制，位于专业通道上层的"首席科学家""院级总师"地位和待遇水平等同甚至高于企业高级管理人员。打开横向贯通机制，鼓励研发人才跨序列流动，为科技人才提供更大的发展空间。在研发中心推行管理人员竞争上岗机制，连续开展6届管理人员竞争上岗，平均聘用比例为74%，干部上下凭"真技术、硬实力"，真正实现"战场有良将，良将有战场"。

健全科技创新激励机制。推行车型项目"同担共享"机制。在各车型项目团队建立与车型销量、排名、市占率和收益等指标直接挂钩的激励机制，设立"同担共享"金返还和"同担共享"激励金。其中，"同担共享"金返还主要考核SOP（车型量产）节点及销量，未准时SOP或销量未达考核指标，部分甚至不返还本金；激励金主要考核车型销量和收益，达到激励考核指标，年度最高可以实现5倍本金激励。目前，已在影酷、M8等5个自主品牌开展"同担共享"激励，真正将团队激励与项目效益绑定，实现"风险共担、利益共享"。实施核心员工持股。发挥"双百企业"政策优势，结合自身特点探索制定完整详细的持股方案，在国内汽车行业中首家实施科技人员"上持下"员工持股。对持股人员设定了在岗服务关系、岗位科技属性等筛选门槛，并制定了科技人才资质、科学技术成果奖励、知识产权成果、专业技术职称等量化筛选维度及评分标准，通过科学客观的量化标准体系遴选出符合持股条件的科技人才，更好激发研发人员创新活力、留住关键人才，有力推进新能源车事业发展。深化公司股权激励。截至目前，广汽集团已累计实施了三期股票期权及限制性股票激励计划，共计激励6228人次。2020年，广汽集团创新性地启用了"限制性股票+股票期权"相结合的复合型激励方法，按照1∶1比例配置股份，相较股权激励，需要核心员工提前出资认购限制性股票，"等待期"后待公司达成先前约定的利润、净资产收益率、研发投入强度等业绩条件，以及个人考核条件达标后方可分批解锁，更加强化激励与业绩之间的绑定、员工利益与公司发展的绑定，充分调动核心员工团队积极性。

加快提升自主创新能力。持续加大研发投入强度。近年来,广汽集团成立能源生态、电池、电驱动等科技公司,自主品牌累计研发投入超过300亿元,研发投入强度7.5%,成功掌握了"弹匣"电池、三元锂电池整包针刺不起火、A480超充桩和智驾互联生态系统等多项行业领先技术。目前,广汽集团自主研发累计有效专利申请超12000件,其中发明专利占比超40%,具备了完整的燃油车、新能源车整车和发动机、变速箱等核心部件研发能力,在国家认定企业技术中心评价最高名列全国第六、汽车行业第一。优化科技创新研发布局。广汽集团抢抓新能源转型的战略风口期,成立广汽新能源公司(现广汽埃安),建成全国首个纯电专属工厂,率先确定"纯电动+智能网联"技术路线,是广东省唯一被列入"国家自主品牌新能源汽车提升计划"的整车企业,现已具备对电池、电机、电控"三电"核心零部件的开发能力。基于广汽全球平台模块化架构GPMA和新能源车型专用平台GEP2.0,打造了20余款自主品牌产品,重点围绕智能网联、纯电动、混合动力产业链开展核心技术创新布局,不断强化核心技术掌控力。打造良好产业链创新生态。广汽集团积极发挥广州市智能网联与新能源汽车产业链"链主"作用,以广汽智能网联新能源整车工厂为龙头,建设国内首个智联新能源汽车产业园,引入产业链上下游优秀企业落户,打造智能制造、汽车小镇、创客区三大核心片区,形成全产业链开放创新的生态系统。牵头组建珠三角湾区智能网联新能源汽车产业联盟,通过股权合作、基金投资等方式布局锂矿、车载芯片、中央处理器等领域,打通上游原材料、研发、制造在内的产业链布局,与华为、腾讯等合作伙伴深化战略合作,共建汽车产业生态圈。

发展无止境、改革不停步。下一步,广汽集团将继续以习近平新时代中国特色社会主义思想为指引,深入贯彻落实党的二十大精神,持续解放思想、开拓创新,进一步深化国企改革,在自主研发、转型升级和高质量发展上寻求新的突破,加快实现科技创新高水平自立自强,为中国汽车工业发展和国家科技强国战略的实现贡献广汽力量。

29

提高国有资本运行效率　健全市场化经营机制打造服务城市科技创新典范

深圳市投资控股有限公司

深圳投控以国企改革三年行动为契机，坚持以体制机制改革引领服务城市科技创新能力提升，助力深圳科技创新"高地"建设取得明显成效。分层分类加大授权放权力度，加强董事会规范、专业、高效运作，从管理架构、投资架构、风险防范等方面着力完善内部管控体系，确保"授得准、接得住、管得好"，切实提高国有资本运行效率；持续健全市场化经营机制，畅通干部"能上能下"渠道，形成"以业绩为导向、增量利润分享为主、收入能高能低"的激励约束机制，推动所属商业类企业通过"引资本""引资源"促进"转机制"；积极发挥国有资本投资公司作用，聚焦主责主业，强化党建引领，打造"科技金融、科技园区、科技产业"三大产业集群，推动深圳建设具有全球影响力的科技和产业创新高地驶上快车道。

深圳市投资控股有限公司(以下简称"深圳投控")成立于2004年,是一家以服务城市科技创新为宗旨的国有资本投资公司,注册资本300亿元,拥有全资、控股企业45家,其中上市公司13家,公司总资产近万亿元,年营业收入约2500亿元、利润总额约300亿元,2022年位居《财富》世界500强第372名。近年来,深圳投控以贯彻落实国企改革三年行动为主线,统筹推进深圳市区域性国资国企综合改革试验、国企改革"双百行动"、对标世界一流管理提升行动等改革专项工程,着力打造"卓越管控、卓越激励、卓越运营、卓越党建"治理体系,聚焦主责主业,推动构建"科技金融、科技园区、科技产业"三大产业集群,有力促进了深圳科技创新"高地"建设。

"卓越管控"提效能,在授权放权改革上先行示范

作为一家综合性投资控股公司,深圳投控所属企业遍布多个领域,业务分布多元、资产状况复杂、管控难度较大。基于此,深圳投控以授权放权改革为核心,系统推进规范董事会建设、完善内部管控体系等改革,确保"授得准、接得住、管得好",切实提高了国有资本运行效率。

分层分类授权放权,确保"授得准"。围绕强化企业市场主体地位,分层分类加大授权放权力度,切实增强企业自主经营决策效能。深圳市国资委授权放权力度空前。结合国有资本投资公司改革试点,深圳市国资委出台《深圳市国资委授权放权清单》,在对一般市属企业授权的基础上,单列了"对国有资本投资、运营公司的授权放权事项"和"对对标淡马锡综合改革企业的授权放权事项",加大对深圳投控董事会在投资、资本运作、担保等方面授权放权力度,不断提高授权放权精准度。目前,深圳投控拥有不超过净资产20%、约700亿元的境内主业投资自主决策权,需上报审批的投资决策事项较改革前减少93%,有效提高了深圳投控的决策能力和效率。对董事会执行委员会和经理层授予更多权限。创新设立董事会

29 深圳市投资控股有限公司

河套深港科技创新合作区
深圳投控／供图

执行委员会，将3名专职外部董事纳入其中，作为常设执行机构，根据董事会授权对2亿元以上、10亿元以下的投资项目进行决策。在投资、产权变动、借款、担保、财务核销、预算决算、融资等11个方面，大幅调高经理层决策权限。例如，将经理层的投资决策额度提高6倍，可自主决策公司总部及所属企业2亿元以内的投资项目。对所属企业"一企一策"开展精准授权放权。深圳投控坚持"分类管控、动态优化、风险可控"原则，统筹考虑企业功能分类和市场化运作程度，在投资、产权变动、担保、借款、薪酬考核等8个方面，建立任务层层分解、权力层层授予、责任层层落实的分级授权经营体系，避免授权"上下一般粗、左右一个样"。例如，对于资产负债率在70%以下的商业类企业，授予企业决定境内主业范围内、国有经济主体占控制权的投资额最高不超过净资产20%、2亿元以下的项目，保障了企业自主经营权，提高了企业积极性。

打造卓越高效董事会，确保"接得住"。持续加强董事会规范、专业、高效运作，有效发挥董事会"定战略、作决策、防风险"功能作用。优化外部董事队伍结构。结合公司战略规划和主业方向，聘请优秀企业家、金融专家、资深律师担任外部董事，建立外部董事占多数，内部董事、专兼职外部董事合理搭配、规模适中、专业互补的董事会。保障董事会规范高效运作。重点把好董事会运作"时间关、程序关、沟通关、质量关、督办关"五道关口，积极组织外部董事到所属企业和重点项目调研，为董事履职和发挥作用提供支撑，支持董事独立客观发表意见，形成"开放包容、质疑辩论、务实高效"的董事会文化，确保重大决策科学审慎。加强所属企业董事会建设。推动105家所属各级子企业全部完成董事会应建尽建和外部董事占多数，并从顶层设计、战略决策、组织管理、能力建设、评价考核5个方面入手，全面加强所属企业董事会建设。结合授权放权改革，充分落实董事会对经理层市场化选聘、契约化管理等6项重要职权，推动董事会建设从规范向卓越迈进。

完善内部管控体系，确保"管得好"。深圳投控从管理架构、投资架构、风险防范等方面入手，加快建立与国有资本投资公司功能定位相匹配的内部管控体系。强化总部"三大职能"。按照"前台、中台、后台"业务职责分工，重塑总部组织架构，着力提高投资融资、产业培育、资本运营、战略管控、财务运营、风险管理"六大能力"，切实强化总部"战略引领、管理赋能、风险监督"三大职能，形成"小总部、大产业"的管理架构。构建投资"三层架构"。专门设立投资委员会和资本运营部门，构建"总部直接投资、产业集团投资、基金群投资"三层投资架构，总部聚焦战略性、前瞻性重大投资机会；所属产业集团在产业链上下游进行投资布局，发挥专业平台支撑作用；基金群发挥服务企业全生命周期优势，承担市场化、专业化投资培育和并购引导作用。创新实施投资考核评价容错机制，以投资业务或投资组合的总体考核取代单个投资项目的考核，实现对投资的动态、专业、科学管控。打造风险管理"三道防线"。以相关职能部门和业务部门为"第一道防线"，主动识别和防范自身业务范围内的相关风险；以风险管理委员会和风险管理专业部门为"第二道防线"，主要对第一道防线进行审核把关和专业赋能;以审计、监督部门为"第三道防线",重点对投资项目开展投资后评价,并对风险管理程序和执行的有效性进行监督检查,实现重大风险事前、事中、事后全过程管控,促进投资决策的科学性和规范化,助力企业又稳又快发展。

"卓越激励"增活力,在经营机制改革上先行示范

构建市场化经营机制是深化国有企业改革的关键一环。深圳投控既尊重企业市场规律,又注重国资国企特点,以机制创新破解改革"老大难"问题,形成"能者上、优者奖、庸者让、劣者汰"的干事创业氛围,充分调动了干部职工的积极性、主动性、创造性。

加强市场化选人用人,建设高素质干部队伍。牢固树立"人才是第一资源"理念,加大市场化选人用人力度,构建干部"能上能下"通道,建设一支高素质专业化的国有企业干部人才队伍。拓宽市场化选人入口。总部面向全球选聘副总经理,吸引近 200 名境内外高层次人才参与竞聘。依托所属千里马国际搭建多样化人才寻聘渠道,7 家新成立企业全部以市场化方式选聘经营班子成员。选取部分所属企业试点推行"揭榜挂帅"选聘机制,多部门联合设置岗位选聘标准和任期业绩指标,内部公开竞聘所属企业经理层成员。打破论资排辈、平衡照顾,集团总部中层管理人员和核心骨干实施公开竞聘上岗,一批年富力强、群众认可度高的年轻干部充实到管理团队。目前,公司已形成拥有特许金融分析师、金融风险管理师、注册会计师等专业技术人才近 8000 人的干部人才队伍。全面推行任期制和契约化管理。"一类一策"稳步推进经理层成员任期制和契约化管理,对任期届满的企业,由董事会启动任期考核和新一届经营班子选聘程序;对处于届中的企业,补签聘任协议、优化年度责任书;对未设董事会的三级及以下企业,由股东或执行董事与经理层成员签订契约。2021 年底,深圳投控全面完成所属 25 家商业类企业经营班子整体市场化选聘,434 名经

深环科技龙岗生产基地
深圳投控／供图

理层成员全部实现任期制和契约化管理。畅通市场化退出渠道。持续强化考核刚性约束，依据考核结果兑现薪酬、决定是否续聘，对于经营业绩未达标、连续两年考核或任期总体考核不合格等 5 种情形的经营班子成员予以解聘或降职，有效解决企业高级管理人员"能上不能下、能进不能出"问题。2020 年以来，深圳投控共有 6 名经理层成员由企业董事会考核不合格或参与新一届经营班子竞选落聘后退出。

强化差异化薪酬分配，增强干部员工市场意识。探索构建"以业绩为导向、以增量利润分享为主、收入能高能低"的激励约束机制，实现薪酬分配从"均等化"向"差异化"转变。强化高管人员薪酬分配差异性。以董事会对高管的考核为突破口，依据经营业绩指标和岗位绩效贡献对高管述职进行现场打分，当场公布结果，并按照"优秀、良好、合格"三个档次进行强制排名，考核结果与薪酬分配、人员选用紧密挂钩，大幅拉开薪酬差距，并对连续两年排名靠后的进行岗位调整，充分增强高管人员的积极性、紧迫感。优化员工薪酬激励体系。在集团层面，根据部门性质及功能定位，建立健全以岗位价值为基础、以实际贡献为依据、多通道宽带式的差异化薪酬激励体系。比如，在绩效系数方面，通过差异化薪酬固浮比，实现"前台部门重奖重罚、中后台部门稳定保障"的薪酬分配机制。在所属企业层面，建立向关键岗位、生产一线和紧缺急需人才倾斜的差异化薪酬激励体系。健全中长期激励机制。按照"一类一策、成熟一家、推进一家"原则，推动24家符合条件的企业建立中长期激励约束机制。金融类企业选取净资产收益率、净利润等经济指标，建立增量分享机制；基金管理公司等按照"同股同权、同进同出"的原则实施强制跟投；园区开发类企业建立以完成项目进度节点为目标的激励约束机制；上市公司建立限制性股票等激励机制；承担"双区"建设等专项任务和处于初创期、转型期的企业，建立个性化长效激励指标，有效激发员工工作动力和企业发展活力。

推动混改企业"转机制"，公司面貌焕然一新。深圳投控坚持"三因三宜三不"原则，积极稳妥推动所属商业类企业实施混改，通过"引资本""引资源"促进"转机制"。战略投资者重在优势互补。根据所属企业实际需要，综合考虑引入方的企业实力、运营资源、核心资质等因素，筛选出最适合的战略投资者，实现协作共赢。截至目前，深圳投控所属14家商业类企业通过混改，累计引入社会资本超220亿元，依托战略投资者的资源和资金支持，迅速提升经营效能和综合实力，部分企业混改后第二年即实现利润翻番。治理机制重在科学规范。所属交通中心、深影院线、易图资讯、建科院等企业通过引入民营资本，国有股权比例由混改前的100%分别降至40%、51%、60%、75%，企业董事会引入非公资本股东推荐的董事和外部专家参与公司治理，进一步建立完善了相互制衡、决策科学的内部治理结构。员工持股重在发展成果共享。按照同股同价思路，推进易图资讯、交通中心、深水规院、深环科技等企业同步实施管理层与核

深圳湾科技园区
深圳投控／供图

心骨干持股，完善股权退出流转机制，形成个人和企业共担风险、共享收益的利益共同体，有效激发干部职工主人翁精神和能动性。

"卓越运营"促发展，在功能作用发挥上先行示范

深圳投控坚持以"聚合资源、培育产业、服务城市"为使命，不断延伸产业链、完善创新链、提升价值链，打造具有核心竞争力的产品服务体系，推动深圳建设具有全球影响力的科技和产业创新高地驶上快车道。

科技金融播撒"阳光雨露"。坚持以服务实体经济为己任，持续完善银行、证券、保险、担保、基金投资等"投保贷"联动的科技金融业务，提供全方位、全周期、全链条的特色金融服务。其中，管理运营规模100亿元的深圳天使母基金，是国内规模最大的天使投资类政府引导基金。在

出资比例方面，突破一般引导基金出资30%的上限，向子基金的出资比例最高可达基金总规模的40%。在支持领域方面，坚持投早、投小、投科技，要求子基金全部投向战略性新兴产业和未来产业初创项目。在让利机制方面，当投资项目亏损时，天使母基金按比例承担损失；投资项目盈利时，在收回子基金的全部实缴出资成本后，将超额收益全部让渡给子基金管理机构和其他出资人，吸引全球专业投资机构聚集深圳。在投资管理方面，创新承诺出资额度调整机制，母基金承诺出资与子基金投资进度挂钩，以"先到先得"方式创新"赛马机制"，优先支持投资进度快、项目质量好的优秀投资机构。截至目前，深圳天使母基金已累计投资650多家种子期、初创期高科技企业，包括4家估值超10亿美元的"独角兽企业"，以及113家估值超1亿美元的"潜在独角兽企业"。

科技园区厚植"肥沃土壤"。创新提出"一区多园、圈层梯度"战略，按照经济圈层和产业梯度推进模式，加快完善科技园区和海外科创中心布局，为科技产业发展提供肥沃土壤。在深圳南山区粤海街道，以深圳湾科技园区为样本，建立新一代园区开发运营标准体系，构建科技园区产业创新"1+3"生态系统。"1"即1个重点产业子系统。围绕人工智能、电子信息、智能制造等重点行业的大中小企业及上下游环节进行精准招商，整合产业资源，强化协同创新，打造重点产业集群。"3"即搭建3个配套资源子系统。其中，公共服务子系统通过引进园区专属的政务服务、公安户政及社康、托幼等机构，将公共服务送到企业和员工身边；专业服务子系统通过引进金融服务、知识产权、人力资源、供应链管理等专业机构，为企业专注核心业务提供强大后盾支持；商务服务子系统通过帮助企业对接美团、携程、顺丰优选、美亚商旅等优质服务商，使园区不同规模企业及员工都能享受《财富》世界500强企业级别的产品和服务。截至目前，园区累计入驻创新企业和机构近1300家，其中包括58家上市公司、500多家高新技术企业，引入华为鲲鹏产业源头创新中心、空客中国创新中心等一批产业生态主导型项目，年产值超过2500亿元，"北有中关村、南有深圳湾"唱响全国。

科技产业培育"种子幼苗"。按照"补链条、育龙头、强集群"的思路，加强产业链纵向延伸与横向拓展，推动各类创新业务不断取得突破。做优存量业务。推动赛格集团巩固电子专业市场业务基本盘，大力探索半导体、检验检测、光伏新能源业务；推动深纺织集团建成超大尺寸偏光片生产项目，塑造战略性新兴产业生态；推动力合科创依托清华大学资源优势，构建"产学研资"一体化科技创新孵化体系；推动深环科技深耕工业危废处置领域，成为国内处理手段最全、技术实力最强、运营管理最规范的危废处置企业之一。培育增量业务。根据深圳城市发展需要，在新一代信息技术、供应链、智慧城市等领域，并购了天音控股、怡亚通等优质上市公司，增强供应链、产业链安全保障能力；与中国电子共同筹建电子元器件和集成电路国际交易中心，与新疆有色集团合作探索锂电新能源闭环产业生态，与睿力集成电路、三一筑工等达成合作意向，正积极推动项目落地。强化创新驱动，深圳投控近年研发投入均超10亿元，所属企业拥有国家高新技术企业37家，建成市级以上创新载体95个，设有院士工作站1个、博士后创新实践基地12个。所属企业累计获得各项专利近2000项，国家级和省级科学技术奖励30余项。

"卓越党建"强引领，在全面加强党建上示范先行

发挥好国有资本投资公司功能作用，根本在于加强党的领导。深圳投控党委探索实施"卓越党建"工程，全面加强顶层化设计、项目化管理、绩效化考核、品牌化建设，打造学习型、创新型、赋能型基层党组织，以高质量党建引领保障功能作用发挥，在建党百年之际获评"全国先进基层党组织"。

加强顶层化设计。深刻认识"两个确立"的决定性意义，坚决做到"两个维护"，严格落实"第一议题"学习制度，形成从学习研讨到跟进

督办、贯彻落实、检视整改的闭环工作机制。坚持"两个一以贯之",推动党建入章程在所属378家独立法人企业实现全覆盖,全面落实"双向进入、交叉任职"领导体制,巩固党组织在公司法人治理结构中的法定地位。各所属企业均按要求建立党组织会议"一规则两清单",即党委会议事规则、党委研究决定事项清单、党委研究讨论重大经营管理事项清单,明确党组织决定和参与企业重大事项决策的权责边界,"先党内、后提交"成为重大事项决策固定程序。

坚持项目化管理。把PDCA循环管理经验纳入党建工作,通过开展立项申报、计划制订和进度跟踪,实施组织评估和达标验收,把具有潜力的"党建+"项目纳入党建项目库进行重点孵化培育,实现全过程精细化管理,有效夯实党建工作基础。坚持国企"姓党为民"定位,围绕"服务大局、服务城市、服务产业、服务民生"功能作用,找准党建工作发力点、着力点,发挥企业资源禀赋和专业优势,以高质量党建引领城市营商环境优化、服务高新技术企业发展等工作,形成一批党建+"重大项目""科技创新""产业服务""境外党建"等外延式项目标杆。

严格绩效化考核。与所属企业党组织逐年签订党建工作目标责任书和党风廉政建设目标责任书,细化量化任务指标,将党建工作任务逐级分解、压力层层传导。同步建立党建工作专项督查指导机制,每年年中和年末派督导组分赴基层企业开展专项检查。根据上级考核要求及企业年度党建目标责任书,全面开展党建专项考核和书记抓党建述职评议,并将考核结果与企业经营业绩考核挂钩。对因党建工作出现重大问题等"一票否决"情况的党组织严肃追责问责,构建形成党建责任落实链条,基层党建工作全面过硬、全面提升。

深耕品牌化建设。提出"跟党一起创业"理念,以创新创业活力最强的深圳湾核心园区为策源地,联合深圳市委组织部、南山区委组织部成立深圳湾创业广场党委,在园区内的18栋商业楼宇分别建立党支部,形成1个广场党委联系18个楼宇党组织的"1+18"党建联动格局。成立创业服

深圳湾科技软件产业基地
深圳投控／供图

务、创新企业和创投机构3个功能拓展型党组织,由细分行业龙头企业牵头,联合行业内中小微企业开展党建活动,成功打造"3+X"的党组织孵化模式。通过党建与产业双创双孵,实现园区党的组织和工作全覆盖,为园区350多家高科技企业和3万多名"双创"从业人员打造党员教育"红色家园"。"跟党一起创业"成为国企党建服务多种所有制经济共同发展的生动诠释。

下一步,深圳投控将继续深入学习贯彻落实党的二十大精神,全面巩固国企改革三年行动成果,进一步深化国企改革创新工作,努力在建设世界一流企业、打造原创技术策源地等方面取得更大成效、形成更多示范,切实提升企业核心竞争力,以企业高质量发展服务保障城市科技创新,加快建成国际一流国有资本投资公司。

鸣谢

本书编写得到了以下同志的参与和支持,在此一并感谢。

中央企业(以姓氏笔画为序)

王 言	王 硕	王 琛	王广涛	王永刚
王庚柱	王瑞晶	牛振华	毛希文	文 佳
巩保欣	朱虹波	朱雪峰	刘 远	刘 林
齐立军	阳 祥	李 帅	李登强	杨维玮
张 军	陈 伟	陈庆辉	陈铁石	林 智
胡元桠	徐笑峰	徐新涛	高晓良	郭 伟
黄振东	韩宇星	谢 平	谢宝康	瞿利峰

地方国资委和国有企业(以姓氏笔画为序)

王光远	王红霞	毛婵雯	邓志军	刘 婧
刘 超	杨世威	张正强	张来华	陈仲扬
邵留长	金 娜	周 文	周小川	赵 瑀
赵金玲	高 锐	黄柏生	逯松全	蒋集云
曾庆洪	虞 健			

《国资报告》杂志社(以姓氏笔画为序)

王雅卿	吴笑妍	孟 圆	谭 峰	潘 伟